U0115807

中國飲食文化史　東南地區卷 · 上冊

The History of Chinese Dietetic Culture
Volume of the Southeast Region

感　謝

北京稻香村食品有限責任公司對本書出版的支持

中國農業科學院農業信息研究所對本書出版的支持

浙江工商大學暨旅遊學院對本書出版的支持

黑龍江大學歷史文化旅遊學院對本書出版的支持

飲其流者
懷其源

1. 古代駱越族留下的人物壁畫，發現於廣西寧明縣花山絕壁[※]

3. 廣東馬壩人復原半身模型，
舊石器中期古人

2. 西漢南越王玉雕角形杯（《西
漢南越王墓》，文物出版社）

4. 西漢南越王承露盤（南越
王博物館提供）

5. 西漢南越王銅框玉蓋杯（《西漢南越王
墓》，文物出版社）

※　編者註：書中圖片來源除有標註者外，其餘均由作者提供。對於作者從網站或其他出版物等途徑獲得的圖片也做了
標註。

1. 西罃陶蒸酒器，廣東連平出土　　　　　2. 漢代干欄式陶屋模型，廣州出土

3. 東漢陶豬，廣東佛山瀾石出土　　　　　4. 漢代陶鴨、陶雞，廣州出土（《廣州歷史文化圖冊》，
　　　　　　　　　　　　　　　　　　　　　廣東人民出版社）

5. 漢代陶製水田模型，廣州出土（銖積寸
　　累──《廣州考古十年出土文物選萃》，
　　文物出版社）

1. 漢代陶灶模型，廣州出土（《銖積寸
   累──廣州考古十年出土文物選萃》，
   文物出版社）

2. 明代德化窯白釉雙
   耳三足爐

3. 漢代陶井模型，廣州出土

4. 北宋福建建陽窯兔毫紋碗

5. 明代漳州窯青花纏枝花卉紋蓋盅

6. 清代廣彩洋人歸航圖大碗

1. 清代廣彩茶餐具

2. 《清代廣州茶葉倉庫圖》，清代外銷畫

3. 民國時期的西餐奶壺、茶壺、茶杯

4. 20世紀30年代的「陶陶居」

鴻篇巨帙　繼往開來
——《中國飲食文化史》（十卷本）序

　　中國飲食文化是中國傳統文化的重要組成部分，其內涵博大精深、歷史源遠流長，是中華民族燦爛文明史的生動寫照。她以獨特的生命力佑護著華夏民族的繁衍生息，並以強大的輻射力影響著周邊國家乃至世界的飲食風尚，享有極高的世界聲譽。

　　中國飲食文化是一種廣視野、深層次、多角度、高品位的地域文化，她以農耕文化為基礎，輔之以漁獵及畜牧文化，傳承了中國五千年的飲食文明，為中華民族鑄就了一部輝煌的文化史。

　　但長期以來，中國飲食文化的研究相對滯後，在國際的學術研究領域沒有占領制高點。一是研究隊伍不夠強大，二是學術成果不夠豐碩，尤其缺少全面而系統的

大型原創專著，實乃學界的一大憾事。正是在這樣困頓的情勢下，國內學者勵精圖治、奮起直追，發憤用自己的筆撰寫出一部中華民族的飲食文化史。中國輕工業出版社與撰寫本書的專家學者攜手二十餘載，潛心勞作，殫精竭慮，終至完成了這一套數百萬字的大型學術專著——《中國飲食文化史》（十卷本），是一件了不起的事情！

《中國飲食文化史》（十卷本）一書，時空跨度廣遠，全書自史前始，一直敘述至現當代，橫跨時空百萬年。全書著重敘述了原始農業和畜牧業出現至今的一萬年左右華夏民族飲食文化的演變，充分展示了中國飲食文化是地域文化這一理論學說。

該書將中國飲食文化劃分為黃河中游、黃河下游、長江中游、長江下游、東南、西南、東北、西北、中北、京津等十個子文化區域進行相對獨立的研究。各區域單獨成卷，每卷各章節又按斷代劃分，分代敘述，形成了縱橫分明的脈絡。

全書內容廣泛，資料翔實。每個分卷涵蓋的主要內容包括：地緣、生態、物產、氣候、土地、水源；民族與人口；食政食法、食禮食俗、飲食結構及形成的原

因；食物原料種類、分布、加工利用；烹飪技術、器具、文獻典籍、文化藝術等。可以說每一卷都是一部區域飲食文化通史，彰顯出中國飲食文化典型的區域特色。

中國飲食文化學是一門新興的綜合學科，它涉及歷史學、民族學、民俗學、人類學、文化學、烹飪學、考古學、文獻學、食品科技史、中國農業史、中國文化交流史、邊疆史地、地理經濟學、經濟與商業史等學科。多學科的綜合支撐及合理分布，使本書具有頗高的學術含量，也為學科理論建設提供了基礎藍本。

中國飲食文化的產生，源於中國厚重的農耕文化，兼及畜牧與漁獵文化。古語有云：「民以食為天，食以農為本」，清晰地說明了中華飲食文化與中華農耕文化之間不可分割的緊密聯繫，並由此生發出一系列的人文思想，這些人文思想一以貫之地體現在人們的社會活動中。包括：

「五穀為養，五菜為助，五畜為益，五果為充」的飲食結構。這種良好飲食結構的提出，是自兩千多年前的《黃帝內經》始，至今看來還是非常科學的。中國地域廣袤，食物原料多樣，江南地區的「飯稻羹魚」、

草原民族的「食肉飲酪」，從而形成中華民族豐富、健康的飲食結構。

「醫食同源」的養生思想。中華民族自古以來並非代代豐衣足食，歷代不乏災荒饑饉，先民歷經了「神農嚐百草」以擴大食物來源的艱苦探索過程，千百年來總結出「醫食同源」的寶貴思想。在西方現代醫學進入中國大地之前的數千年，「醫食同源」的養生思想一直護佑著炎黃子孫的健康繁衍生息。

「天人合一」的生態觀。農耕文化以及漁獵、畜牧文化，都是人與自然間最和諧的文化，在廣袤大地上繁衍生息的中華民族，篤信人與自然是合為一體的，人類的所衣所食，皆來自於大自然的餽贈，因此先民世世代代敬畏自然，愛護生態，尊重生命，重天時，守農時，創造了農家獨有的二十四節氣及節令食俗，「循天道行人事」。這種寶貴的生態觀當引起當代人的反思。

「尚和」的人文情懷。農耕文明本質上是一種善的文明。主張和諧和睦、勤勞耕作、勤和為人，崇尚以和為貴、包容寬仁、質樸淳和的人際關係。中國飲食講究的「五味調和」也正是這種「尚和」的人文情懷在烹飪技術層面的體現。縱觀中國飲食文化的社會功能，更是

對「尚和」精神的極致表達。

「尊老」的人倫傳統。在傳統的農耕文明中，老人是農耕經驗的積累者，是向子孫後代傳承農耕技術與經驗的傳遞者，因此一直受到家庭和社會的尊重。中華民族尊老的傳統是農耕文化的結晶，也是農耕文化得以久遠傳承的社會行為保障。

《中國飲食文化史》（十卷本）的研究方法科學、縝密。作者以大歷史觀、大文化觀統領全局，較好地利用了歷史文獻資料、考古發掘研究成果、民俗民族資料，同時也有效地利用了人類學、文化學及模擬試驗等多種有效的研究方法與手段。對區域文明肇始、族群結構、民族遷徙、人口繁衍、資源開發、生態制約與變異、水源利用、生態保護、食物原料貯存與食品保鮮防腐等一系列相關問題都予以了充分表述，並提出一系列獨到的學術觀點。

如該書提出中國在漢代就已掌握了麵食的發酵技術，從而把這一科技界的定論向前推進了一千年（科技界傳統說法是在宋代）；又如，對黃河流域土地承載力遞減而導致社會政治文化中心逐流而下的分析；對草地民族因食料制約而頻頻南下的原因分析；對生態結構發

生變化的深層原因討論；對《齊民要術》《農政全書》《飲膳正要》《天工開物》等經典文獻的識讀解析；以及對筷子的出現及歷史演變的論述等。該書還清晰而準確地敘述了既往研究者已經關注的許多方面的問題，比如農產品加工技術與食品形態問題、關於農作物及畜類的馴化與分布傳播等問題，這些一向是農業史、交流史等學科比較關注而又疑難點較多的領域，該書對此亦有相當的關注與精到的論述。體現出整個作者群體較強的科研能力及科研水平，從而鑄就了這部填補學術空白、出版空白的學術著作，可謂是近年來不可多得的精品力作。

本書是填補空白的原創之作，這也正是它的難度之所在。作者的寫作並無前人成熟的資料可資借鑑，可以想見，作者須進行大量的文獻爬梳整理、甄選淘漉，閱讀量浩繁，其寫作難度絕非一般。在拼湊摘抄、扒網拼盤已成為當今學界一大痼疾的今天，這部原創之作益發顯得可貴。

一套優秀書籍的出版，最少不了的是出版社編輯們默默無聞但又艱辛異常的付出。中國輕工業出版社以文化堅守的高度責任心，苦苦堅守了二十年，為出版這套

不能靠市場獲得收益、然而又是填補空白的大型學術著作嘔心瀝血。進入編輯階段以後，編輯部嚴苛細緻，務求嚴謹，精心提煉學術觀點，一遍遍打磨稿件。對稿件進行字斟句酌的精心加工，並啟動了高規格的審稿程序，如，他們聘請國內頂級的古籍專家對書中所有的古籍以善本為據進行了逐字逐句的核對，並延請史學專家、民族宗教專家、民俗專家等進行多輪審稿，全面把關，還對全書內容做了二十餘項的專項檢查，剔除掉書稿中的許多瑕疵。他們不因卷帙浩繁而存絲毫懈怠之念，日以繼夜，忘我躬耕，使得全書體現出了高質量、高水準的精品風範。在當前浮躁的社會風氣下，能堅守這種職業情操實屬不易！

本書還在高端學術著作科普化方面做出了有益的嘗試，如對書中的生僻字進行注音，對專有名詞進行注釋，對古籍文獻進行串講，對正文配發了許多圖片等。凡此種種，旨在使學術著作更具通俗性、趣味性和可讀性，使一些優秀的學術思想能以通俗化的形式得到展現，從而擴大閱讀的人群，傳播優秀文化，這種努力值得稱道。

這套學術專著是一部具有劃時代意義的鴻篇巨帙，

它的出版，填補了中國飲食文化無大型史著的空白，開啟了中國飲食文化研究的新篇章，功在當代，惠及後人。它的出版，是中國學者做的一件與大國地位相稱的大事，是中國對世界文明的一種國際擔當，彰顯了中國文化的軟實力。它的出版，是中華民族五千年飲食文化與改革開放三十多年來最新科研成果的一次大梳理、大總結，是樹得起、站得住的歷史性文化工程，對傳播、振興民族文化，對中國飲食文化學者在國際學術領域重新建立領先地位，將起到重要的推動作用。

　　作為一名長期從事農業科技文化研究的工作者，對於這部大型學術專著的出版，我感到由衷的欣喜。願《中國飲食文化史》（十卷本）能夠繼往開來，為中國飲食文化的發揚光大，為中國飲食文化學這一學科的崛起做出重大貢獻。

盧良恕

二〇一三年七月

序言

一部填補空白的大書
——《中國飲食文化史》（十卷本）序

　　中國輕工業出版社通過我在中國社會科學院歷史研究所的老同事，送來即將出版的《中國飲食文化史》（十卷本）樣稿，厚厚的一大疊。我仔細披閱之下，心中深深感到驚奇。因為在我的記憶範圍裡，已經有好多年沒有見過系統論述中國飲食文化的學術著作了，況且是由全國眾多專家學者合力完成的一部十卷本長達數百萬字的大書。

　　正如不久前上映的著名電視片《舌尖上的中國》所體現的，中國的飲食文化是悠久而輝煌的中國傳統文化的一個重要組成部分。中國的飲食文化非常發達，在世界上享有崇高的聲響，然而，或許是受長時期流行的一些偏見的影響，學術界對飲食文化的研究卻十分稀少，值得提到的是國外出版的一些作品。記得二十世紀七〇

年代末，我在美國哈佛大學見到張光直先生，他給了我一本剛出版的《中國文化中的食品》（英文），是他主編的美國學者寫的論文集。在日本，則有中山時子教授主編的《中國食文化事典》，其內的「文化篇」曾於一九九二年中譯出版，題目就叫《中國飲食文化》。至於國內學者的專著，我記得的只有上海人民出版社《中國文化史叢書》裡面有林乃燊教授的一本，題目也是《中國飲食文化》，也印行於一九九二年，其書可謂有篳路藍縷之功，只是比較簡略，許多問題未能展開。

由趙榮光教授主編、由中國輕工業出版社出版的這部十卷本《中國飲食文化史》規模宏大，內容充實，在許多方面都具有創新意義，從這一點來說，確實是前所未有的。講到這部巨著的特色，我個人意見是不是可以舉出下列幾點：

首先，當然是像書中所標舉的，是充分運用了區域研究的方法。我們中國從來是一個多民族、多地區的國家，五千年的文明歷史是各地區、各民族共同締造的。這種多元一體的文化觀，自「改革開放」以來，已經在歷史學、考古學等領域起了很大的促進作用。《中國飲食文化史》（十卷本）的編寫，貫徹「飲食文化是區域

文化」的觀點，把全國劃分為十個文化區域，即黃河中游、黃河下游、長江中游、長江下游、東南、西南、東北、西北、中北和京津，各立一卷。每一卷都可視為區域性的通史，各卷間又互相配合關聯，形成立體結構，便於全面展示中國飲食文化的多彩面貌。

其次，是儘可能地發揮了多學科結合的優勢。中國飲食文化的研究，本來與歷史學、考古學及科技史、美術史、民族史、中外關係史等學科都有相當密切的聯繫。《中國飲食文化史》（十卷本）一書的編寫，努力吸取諸多有關學科的資料和成果，這就擴大了研究的視野，提高了工作的質量。例如在參考文物考古的新發現這一方面，書中就表現得比較突出。

第三，是將各歷史時期飲食文化的演變過程與當時社會總的發展聯繫起來去考察。大家知道，把研究對象放到整個歷史的大背景中去分析估量，本來是歷史研究的基本要求，對於飲食文化研究自然也不例外。

第四，也許是最值得注意的一點，就是這部書把飲食文化的探索提升到理論思想的高度。《中國飲食文化史》（十卷本）一開始就強調「全書貫穿一條鮮明的人文思想主線」，實際上至少包括了這樣一系列觀點，都

是從遠古到現代飲食文化的發展趨向中歸結出來的：

一、五穀為主兼及其他的飲食結構；

二、「醫食同源」的保健養生思想；

三、尚「和」的人文觀念；

四、「天人合一」的生態觀；

五、「尊老」的傳統。

這樣，這部《中國飲食文化史》（十卷本）便不同於技術層面的「中國飲食史」，而是富於思想內涵的「中國飲食文化史」了。

據了解，這部《中國飲食文化史》（十卷本）的出版，經歷了不少坎坷曲折，前後過程竟長達二十餘年。其間做了多次反覆的修改。為了保證質量，中國輕工業出版社邀請過不少領域的專家閱看審查。現在這部大書即將印行，相信會得到有關學術界和社會讀者的好評。我對所有參加此書工作的各位專家學者以及中國輕工業出版社同仁能夠如此鍥而不捨深表敬意，希望在飲食文化研究方面能再取得更新更大的成績。

李學勤

二〇一三年九月

於北京清華大學寓所

「飲食文化圈」理論認知中華飲食史的嘗試
——中國飲食文化區域性特徵

　　很長時間以來，本人一直希望海內同道聯袂在食學文獻梳理和「飲食文化區域史」「飲食文化專題史」兩大專項選題研究方面的協作，冀其為原始農業、畜牧業以來的中華民族食生產、食生活的文明做一初步的瞰窺勾測，從而為更理性、更深化的研究，為中華食學的堅實確立準備必要的基礎。為此，本人做了一系列先期努力。一九九一年北京召開了「首屆中國飲食文化國際學術研討會」，自此，也開始了迄今為止歷時二十年之久的該套叢書出版的艱苦歷程。其間，本人備嘗了時下中國學術堅持的艱難與苦澀，所幸的是，《中國飲食文化史》（十卷本）終於要出版了，作為主編此時真是悲喜

莫名。

　　將人類的食生產、食生活活動置於特定的自然生態與歷史文化系統中審視認知並予以概括表述，是三十多年前本人投諸飲食史、飲食文化領域研習思考伊始所依循的基本方法。這讓我逐漸明確了「飲食文化圈」的理論思維。中國學人對民眾食事文化的關注淵源可謂久遠。在漫長的民族飲食生活史上，這種關注長期依附於本草學、農學而存在，因而形成了中華飲食文化的傳統特色與歷史特徵。初刊於一七九二年的《隨園食單》可以視為這種依附傳統文化轉折的歷史性標誌。著者中國古代食聖袁枚「平生品味似評詩」，潛心戮力半世紀，以開創、標立食學深自期許，然限於歷史時代侷限，終未遂其所願——抱定「皓首窮經」「經國濟世」之理念建立食學，使其成為傳統士子麇集的學林。

　　食學是研究不同時期、各種文化背景下的人群食事事象、行為、性質及其規律的一門綜合性學問。中國大陸食學研究熱潮的興起，文化運氣系接海外學界之後，二十世紀中葉以來，日、韓、美、歐以及港、臺地區學者批量成果的發表，蔚成了中華食文化研究熱之初潮。

社會飲食文化的一個最易為人感知之處，就是都會餐飲業，而其衰旺與否的最終決定因素則是大眾的消費能力與方式。正是餐飲業的持續繁榮和大眾飲食生活水準的整體提高，給了中國大陸食學研究以不懈的助動力。在中國飲食文化熱持續至今的三十多年中，經歷了「熱學」「顯學」兩個階段，而今則處於「食學」漸趨成熟階段。以國人為主體的諸多富有創見性的文著累積，是其漸趨成熟的重要標誌。

人類文化是生態環境的產物，自然環境則是人類生存發展依憑的文化史劇的舞台。文化區域性是一個歷史範疇，一種文化傳統在一定地域內沉澱、累積和承續，便會出現不同的發展形態和高低不同的發展水平，因地而宜，異地不同。飲食文化的存在與發展，主要取決於自然生態環境與文化生態環境兩大系統的因素。就物質層面說，如俗語所說：「一方水土養一方人」，其結果自然是「一方水土一方人」，飲食與飲食文化對自然因素的依賴是不言而喻的。早在距今一萬至六千年，中國便形成了以粟、菽、麥等「五穀」為主要食物原料的黃河流域飲食文化區、以稻為主要食物原料的長江流域飲

食文化區、以肉酪為主要食物原料的中北草原地帶的畜牧與狩獵飲食文化區這不同風格的三大飲食文化區域類型。其後西元前二世紀，司馬遷曾按西漢帝國版圖內的物產與人民生活習性作了地域性的表述。山西、山東、江南（彭城以東，與越、楚兩部）、龍門碣石北、關中、巴蜀等地區因自然生態地理的差異而決定了時人公認的食生產、食生活、食文化的區位性差異，與史前形成的中國飲食文化的區位格局相較，已經有了很大的發展變化。而後再歷二十多個世紀至十九世紀末，在今天的中國版圖內，存在著東北、中北、京津、黃河下游、黃河中游、西北、長江下游、長江中游、西南、青藏高原、東南十一個結構性子屬飲食文化區。再以後至今的一個多世紀，儘管食文化基本區位格局依在，但區位飲食文化的諸多結構因素卻處於大變化之中，變化的速度、廣度和深度，都是既往歷史上不可同日而語的。生產力的結構性變化和空前發展；食生產工具與方式的進步；信息傳遞與交通的便利；經濟與商業的發展；人口大規模的持續性流動與城市化進程的快速發展；思想與觀念的更新進化等，這一切都大大超越了食文化物質交

換補益的層面，而具有更深刻、更重大的意義。

　　各飲食文化區位文化形態的發生、發展都是一個動態的歷史過程，「不變中有變、變中有不變」是飲食文化演變規律的基本特徵。而在封閉的自然經濟狀態下，「靠山吃山靠水吃水」的飲食文化存在方式，是明顯「滯進」和具有「惰性」的。所謂「滯進」和「惰性」是指：在決定傳統餐桌的一切要素幾乎都是在年復一年簡單重複的歷史情態下，飲食文化的演進速度是十分緩慢的，人們的食生活是因循保守的，「周而復始」一詞正是對這種形態的概括。人類的飲食生活對於生息地產原料並因之決定的加工、進食的地域環境有著很強的依賴性，我們稱之為「自然生態與文化生態環境約定性」。生態環境一般呈現為相當長歷史時間內的相對穩定性，食生產方式的改變，一般也要經過很長的歷史時間才能完成。而在「雞犬之聲相聞，民至老死不相往來」的相當封閉隔絕的中世紀，各封閉區域內的人們是高度安適於既有的一切的。一般來說，一個民族或某一聚合人群的飲食文化，都有著較為穩固的空間屬性或區位地域的植根性、依附性，因此各區位地域之間便存在

著各自空間環境下和不同時間序列上的差異性與相對獨立性。而從飲食生活的動態與飲食文化流動的屬性觀察，則可以說世界上絕大多數民族（或聚合人群）的飲食文化都是處於內部或外部多元、多渠道、多層面的、持續不斷的傳播、滲透、吸收、整合、流變之中。中華民族共同體今天的飲食文化形態，就是這樣形成的。

隨著各民族人口不停地移動或遷徙，一些民族在生存空間上的交叉存在、相互影響（這種狀態和影響自古至今一般呈不斷加速的趨勢），飲食文化的一些早期民族特徵逐漸地表現為區位地域的共同特徵。迄今為止，由於自然生態和經濟地理等諸多因素的決定作用，中國人主副食主要原料的分布，基本上還是在漫長歷史過程中逐漸形成的基本格局。宋應星在談到中國歷史上的「北麥南稻」之說時還認為：「四海之內，燕、秦、晉、豫、齊、魯諸蒸民粒食，小麥居半，而黍、稷、稻、粱僅居半。西極川、雲，東至閩、浙、吳楚腹焉……種小麥者二十分而一……種餘麥者五十分而一，閭閻作苦以充朝膳，而貴介不與焉。」這至少反映了宋明時期麥屬作物分布的大勢。直到今天，東北、華北、西北地區仍

是小麥的主要產區，青藏高原是大麥（青稞）及小麥的產區，黑麥、燕麥、蕎麥、蓧麥等雜麥也主要分布於這些地區。這些地區除麥屬作物之外，主食原料還有粟、秫、玉米、稷等「雜糧」。而長江流域及以南的平原、盆地和壩區廣大地區，則自古至今都是以稻作物為主，其山區則主要種植玉米、粟、蕎麥、紅薯、小麥、大麥、旱稻等。應當看到，糧食作物今天的品種分布狀態，本身就是不斷演變的歷史性結果，而這種演變無論表現出怎樣的相對穩定性，它都不可能是最終格局，還將持續地演變下去。

歷史上各民族間飲食文化的交流，除了零星漸進、潛移默化的和平方式之外，在災變、動亂、戰爭等特殊情況下，出現短期內大批移民的方式也具有特別的意義。其間，由物種傳播而引起的食生產格局與食生活方式的改變，尤具重要意義。物種傳播有時並不依循近鄰滋蔓的一般原則，伴隨人們遠距離跋涉的活動，這種傳播往往以跨越地理間隔的童話般方式實現。原產美洲的許多物種集中在明代中葉聯袂登陸中國就是典型的例證。玉米、紅薯自明代中葉以後相繼引入中國，因其高

產且對土壤適應性強，於是長江以南廣大山區，魯、晉、豫、陝等大片久耕密植的貧瘠之地便很快迭相效應，迅速推廣開來。山區的瘠地需要玉米、紅薯這樣的耐瘠抗旱作物，傳統農業的平原地區因其地力貧乏和人口稠密，更需要這種耐瘠抗旱而又高產的作物，這就是各民族民眾率相接受玉米、紅薯的根本原因。這一「根本原因」甚至一直深深影響到二十世紀八○年代以前。中國大陸長期以來一直以提高糧食畝產、單產為壓倒一切的農業生產政策，南方水稻、北方玉米，幾乎成了各級政府限定的大田品種種植的基本模式。

　　嚴格說來，很少有哪些飲食文化區域是完全不受任何外來因素影響的純粹本土的單質文化。也就是說，每一個飲食文化區域都是或多或少、或顯或隱地包融有異質文化的歷史存在。中華民族飲食文化圈內部，自古以來都是域內各子屬文化區位之間互相通融補益的。而中華民族飲食文化圈的歷史和當今形態，也是不斷吸納外域飲食文化更新進步的結果。一九八二年筆者在新疆歷時半個多月的一次深度考察活動結束之後，曾有一首詩：「海內神廚濟如雲，東西甘脆皆與聞。野駝渾烹標

青史，肥羊串炙喜今人。乳酒清冽爽筋骨，奶茶濃郁尤益神。朴勞納仁稱異饌，金特克缺愧寡聞。胡餅西肺欣再睹，葡萄密瓜連筵陳。四千文明源泉水，雲裡白毛無銷痕。晨鐘傳於二三瞥，青眼另看大宛人。」詩中所敘的是維吾爾、哈薩克、柯爾克孜、烏孜別克、塔吉克、塔塔爾等少數民族的部分風味食品，反映了西北地區多民族的獨特飲食風情。中國有十個少數民族信仰伊斯蘭教，他們主要或部分居住在西北地區。因此，伊斯蘭食俗是西北地區最具代表性的飲食文化特徵。而西北地區，眾所周知，自漢代以來直至西元七世紀一直是佛教文化的世界。正是來自阿拉伯地區的影響，使佛教文化在這裡幾乎消失殆盡了。當然，西北地區還有漢、蒙古、錫伯、達斡爾、滿、俄羅斯等民族成分。西北多民族共聚的事實，就是歷史文化大融匯的結果，這一點，同樣是西北地區飲食文化獨特性的又一鮮明之處。作為通往中亞的必由之路，舉世聞名的絲綢之路的幾條路線都經過這裡。東西交會，絲綢之路飲食文化是該地區的又一獨特之處。中華飲食文化通過絲綢之路吸納域外文化因素，確切的文字記載始自漢代。張騫（？-前114

年）於漢武帝建元三年（西元前138年）、元狩四年（西元前119年）的兩次出使西域，使內地與今天的新疆及中亞的文化、經濟交流進入到了一個全新的歷史階段。葡萄、苜蓿、胡麻、胡瓜、蠶豆、核桃、石榴、胡蘿蔔、蔥、蒜等菜蔬瓜果隨之來到了中國，同時進入的還有植瓜、種樹、屠宰、截馬等技術。其後，西漢軍隊為能在西域伊吾長久駐紮，便將中原的挖井技術，尤其是河西走廊等地的坎兒井技術引進了西域，促進了灌溉農業的發展。

至少自有確切的文字記載以來，中華版圖內外的食事交流就一直沒有間斷過，並且呈與時俱進、逐漸頻繁深入的趨勢。漢代時就已經成為黃河流域中原地區的一些主食品種，例如餛飩、包子（籠上牢丸）、餃子（湯中牢丸）、麵條（湯餅）、饅首（有餡與無餡）、餅等，到了唐代時已經成了地無南北東西之分，民族成分無分的、隨處可見的、到處皆食的大眾食品了。今天，在中國大陸的任何一個中等以上的城市，幾乎都能見到以各地區風味或少數民族風情為特色的餐館。而隨著人們消費能力的提高和消費觀念的改變，到異地旅行，感受包

括食物與飲食風情在內的異地文化已逐漸成了一種新潮，這正是各地域間食文化交流的新時代特徵。這其中，科技的力量和由科技決定的經濟力量，比單純的文化力量要大得多。事實上，科技往往是文化流變的支配因素。比如，以筷子為食具的箸文化，其起源已有不下六千年的歷史，漢以後逐漸成為漢民族食文化的主要標誌之一；明清時期已普及到絕大多數少數民族地區。而現代化的科技烹調手段則能以很快的速度為各族人民所接受。如電飯煲、微波爐、電烤箱、電冰箱、電熱炊具或氣體燃料新式炊具、排煙具等幾乎在一切可能的地方都能見到。真空包裝食品、方便食品等現代化食品、食料更是無所不至。

黑格爾說過一句至理名言：「方法是決定一切的」。筆者以為，飲食文化區位性認識的具體方法儘管可能很多，儘管研究方法會因人而異，但方法論的原則卻不能不有所規範和遵循。

首先，應當是歷史事實的真實再現，即通過文獻研究、田野與民俗考察、數學與統計學、模擬重複等方法，去盡可能摹繪出曾經存在過的飲食歷史文化構件、

結構、形態、運動。區位性研究，本身就是要在某一具體歷史空間的平臺上，重現其曾經存在過的構建，如同考古學在遺址上的工作一樣，它是具體的，有限定的。這就要求我們對於資料的篩選必須把握客觀、真實、典型的原則，絕不允許研究者的個人好惡影響原始資料的取捨剪裁，客觀、公正是絕對的原則。

其次，是把飲食文化區位中的具體文化事象視為該文化系統中的有機構成來認識，而不是將其孤立於整體系統之外釋讀。割裂、孤立、片面和絕對地認識某一歷史文化，只能遠離事物的本來面目，結論也是不足取的。文化承載者是有思想的、有感情的活生生的社會群體，我們能夠憑藉的任何飲食文化遺存，都曾經是生存著的社會群體的食生產、食生活活動事象的反映，因此要把資料置於相關的結構關係中去解讀，而非孤立地認斷。在歷史領域裡，有時相近甚至相同的文字符號，卻往往反映不同的文化意義，即不同時代、不同條件下的不同信息也可能由同一文字符號來表述；同樣的道理，表面不同的文字符號也可能反映同一或相近的文化內涵。也就是說，我們在使用不同歷史時期各類著述者留

下來的文獻時，不能只簡單地停留在文字符號的表面，而應當準確透析識讀，既要儘可能地多參考前人和他人的研究成果，還要考慮到流傳文集記載的版本等因素。

再次，飲食文化的民族性問題。如果說飲食文化的區域性主要取決於區域的自然生態環境因素的話，那麼民族性則多是由文化生態環境因素決定的。而文化生態環境中的最主要因素，應當是生產力。一定的生產力水平與科技程度，是文化生態環境時代特徵中具有決定意義的因素。《詩經》時代黃河流域的漬菹，本來是出於保藏的目的，而後成為特別加工的風味食品。今日東北地區的酸菜、四川的泡菜，甚至朝鮮半島的柯伊姆奇（泡菜）應當都是其餘韻。今日西南許多少數民族的粑粑、餌塊以及東北朝鮮族的打糕等蒸舂的稻穀粉食，是古時杵臼搗制餈餌的流風。蒙古族等草原文化帶上的一些少數民族的手扒肉，無疑是草原放牧生產與生活條件下最簡捷便易的方法，而今竟成草原情調的民族獨特食品。同樣，西南、華中、東南地區許多少數民族習尚的熏臘食品、酸酵食品等，也主要是由於貯存、保藏的需要而形成的風味食品。這也與東北地區人們冬天用雪

埋、冰覆，或潑水掛臘（在肉等食料外潑水結成一層冰衣保護）的道理一樣。以至北方冬天吃的凍豆腐，也竟成為一種風味獨特的食料。因為歷史上人們沒有更好的保藏食品的方法。因此可以說，飲食文化的民族性，既是地域自然生態環境因素決定的，也是文化生態因素決定的，因此也是一定生產力水平所決定的。

又次，端正研究心態，在當前中華飲食文化中具有特別重要的意義。冷靜公正、實事求是，是任何學科學術研究的絕對原則。學術與科學研究不同於男女談戀愛和市場交易，它否定研究者個人好惡的感情傾向和局部利益原則，要熱情更要冷靜和理智；反對偏私，堅持公正；「實事求是」是唯一可行的方法論原則。

多年前北京釣魚台國賓館的一次全國性飲食文化會議上，筆者曾強調食學研究應當基於「十三億人口，五千年文明」的「大眾餐桌」基本理念與原則。我們將《中國飲食文化史》（十卷本）的付梓理解為「飲食文化圈」理論的認知與嘗試，不是初步總結，也不是什麼了不起的成就。

儘管飲食文化研究的「圈論」早已經為海內外食學

界熟知並逐漸認同，十年前《中國國家地理雜誌》以我提出的「舌尖上的秧歌」為封面標題出了「圈論」專號，次年CCTV-10頻道同樣以我建議的「味蕾的故鄉」為題拍攝了十集區域飲食文化節目，不久前一位歐洲的博士學位論文還在引用和研究。這一切也還都是嘗試。

《中國飲食文化史》（十卷本）工程迄今，出版過程歷經周折，與事同道幾易其人，作古者凡幾，思之唏噓。期間出於出版費用的考慮，作為主編決定撤下叢書核心卷的本人《中國飲食文化》一冊，儘管這是當時本人所在的杭州商學院與旅遊學院出資支持出版的前提。雖然，現在「杭州商學院」與「旅遊學院」這兩個名稱都已經不復存在了，但《中國飲食文化史》（十卷本）畢竟得以付梓。是為記。

趙榮光

夏曆癸巳年初春，西元二〇一三年三月
杭州西湖誠公齋書寓

目錄

Contents

第一章　概述

中國東南地區主要包括廣東省、廣西壯族自治區、福建省、海南省，以及臺灣省、香港和澳門兩個特別行政區。該地區依山臨海，江湖滿佈，島嶼眾多，屬於熱帶亞熱帶氣候。該地區自然條件優越，物產豐饒，是我國著名的魚米之鄉，在全國經濟發展中占有舉足輕重的地位。這裡瀕臨海洋，是對外開放的門戶，自古以來就與世界各國貿易往來密切，其中廣州、泉州曾為「海上絲綢之路」的發祥地、東方國際貿易的都市。近代以來，湛江、汕頭、廈門、福州、北海繼起，成為中國沿海的重要國際通商口岸。這些地區得天獨厚的自然環境和特殊的行政背景，使東南地區的飲食文化異彩紛呈，對中國飲食文化產生了深遠的影響。

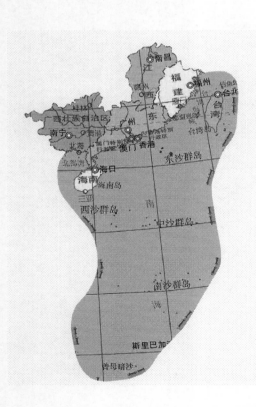

◀圖1-1　東南地區圖（《中華人民共和國行政區劃
　　　　手冊》，中國地圖出版社）

第一節　中國東南地區的地域範圍及概況

中國的東南地區是一個相對的地理範圍，不同時期有不同的涵蓋地域。本書飲食文化區域理論中的「東南地區」定義，主要是指嶺南和閩臺兩大區域，其中「嶺南」指粵、桂、瓊三省、自治區。這兩大區域海洋文化的特點和飲食風味的趨近，使它們成為一個獨立的人文地理單元。它位於我國東南部，北與華中、西南兩地區相接；南麵包括遼闊的南海和南海諸島，與菲律賓、馬來西亞、印度尼西亞等國相望；西南界與越南相鄰。在行政區上「東南飲食文化區」大致包括廣東、廣西、福建、海南、臺灣、香港、澳門等地。各地區簡介如下：

廣東：廣東省簡稱「粵」，地處南嶺以南、南海之濱。先秦時為百越族聚居之地，秦朝設南海郡，秦末趙佗[1]乘亂建南越國，後被西漢收復；唐時轄於嶺南道，宋時轄於廣南東路，元歸入江西行省，清立為廣東省。現下轄21個地級市，23個縣級市，39個縣，3個自治縣，56個市轄區。全省面積約17.8萬平方千米，人口8637萬，居全國第四位[2]，有漢、瑤、壯、回、滿、畬、黎等民族，省會廣州。

廣東海岸線綿長，大陸海岸線3368.1千米，居全國第一位。境內地勢北高南低，其中山地、丘陵約占全省面積的60%。沿海有珠江三角洲和潮汕平原，地勢平坦開闊。除西南部雷州半島地處熱帶外，基本上全省均處於亞熱帶季風氣候，終年不見冰雪，年降水1500毫米以上，夏秋兩季多颱風。

在溫暖多雨的環境下，廣東的農作物可以一年三熟，經濟作物多達100種以上，主要作物有甘蔗、水稻、黃麻、花生、茶葉、菸草、劍麻，其中甘蔗產量占全國一半。廣東素有「水果王國」之稱，水果品種有500多種，其中香蕉、木瓜、荔枝、菠蘿被譽為廣東「四大名果」，龍眼、楊桃的產量也很大。桑蠶和漁業也很發達。

1　趙佗：（？-前137年），西漢真定（今河北正定）人，秦末漢初南越國的創建者。西元前214年，秦統一嶺南，任南海郡龍川縣令，秦末戰亂中建立南越國，自稱武王。西漢初年接受高祖所封「南越王」稱號，呂后時叛漢，自稱武帝，在位69年，壽百餘歲。

2　中華人民共和國民政部編：《中華人民共和國行政區劃簡冊》，中國地圖出版社，2013年。

廣西：廣西壯族自治區簡稱「桂」，地處南疆，與越南為鄰。先秦時與廣東同為百越族聚居之地，秦設為桂林郡，部分屬象郡；唐朝歸屬嶺南道，宋為廣南西路，元屬湖廣行省，清代立為廣西省，一九五八年，成立廣西壯族自治區。現設14個地級市、7個縣級市，56個縣、12個民族自治縣，34個市轄區。全省面積約23.67萬平方千米，海岸線1595千米。沿海島嶼697個，島嶼海岸線長600餘千米。有壯、漢、瑤、苗、侗、仫佬、毛南、彝、仡佬等民族。自治區首府南寧。

廣西地形略成盆地狀，丘陵廣佈，河谷縱橫。大瑤山、大南山等構成向南彎曲的弧形山脈，面積約占廣西壯族自治區一半的石灰岩分布區，因高溫多雨，溶洞蝕成千姿百態的峰林、岩洞，與青山綠水組成一處處山水風景勝地。

廣西屬亞熱帶季風氣候，最冷平均氣溫6℃以上，南部全年無霜，年降水量1500毫米左右。由於水源和氣溫適宜，農作物一年可二熟至三熟。主要有水稻、玉米、薯、甘蔗、茶葉等，盛產沙田柚、荔枝、龍眼、菠蘿、羅漢果等水果，還有桂皮、八角、茴油、田七、蛤蚧及柳木、松香、栲膠、南珠等特產。

福建：福建省簡稱「閩」，位於我國東南沿海，與臺灣省隔海相望。先秦時分屬楚越，秦時設閩中郡，漢代屬揚州；唐代取福州和建州中的各一個字，設置福建觀察使，宋時為福建路；元初併入江浙行省，後改設省，沿用至今。現下轄9個地級市，85個縣（市、區）。全省陸域面積12.14萬平方千米，海岸線長3552千米。人口3552萬，[1]有漢、畲、回、苗、滿、高山等民族，省會福州。

福建有「山國東南」之稱，丘陵山地面積約80%以上，素有「八山一水一分田」之稱。沿海福州、漳州、泉州、莆仙一帶為平原。福建海岸邊線曲折，多島嶼。屬亞熱帶濕潤季風性氣候，無霜期長達8-11個月，年降雨量1000-1900毫米。

該省具有山海優勢，農林海產資源豐富。閩東南作物可一年二至三熟。盛產水稻、甘蔗、菸草、麻、茶葉和熱帶亞熱帶水果。名茶有武夷山岩茶、鐵觀音茶、烏龍茶、茉莉花茶等。龍眼、香蕉、柑橘、荔枝、枇杷、菠蘿為福建「六大名果」，

1　中華人民共和國民政部編：《中華人民共和國行政區劃簡冊》，中國地圖出版社，2013年。

其中龍眼產量居全國第一，荔枝產量居全國第二。特產為竹木、松香、閩筍、香菇、銀耳、藥材，此外蓮子、水仙花等也很有名。近海盛產帶魚、黃魚和貝藻類。福建森林覆蓋率達39.5%，僅次於臺灣省，居全國第二位。

海南：海南省簡稱「瓊」，相隔瓊州海峽與廣東省相望，包括海南島和西沙、中沙、南沙群島的島嶼及其領海，其海域面積約200萬平方千米，是全國海洋面積最大的省。今海南省，漢初設珠崖、儋（dān）耳二郡，三國時始有「海南」之稱，明代設瓊州府，清代始置瓊崖兵備道，1988年海南建省。現下轄3個地級市，6個縣級市，4個縣，6個自治縣，4個市轄區。全省陸地總面積約3.4萬平方千米，海岸線長達3324千米，僅次於廣東省，其曲折程度居全國之冠。人口908萬人。[1]有漢、黎、苗、回等民族，省會海口。

海南省是典型的熱帶海島型地區，有「南海明珠」之稱，海南島是我國第二大島，中部為五指山，沿海平原台地占全島三分之二，屬熱帶季風氣候，長夏無冬，高溫多雨，月平均氣溫20℃以上，降水量多達1700毫米。

海南島是我國熱帶作物基地，物質資源十分豐富。橡膠產量占全國60%，出產劍麻、咖啡、椰子、菠蘿等熱帶作物。雨林中盛產貴重木材、藤類、南藥及珍貴鳥獸。附近海域盛產石斑魚、海龜、龍蝦等。

臺灣：臺灣省簡稱「臺」。位於我國東南沿海的大陸架上，西隔臺灣海峽與福建省相望，東臨太平洋。臺灣自古為中國領土的一部分。古籍中稱夷島，漢晉南北朝名夷洲，元明設巡檢司；明末鄭成功驅逐侵略者，收復臺灣；清初置臺灣府，屬福建省，一八八五年立為省。臺灣省包括臺灣島及澎湖列島、蘭嶼、綠島、彭佳嶼、釣魚島、赤尾嶼等86座島嶼，是我國第一大島。全省面積3.6萬平方千米，其中臺灣島約3.59萬平方千米，海岸線總長1600千米，總人口2300多萬[2]，有漢、高山等民族。省會臺北。

1　中華人民共和國民政部編：《中華人民共和國行政區劃簡冊》，中國地圖出版社，2013年。
2　中華人民共和國民政部編：《中華人民共和國行政區劃手冊》，中國地圖出版社，2009年。

　　臺灣中央山脈縱貫南北，構成臺灣島的「屋脊」，將全島分為不對稱的兩個區域。其中玉山海拔3997米，是我國東部最高峰。臺灣西部為各河流沖積而成的平原，北部狹窄，南部較寬，臺南平原是該省最大的平原，是該省農業最盛、人口最密的地區。此外，屏東平原、臺中盆地均為臺灣省重要農業區。臺灣地跨北迴歸線，並受臺灣暖流影響，屬熱帶亞熱帶季風氣候，夏季長達7-10個月，年降水量多在2000毫米以上，夏秋多颱風暴雨，雨多風強為氣候特色。

　　臺灣自然條件優越，作物一年三熟，素有「寶島」之稱，主要作物有稻米、甘蔗、茶葉及水果，盛產香蕉、菠蘿、龍眼、荔枝、木瓜、柑橘、橄欖。特產為天然樟腦、香茅油。近海遠洋漁業發達，盛產珊瑚。

　　香港：香港特別行政區位於南海之濱，珠江口東側，包括香港島、九龍半島、新界三部分，總面積1104平方千米，人口約703.35萬（2013年），以華人為主，外國人占5%左右。香港在清代屬廣東新安縣，鴉片戰爭後被英國強行「租借」，一九九七年七月一日回歸中華人民共和國。香港與九龍半島間隔著深水海港，氣候溫暖濕潤，年降水量約2300毫米。香港特別行政區是一個自由貿易港，世界各地的商品雲集，這裡是世界金融中心。

　　澳門：澳門特別行政區位於南海之濱，珠江口西側，包括澳門半島、氹（dàng）仔、路環島，總面積29.50平方千米，人口約為54.22萬（2013年）。澳門自古即屬於中國領土，明代時屬於廣東香山縣，十六世紀為葡萄牙所占，逐漸發展成為一個國際貿易港口城市，在中西文化交流中起著重要的橋樑作用。一九九九年十二月二十日澳門回歸中華人民共和國，與香港一樣設立特別行政區。澳門以旅遊業著稱，博彩業發達。

　　包括以上地區在內的中國飲食文化區域概念中的東南地區，在我國歷史上是一個後來居上的地區，古代這裡是百越族的聚居之地，由於遠離中原，開發遲緩。秦漢以後隨著中原漢人的南遷，東南地區漢化程度日高。自唐宋以來海上貿易的發展使這一地區變得日趨重要，廣州港和泉州港地位顯赫。明清時期，東南地區的發展突飛猛進，珠江三角洲一帶的經濟發展水平已趕超長江流域。由於有著澳門和香

港的特殊地位，東南地區得風氣之先，這裡成了中西文化交匯的橋樑。進入近代社會，東南地區更成為民主革命的策源地，這裡擁有全國最多的華僑，使這一地區和世界聯繫緊密。地處東南海濱，開放和兼容的傳統，使它不斷地吸納先進文化，與時俱進。在歷史的積澱和昇華中，東南文化成為中國文化中的一面亮麗的旗幟。

第二節　濱海地貌的形成與東南地區的開發

探究濱海地貌的發育形成過程，是解讀東南地區飲食文化與地理環境關係的重要環節。我國東南海岸的形成和開發，經歷了漫長的歷史進程。遠古時期臺灣、海南和沿海大小島嶼與東南大陸本是連成一體的，隨著海浸與地球板塊活動的加劇，才逐漸形成海島，這正是東南地理共性的源頭所在。而東南地區的開發重點主要集中在珠江三角洲、韓江三角洲以及閩江流域與廈、漳、泉三角地帶。濱海的地貌特點對本地區飲食文化的形成和發展起著決定性的作用。

一、海浸與大陸架的形成

從地理學角度看，東南地區不是一開始就有的，它作為歐亞大陸的前板塊，是受到華南褶皺系和臺灣褶皺系的波動影響而形成的。除了受地質構造因素控制外，和全球性的海平面升降更有直接聯繫。特別是第四紀以來，氣候變化，冷暖交替，大陸冰川與山岳冰川時進時退。當氣候變暖，冰川溶融退縮，海平面上升，海域擴大，大陸架以至濱海平原受到海浸[1]。近年來根據沿海沉積物出現的海陸相交互疊，

1　海浸：即海進。在相對短的地史時期內，由於海面上升或陸地下降，造成海水面積擴大，陸地面積縮小，海岸線向陸地內部推進的地質現象。參考《中國大百科全書・地質學卷》，中國大百科全書出版社，1993年。

科學工作者發現整個第四紀沿海地區發生過四次明顯的海浸和海退[1]，對海岸地貌發育發生了直接的影響。

　　早在中新世紀初期及其以前，發生過兩次海退和一次海浸，導致了海岸線的往返推移，東南沿海的大陸被海水入侵，海岸邊線向大陸推移。到晚更新世後期，世界進入另一次冰期，在中國相當於大理冰期[2]，歐洲相當於玉木冰期[3]。這次冰期使海平面下降130米，在水深150-160米的大陸架均露出海面。南海區在雷州半島西北的鐵山港海底上，還保留當時大陸架上發育的河谷遺跡；珠江口外的古河道一直延伸到大陸架轉折線的附近，在南海近岸海底發現有淡水源的沉積層和紅色風化殼。這些海底的地質構造，證實了南海大陸架曾經有一段時期是陸地，有著豐富的陸源物質堆積。當時，臺灣、海南島和沿海的大小島嶼，成為大陸架平原上的山丘，與大陸連成一片，大陸上許多哺乳動物又一次向島上遷移。而西沙和南沙則有更多的珊瑚礁突出在海面附近。

　　大約距今1.1萬年，更新世最後一次冰期結束，全球進入冰後期，氣候轉暖，海面開始回升。大約在距今6000年，海浸達到了最大規模，在前次冰期露出海面的大陸架和沿海地區全被海水淹沒，臺灣、海南島以及沿海其他的島嶼又與大陸分離，此後海面變動趨於平靜狀態，但仍有微微上升。

　　在海浸的漫長歲月中，整個大陸架逐漸形成，並被淹沒在浩瀚的南海之中，大量的植物、動物的遺骸和各種的浮游生物，長期沉積在大陸架下而形成堆積層，這便是目前南海石油資源的來源。海浸向北的推進，使河口前的陸地沉沒在淺海中，成為淺海沉積層，河口被海水衝擊，水平面提高，使河流沖積力降低，加上海水頂托而發生的回流，使河床大量增加沉積，於是附近的低地被沉積物擴散淤填，在

1　海退：在相對短的地史時期內，由於海面下降或陸地上升，造成海水面積縮小或陸地面積擴大，海岸線向海洋方向推進的地質現象。參考《中國大百科全書・地質學卷》，中國大百科全書出版社，1993年。

2　大理冰期：代表中國末次冰期，最早的提出者是德國學者GrednevWilhelm，後來大理冰期的概念在李四光的文章中得到引用，逐漸為國內廣大的冰川學者所接受。

3　玉木冰期：第四紀大冰期的末次冰期，發生在距今7萬-1.1萬年間。

洪水到來時，出海口溢滿，河道的急流自然從兩邊的低窪河岸溢出沖刷出無數新支流，故東南地區的江流出海口河湧[1]特別多。東南地區形成了一片水網之鄉。[2]

二、廣東珠江三角洲和韓江三角洲的發育和墾殖

❶ · 珠江三角洲的開發

廣義的珠江三角洲，一般是指西江三榕峽以下、北江飛來峽以下、東江劍潭以下的沖積平原以及部分的丘陵、台地，統稱為廣義的珠江三角洲，又稱大三角洲，總面積為3.4萬平方千米。狹義的三角洲是指，西起三水思賢滘（jiào），東至東莞石龍，南至新會崖門，面積約1萬平方千米的沙田平原區。

珠江三角洲在不同的歷史時期有不同的地貌，它在江流的沙泥沖積下，自北向南從海口拓展，隨著人口的逐漸增多和農業技術的進步，珠江三角洲的墾殖面積也不斷擴大。

早在新石器時期人們已在珠江三角洲上生息繁衍，佛山河宕遺址、西樵山採石場遺址、增城金蘭寺等遺址都留下了先民們的足跡，古越族人在這片沃土上漁獵墾殖創造了早期文明。珠江三角洲的早期開發自秦漢開始，由於大批中原漢人的入遷，改變了這裡的原始面貌，使這一地區進入到封建文明。從秦漢至魏晉南朝，珠江三角洲得到逐步的開發，但當時的水源充足，林木茂盛，水土流失甚少，珠江三角洲的成陸發育遲緩。由於沖積平原狹小，受到環境的侷限，生產發展比較緩慢。唐代以後珠江三角洲成陸加快，原因是嶺南地區人口增加，對河谷和山地的開發利用導致了水土流失，於是河流的泥沙顯著增多，河口淤積加快，從而加快了珠江三角洲的發育。宋代人們開始在珠江三角洲的一些河道大修堤圍，加強對低窪地的利用，重點在西江羚羊峽至甘竹灘的沿岸和三水至佛山的河道沿岸大修堤圍，墾闢圍

1　河湧：廣東的地方方言，即河汊，但它多指人工開挖的渠道。
2　曾昭璇、黃偉峰：《廣東自然地理》，廣東人民出版社，2001年。

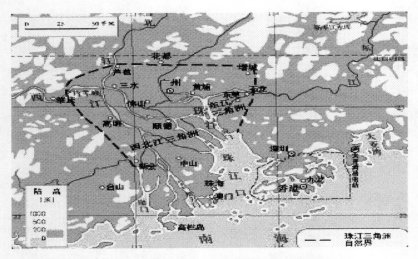

▲圖1-2　珠江三角洲（《中華人民共和國行政區標準地名圖集》，星球地圖出版社）

田，在東莞海邊築堤防潮。堤防的修築加快了邊灘的發育和三角洲的延伸。明清時期隨著經濟的發展和人口壓力的增加，圍海造田成為一股熱潮遍及各地。沙田開發以番禺、順德、香山、新會、東莞最多，道光《南海縣志》記：「昔築堤以護既成之沙，今填海以為陸。」人們總結了經驗，通過「魚游、欞迫、鶴立、草埗」等不同階段的沙地改造，加快了珠江三角洲成陸的速度，萬頃沙田沿著珠江各出海水門不斷延伸。隨著歷史向前推進，珠江三角洲已變成一方水肥土厚、人口密集的富饒之地，農業生產走在全國的前列，成為著名的水果、蔬菜、花卉、蠶桑、甘蔗等作物的生產基地。

❷ · 韓江三角洲的開發

距今6000-5000年，韓江三角洲仍然是一個下沉的大海灣，海寬水深，波瀾壯闊，海水直迫今天的潮州市附近的韓山、竹竿山及揭陽榕城鎮以北。以後在韓江、黃崗河、榕江、練江帶來的泥沙，不斷在古海灣帶沉積，逐漸填積成今天的潮汕平原。韓江三角洲是潮汕平原的主體，以潮安為頂點向南分布，東北到蓮花山地，西以桑浦山為界，面積973平方千米。外圍陸地為海拔100-250米的低丘，內有五列與

海岸平行的北東向丘陵。平原頂部扇形沖積平原和下部沙隴區地勢較高，海拔2-15米，中部為低平原，海拔2米以下。這裡的河道潴（zhū）積成湖，地面積水不易排泄，河網密度2.5-4.5千米/平方千米。沉積時代開始於晚更新世中期前段，尤以距今6000-5000年為盛。平均沉積速率2.32毫米/年，平均向海推進速度5.05米/年。

韓江三角洲的開發較晚，漢唐之際此地是百越民族的遺裔俚、僚人的天下。唐代韓愈任潮州刺史時期，這裡依然鱷魚為害，人口稀少，林莽縱雜，野獸橫行。隨著賢哲之士入潮，中原文化迅速傳播，宋代潮州一帶發展迅速，筆架山的陶瓷已遠銷海內外。元代以後，東南地區的移民日漸增加，特別是遷自福建的「福佬」，其中莆田籍最多，至今的潮州話即是閩方言的變種。明清時期韓江三角洲已是個鍾靈毓秀、人文鼎盛的地方，人口迅猛增加，圍海造田加快，經過不斷的開發，這裡已變成全國人口最密集的地區。

韓江三角洲是廣東第二大三角洲，自然條件優越，由於田少人多，土地利用率高，是全國著名的糧產區。這裡的農業生產以精耕細作而聞名於世，有「種田如繡花」的美譽。這裡以種植水稻為主，一年兩季；大多數地方在晚稻後再種其他作物，達到一年三熟，複種指數較高。這裡又有「蔬菜王國」之稱，有著精湛的蔬菜栽培技術和醃製技術，在生產中充分利用合理密植、立體栽培、循環利用的效果，創造出高產紀錄，並成為華南地區主要的蔬菜良種基地。韓江三角洲還是廣東重要的經濟作物和水果產區，尤其是以甘蔗和水果為大宗，特別是中外聞名的潮州柑，質優味美，已有300多年的歷史，被稱為「柑橘皇后」。

三、福建在各個歷史朝代的開發

❶ · 兩個最發達的地區——福州平原、廈漳泉三角區

福建省丘陵山地占全省總面積的80%，農業生產主要分布於河谷盆地和各河下游的沖積平原區，主要有漳州平原、福州平原、莆仙平原、泉州平原。閩江是福建

省最大的河流，發源於武夷山脈，由上游的建溪、富屯溪、沙溪三大支流於南平附近匯合後稱閩江。閩江下游流經福建洪塘附近，分南北兩港，稱烏龍江和白龍江，至馬江合，東流入海。這使閩江沖積的福州平原成為全省重要的糧食產區。此外，西溪、九龍江、晉江沖積而成的廈、漳、泉三角地帶也是福建省重要的經濟區域，得天獨厚的地理環境對發展航運、海產和灘塗圍墾創造了有利的條件。這兩個地區成為福建省的經濟龍頭，同時也成為文化的聚焦之地。

❷ · 早期開發始於三國時期

古代福建交通不便，省內峻嶺連綿、河流湍急，向有「閩道比蜀道難」之說。尤其是與江西、浙江交界的武夷山脈及仙霞嶺的阻隔，使古代的閩地與中原隔絕，先進的文化和生產技術難以傳入，生活在這片土地上的閩越土著保留著原始落後的耕作方式。秦漢以前福建省大部分地區未開發，地廣人稀。隨著中原漢人的遷入，經濟逐步發展。三國時孫吳對閩多次用兵，開拓南方，福建進入了早期的開發。魏晉南北朝時期，吳越與中原人不斷入閩，如乾隆《福建府志》卷七十五記載：西晉懷帝永嘉二年（西元308年），中州大亂，衣冠大族八姓入閩，「林、黃、陳、鄭、詹、邱、何、胡是也」。南梁武帝太清二年（西元1548年），侯景之亂，移入閩的建安、晉安、義安郡者不少。

❸ · 唐五代的大力開發

唐五代福建經濟有一定的發展，閩中山區也開始了開發。中唐以後，福建已成為江南主要產糧區之一，五代王審知[1]治閩29年間薄賦輕徭，鼓勵墾荒，興修水利，沿海人民缺田少地，就用築堤瀉（xì）鹵的辦法進行圍海造田。與此同時王審知招納中原名士，發展海外貿易，促進福建的發展。唐代福建已成為全國主要產茶區，陸羽所著的《茶經》中已有關於福建茶葉的記載，福州的「方山露牙」是全國名

1　王審知（西元862-925年），字信通，又字詳卿，光州固始（今屬河南省）人。唐末，從其兄王潮，隨王緒起兵。唐光啟元年（西元885年）入閩。唐光化元年（西元898年），任福州威武軍節度使。五代梁開平二年（西元908年），封琅琊王。五代梁開平四年（西元910年），受封為閩王。

茶。福建沿海的侯官、長樂、連江、長溪、晉江、南安六縣鹽產豐富，成為唐代政府榷鹽稅收的主要來源之地。

❹．宋代開發的長足進展

宋代福建經濟有長足發展，北宋時繼唐掘六塘，又在莆田木蘭溪上修建了著名水利工程——木蘭陂（bēi，山坡），保障了農業的灌溉。當時土地開發達到新高峰，《宋史》卷八十九記載：「土地迫狹，生籍繁多，雖磽（qiāo）确之地，耕耨殆盡。」由於田土少，於是農業的精耕細作水平大大提高，同時大力發展山區的經濟作物，茶葉、棉花、甘蔗、水果的生產全國聞名。尤其是閩茶的生產成為全國之最，建州北苑茶、武夷茶聞名天下。

❺．明清時期的全面開發

明清時期是福建省進入全面開發的時期，商品性農業生產有了顯著的發展，精耕細作的農業技術得到更廣泛地推廣，耕地面積不斷地擴大，山區得到了進一步的開發。這一時期蕃薯、玉米、花生的引進和推廣解決了貧困山區的糧食和油料問題，這是平民飲食的巨大進步，也使福建沿海地區的農業結構產生了重大變化。明清是福建經濟作物迅速發展的時期，《福建通志》卷五十五記：「……始闢地者，多植茶、蠟、麻苧、藍靛、糖蔗、荔枝、柑橘、青子、荔奴之屬，耗地已三分之一，其物猶足供食用也。今則菸草之植耗地十之六七。」※漳州、泉州、興化逐漸成為著名的甘蔗產區，安溪、長汀、上杭成為重要的菸草產地。茶區、蔗區、煙區、果區的作物區劃分日漸明顯。與此同時，海洋經濟的發展成為瀕海地區的一大特色。它體現在：曬鹽業的發明和推廣，這是鹽業生產的巨大進步。沿海灘塗養殖業的興旺，海上捕撈漁業產量大增，漁場有新的開發。沿海漁民「春冬則蛤蠣資生，夏季

則捕魚為業」。如福安、霞浦、晉江、漳浦等地養蠔業發達，其插入竹法養蠔[1]得到推廣。此外，蟶、泥蚶、海蛤均為福建沿海的名產，《潮州府志》記「蚶苗來自福建」，福建蛤類的「西施舌」聞名國內。故有「海者，閩人之田」之稱。海產資源的開發和利用對福建飲食影響巨大，以海產品為重要食料成為閩菜的傳統風格。

清初鄭成功收復臺灣和清政府統一臺灣，使大量的漳、泉人渡海徙居臺灣，同時也使閩菜成為臺灣飲食文化的主流。

❻·近代以來的變化

近代以來福建發生了巨大的變化。一八四二年英國侵略者強迫清政府簽訂了《南京條約》，福州和廈門成為通商開放的口岸，封建自然經濟瓦解，洋貨充斥省內，中西文化的全面接觸，使福建飲食文化發生了深刻的變化。如開始吃西餐、飲咖啡，國外的碳酸飲料、啤酒、洋酒的輸入，改變了海濱市民的生活。這一時期福建茶葉生產進入全盛期，五口通商以後外國商船直抵福州、廈門裝運茶葉，福州成為全國三大茶市之一，也是全國最大的花茶加工基地，廈門成為烏龍茶的主要輸出港口。此時，福建省三大茶區基本形成，即閩北老茶區、閩東紅茶區和閩南茶區。

四、廣西欽州、防城、北海濱海地帶的發展

廣西的欽州、防城、北海三角地帶位於欽江和廉江的沖積平原之上，前臨北部灣，有「北部灣三角洲」之稱。這一地帶在漢代屬合浦郡的濱海地區，是古代「海上絲綢之路」的起點之一。《漢書·地理志》有明確記載，當時從徐聞、合浦出發的船隻，通過波濤起伏的海路，穿過北部灣，貫通東南亞各地，到達印度洋彼岸，

※ 編者註：為方便讀者閱讀，本書將連續占有三行及以上的引文改變了字體。對於在同一個自然段（或同一個內容小板塊）裡的引文，雖不足三行但斷續密集引用的也改變了字體。

1 即「插竹養蠔」法，我國宋代已有之，是南方進行褶牡蠣採苗和養成的一種普遍方式，有插排、插節、插堆三種插法。該法能有效地利用水域，單位面積產量高，操作方便，福建省和臺灣省多採用這種方法養蠔。

將綺麗的絲綢送到東南亞、南亞各國，換來香料等各種異國貨物。自秦始皇統一嶺南，派史祿（監御史名祿）開鑿靈渠，連接了湘江與灕江，溝通了長江水系與珠江水系，靈渠成為南北交通大動脈的樞紐。靈渠的南端最終點便是徐聞、合浦，其路線是過靈渠、入桂江抵蒼梧（梧州）溯江到滕縣，逆北流江南下抵北流，最後順南流江直下到達合浦。這一地區自古以來便一直處在海外交通的重要位置。

欽州、防城、北海三角地帶自古以來是海防要地，欽州因臨大海，地勢險要，與越南相望，是軍事要沖。北海南濱大海，西望越南，為兩粵屏藩要襟之地。防城是交趾自海登陸中國的要隘、欽、廉二州的門戶，古人稱為「防城」，其意深遠，西南面的東興與越南相鄰。防城港是來自東南亞各國的船舶必經之地，因此南洋群島的飲食風尚是從這一條航道傳來的。

在明清時代廉州和欽州的生產水平尚比較落後，嘉靖《廣東通志》卷二十記：廉州府「據山瀕海，風氣粗勁，重貨輕生，男子不耕不商，婦女不織不蠶，生計最

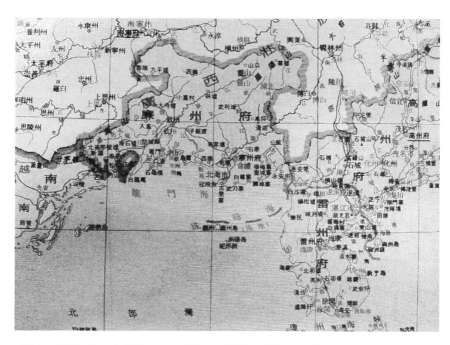

▲圖1-3　北部灣三角洲（《中華人民共和國行政區標準地名圖集》，星球地圖出版社）

拙，多利鹽魚為生。日用所資，轉仰於外至之商」。而欽州「連近交夷民，不通藝，重賄輕生重利輕義，市不用量而相信以筒，田不計畝而約數於禾」。清代後期這一地區有了長足發展，一八四四年法國強迫清政府簽訂了不平等的《黃埔條約》，規定在通商口岸建造天主教堂；一八七六年中英簽訂了《煙臺條約》，增開了北海等地為通商口岸，從此中外文化交流日趨頻繁。外地商人的活動促進了當地經濟的發展。據民國《廣東通志稿》所記，清末民初的欽州縣每年穀產額約七百萬斤，糖約五百萬斤，油約一百萬斤。欽州、防城、北海三角地帶在近代開始了新的發展。

欽州、防城、北海三角地帶有著漁鹽之利，是著名的產鹽區，該地的白石鹽場設自明代，屬北海鹽課提舉司管轄，場署設於合浦縣城，下屬有十一個分場，鹽產豐富。三角地帶瀕臨的北部灣，海面廣闊，海水較淺，水溫高，海產豐富，是我國優良的熱帶海洋漁場之一，盛產青鱗、橫澤、池魚、丁魚、馬鮫、倉魚、魷魚、墨魚、海參、海蝦、牡蠣。沿岸的珍珠、蠔類養殖場廣布，其中南珠的生產世界有名。除海產外，這裡的八角、茴香、玉桂也銷售到境外，還有那勤、大菉所產的蕨粉既可充飢也能治療泄瀉之疾，是為著名特產。

近代以來北海發展為新興的海港、漁業基地和旅遊城市。北海物產資源豐富，特別是海產品種為我國大陸沿海城市之冠，尤其是以珍珠、海馬、海龍最為著名。這裡有中國第一灘北海銀灘，神祕的火山島潿洲、奇特的森林紅樹林吸引著大批的遊客前來觀光。旅遊業的發展帶熱了飲食文化的發展，欽州、防城、北海三角地帶逐漸走向富饒。

第三節　東南地理環境決定了飲食文化的豐富內涵

地理環境造就了地域的自然物產，而自然物產給人們帶來了飲食資源，因此飲食文化和地理環境密切相關，嚴格來說，地理環境決定了人類的生存方式。

東南地區既有高山密林，也有肥沃的三角洲平原，既有眾多的丘陵山地又有廣

闊的濱海濕地，這些多種的地形地貌構成了東南地區地理環境的重要特徵，由此也帶來了得天獨厚的飲食資源。地處海上交通樞紐的地理位置，又使東南地區成為中外文化的交匯之地，因此，東南地區的飲食文化富有強烈的兼容性與多元性。

一、優質生態帶來了得天獨厚的飲食資源

東南地區的氣候屬熱帶亞熱帶氣候，其特點是四季溫和，全年多雨高溫。東南地區在遠古的時候是一片熱帶亞熱帶森林，也有丘陵或山間灌木叢林和林間草地，這裡生存過恐龍、犀牛、巨貘、東方劍齒象、納瑪象、大熊貓等珍貴動物。至今在粵北地區留下了大量化石，如在南雄發現有恐龍蛋、恐龍的腳印等化石。氣候條件優越，有利於各種植物的繁殖和生長，因此東南地區的植物種類特別多，很多植物經冬不凋，全年可生長發育。許多遠古時代的植物，如冰河時期遺存的銀杉、銀杏（白果）、水松、亞鐵杉，以及許多古老的植物如黑桫（suō）欏、水松、觀光木、蘇鐵蕨、魚尾葵等至今生存於境內。福建省的武夷山脈，野生動植物資源異常豐富，以「生物標本的模式產地」而聞名，豐富的野生植物資源為人類生存奠定了豐富的物質基礎。

東南地區以丘陵山地為多，植物資源居全國首位。粵北、桂北、閩西盛產香菇、木耳、銀耳、竹筍、板栗、山藥、黃花菜、大肉薑、蕨菜等珍蔬。銀杏是世界罕有的珍稀植物，但在桂北和粵北卻是銀杏的豐產區。東南的閩茶自宋代以來已享有盛名，武夷山產的武夷岩茶為中國名茶之一，安溪的鐵觀音，福州閩侯地區的茉莉花茶、福安紅茶也名滿天下；粵茶有苦丁、潮州鳳凰單叢、饒平白葉單叢、英德紅茶、鶴山古勞茶、樂昌白毛茶、肇慶紫貝天葵等；廣西有桂花茶、桑寄生茶。

東南地區的蔬菜更是不勝枚舉，長年四季瓜菜不斷，品種之多、產量之高堪稱全國之最。粗略統計東南地區的常見菜蔬達30種以上，而許多東南特有品種就更為珍奇，《廣東新語》記廣芋有14種之多，最美的是黃芋，次之白芋，再次之紅牙芋。廣西則以荔浦香芋聞名。東南多薯，有葛薯、白鳩薯（土山藥）、黎峒（dòng）薯、

木薯，皆甜美可口，還可作副糧。此外，廣西產的食用香料豐富，產量大，如肉桂、茴香、八角，在國內外市場上占有重要地位。臺灣、海南島的椰子、腰果、檳榔、胡椒、可可、咖啡、香茅是著名特產。

東南地區是個水果王國，丘陵和平原盛產荔枝、龍眼、香蕉、柑橙、青欖、芒果、菠蘿、楊桃、番石榴、木瓜、甘蔗、人面子、蒲桃、鳳眼果、檸檬。山區多產柚子、青梅、桃子、三華李、奈李、無花果、蜜橘等。一年四季水果不斷。

東南地區是個水鄉澤國，可供食用的水生植物資源多樣，蓮藕、蓮子、荸薺（馬蹄）、慈姑、菱角、茭筍、薏米、芡實等，視為席上之珍。其中福建建寧、建陽的蓮子、肇慶的芡實、廣州泮塘的「五秀」（蓮藕、馬蹄、慈姑、菱角、茭筍）均為名產。

由於氣候條件優越，東南地區熱帶、亞熱帶的飛禽走獸都在此大量繁衍，鹹淡水域的魚、蝦、蟹、貝豐富，濕地的各類兩棲動物和爬行動物特別多，肉食資源取之不盡。常見的山珍有山雞、禾花雀、野兔、山瑞鱉、黃猄（jīng）、野豬、田雞、蛇、鷓鴣、山龜等。

東南地區的自然條件極利於農業的發展，由於全年高溫，植物生長季節長，一年之內糧食可三熟，蔬菜可獲8-11茬，蠶繭可收8次，茶葉可採摘7-8次，塘魚可放養3-4次，多熟制農業為飲食提供了豐富的資源。

東南地處海外交通的要沖之地，來自海外的植物不斷被引進，如可可、番石榴、番茄、玉米、菸草、荷蘭豆、辣椒、蕃薯、花生、馬鈴薯等作物在不同時期陸續引進，這些作物都首先從東南地區試種再推廣到內地，使當地的民眾大大得風氣之先。近代以來隨著中外貿易的不斷發展，進口海味不斷輸入東南沿海市鎮，如東南亞的海參、燕窩、龍蝦，大洋洲、美洲的魚翅、魚肚，日本的鮑魚、元貝、海參，澳洲鮑魚……世界的名貴海味，都匯聚東南。豐富的飲食資源，為形成豐厚的飲食文化底蘊提供了物質前提。

二、濱海帶來了海洋文化的飲食特色

東南大陸海岸線約占全國海岸線長度的一半,加上有海南和臺灣兩大寶島,海產資源富甲天下,故有「黃金海岸」之稱。中國海洋魚類多屬熱帶和亞熱帶性,大約有2000種,其中渤海、黃海約有300種,東海約有600種,南海約有1000種,算下來,東南海域的魚類占全國總魚類的80%。東南人開發海洋資源的歷史悠久,從廣東潮州市發掘的貝丘遺址推斷,東南的海洋捕撈已有5000年以上的歷史。進入當代社會,已形成沿海、近海、外海及遠洋四大捕撈作業,形成東南地區諸多的著名近海漁場。沿海先民自古以來就以嗜食海鮮,善烹海鮮而著稱於世,於是以海鮮為特色的飲食習尚成為東南地區的一種傳統,在東南百姓的生活中充滿著海洋文化的氣息。

東南沿海的河流多短小獨流,對海水的沖淡現象不多,海水鹽分濃度較大。沿海太陽照射強烈,利於修建鹽田的灘塗較多,故鹽田分布不少。清代,單是廣東一省的鹽產已能供給黔、桂、贛、閩等多個地區。東南地區鹽產豐富,不但用於調味,還用於保鮮,在食品加工中以鹽醃製的食物品種特別多。

東南地區的海域位於東南亞海上的交通要衝,包括了瀕臨浩瀚的南海、北部灣、臺灣海峽及東海部分海域。境內河網縱橫,流量豐富,港灣眾多,內河航運與海洋聯通,航運業發達。早在秦漢時期就開闢了從徐聞、合浦出發經南海、太平洋、印度洋抵達斯里蘭卡的「海上絲綢之路」。唐代以廣州為起航點的「通夷海道」,遠達中東和非洲東岸。宋元時期的泉州港一度成為全國對外貿易中心。明清時期澳門、廣州的航線達美洲、歐洲和大洋洲,廣州成為世界性的東方國際貿易中心。進入到近代社會,東南地區成為中國通往世界各地的重要門戶,香港成為世界大港,對東方世界影響深遠。一批新的港市如湛江、福州、廈門、汕頭相繼崛起,成為中國對外貿易的主要通商口岸,大大促進了中西經濟文化的交融。外國的飲食文化首先在東南駐足,再向內地傳播。東南地區的人民憑著地處沿海的便利條件,諸多事情得風氣之先,自明清以來,大批人陸續出洋謀生,逐漸形成了眾多的華人

華僑，他們把具有濃郁海洋文化特色的家鄉菜餚帶到世界各地，也從世界各地傳回了域外的飲食風習。華人華僑成為飲食文化的傳播者，他們改變著世界飲食文化的格局。

三、丘陵山地的飲食風格

東南地區多山，山地和丘陵占全區面積的80%。其中以南嶺山地為著名，它位於零陵、永興、泰和一線以南，上林、桂平、梧州、懷集一線以北，西至從江、宜山，東至閩、贛邊界的廣大地區均屬南嶺山地。南嶺的山體多在1500米左右，是長江和珠江的分水嶺，又是我國中部和南部的氣候屏障，同時還是中亞熱帶與南亞熱帶之間的一條自然地理分界線。處在這樣一條自然地理的分界線上，動植物資源豐富，山珍野味取之不盡，它自然賦予了本區飲食得山海之利的優越條件。東南除山地外，丘陵廣佈，閩、粵、桂大多數地面為海拔500米以下的丘陵，閩粵以花崗岩丘陵為多，廣西以石灰岩丘陵分布為廣。丘陵山地大部分土地貧瘠，農業發展水平不高，於是形成了東南地區的另一種飲食特色——山區飲食。

山區飲食以稻穀為主糧，增加以蕃薯、玉米、芋為副主糧，符合多種養分吸收的保健飲食原則。因為單一的稻穀主糧以澱粉為主體的飲食結構，並非是最優的飲食搭配。山區飲食依賴山區的自然生態資源，大力發展以豆腐、醃菜、竹筍為特長的山區菜，客家飲食文化就是這一地區的典型。山區飲食由於受到經濟條件的限制，相對比較粗放，但正因粗食，促進了人體的健康成長。例如，山區喜食糙米（去穀殼後的米粒不做第二次加工，使米粒光滑），食糙米的習慣，能預防腳氣病，增加多種維生素。山區多食粗纖維植物，對增強腸胃蠕動、有利排泄、防止腸癌大有益處。從營養結構看，山區飲食低脂肪、低蛋白、低糖、低油，對人體健康大有裨益。山區烹調不用繁雜的香料和調味品，多用簡約省時的烹調方法，卻能烹製出清新美味的菜餚，像客家的砂鍋菜、釀豆腐、東江鹽焗雞等，都是雅俗共賞的名菜，也是物美價廉的典範。山區飲食從食料取材，食品加工，燃燒烹煮，到殘物

利用，都較合理地利用了山區資源，同時又保護了生態環境，是一種低碳的飲食生活，它為現代社會尋求健康飲食之路，解救生態危機，提供了寶貴經驗。

隨著科學技術的發展，人們在重新審視飲食對生命的意義時，山區的飲食文化開始被人們重視，以素食為主體的飲食傳統有益於身體健康，符合科學食療的醫學原理，正被人們所青睞。

東南的山地和丘陵形成了眾多風景優美的景區，如廣西岩溶洞地貌的灘江兩岸，山景奇特，風光迷人，素有「山水甲天下」之稱，深幽奇奧、變幻離奇的七星岩、蘆笛岩、寶晶宮、凌霄岩等岩溶洞穴，都已成為著名的旅遊勝地。廣東的鼎湖山、丹霞山，福建武夷山等名山也成為遊人不絕的旅遊勝地。旅遊業的發展把當地的名食佳餚帶熱，美食和美景相得益彰，山區美食逐漸被人們所瞭解和接受。

四、地理差異和民族傳統形成的食俗差別

❶·地域差異形成的不同食俗

東南地區是高溫多雨的熱帶─南亞熱帶季風氣候，降雨量多。日照時間長，年平均氣溫大於20℃。炎熱多雨的氣候影響著人們的食慾，這裡的人們飲食口味偏向於清淡，因為只有清淡型的口味才能適宜南方炎熱的天氣。高溫悶熱，自然會多流汗，於是水分的補充成為飲食養生的第一需要，故東南地區粥湯類食品甚多，飯前飯後湯水不斷，這與北方有明顯的不同。炎熱多雨的氣候又很適合甘蔗和水果的生長，因此東南蔗糖豐富，水果多，帶甜味的食物多，自然也影響到烹調，偏愛用糖，甜食較全國最為突出。

從飲食器具上看，北方器具大多厚重、雄渾、碩大，而南方器物多小巧、玲瓏、華美。形成這種不同文化現象的原因，主要是氣候和地理環境的差別。北方寒冷，夏天炎熱，溫差明顯，造就了人們氣質上的寬宏、耐力，中原既有廣闊平原，

又有崇山峻嶺，鑄就了人們審美觀念中的雄渾氣魄。南方山清水秀，樹木長青，溫差不大，自然使人以豔麗為美，狹小的環境使人們從小處著眼，在小的布局中創造出誘人的東西。南北飲食器具的差異還與人的體型、力量的差別有關，北方人的食量多，形體寬厚，南方人偏瘦，個子小，力氣也不大，故製作的食器多為小巧玲瓏。

從飲食審美看，東南是一個花山果海的世界，這種自然環境賦予人們在飲食中的情趣是追求食品外觀濃豔、花哨的風格，追求芳香怡人的感受。這也是受環境生態的影響使然。

❷·不同的民族傳統形成的不同食俗

東南地區古代稱之為百越之地，少數民族多，族群複雜，飲食風俗大異其趣。自秦漢以來，漢民族不斷入遷東南本土，逐步改變著當地的風習，至今漢族成為人口的主體，但民族成分依然繁多。近代以來主要有漢、壯、滿、畬、回、瑤、苗、黎、高山等民族。隨著社會的發展，許多少數民族漢化，飲食亦趨雷同。但聚居於偏僻山區的少數民族，由於地理環境惡劣，生產水平低下，飲食文化雖具特色，但發展水平不高。尤其是在新中國成立以前，海南島的黎族，桂西北山區、粵北山區的瑤族，閩西山區的畬族，主糧生產短缺，長期以薯芋等雜糧充當主食，他們的食俗中尚保存著原始遺風，如「刀耕火種」，「食一山盡，復往一山」，「食盡一方，則移居別境，來去無定」。又如，東南地區的滿族大部分是清代駐粵和閩的八旗將士的後代，在清代享有特權，食皇糧，即使南遷，依然保持著本民族的飲食生活，這給東南的飲食文化增添了新的色彩，如包餑餑、拜米缸便是他們的飲食遺產。東南的回族多聚居於廣州、泉州、福州等大城市，他們信仰伊斯蘭教，始終保留著傳統的飲食習俗，清真回回的餐館長盛不衰，成為最富有民族特色的飲食文化風景線。

中國歷史上多次的移民潮是自北向南遷徙的，這股浪潮造就了東南移民社會的飲食特徵。入遷的漢民族在東南雖逐步成為人口的主體，但由於移民來自不同的地區和不同的族群，所以即使都是漢族人，飲食風格也各有差異。僅廣東省而言，漢

民族中就有廣府、客家、潮汕之分，方言差異甚大，飲食風格亦不相同。「廣府」飲食以廣州口味為正宗，「客家」則帶有山區風格，而「潮汕」又受閩南影響頗深。福建在明代設立八府，故有「八閩」之稱，八閩由於地域和族群的差別，飲食風習也多有不同，閩南和閩西差距甚大，一為海洋風味，一為山區特色。在臺灣，閩南、客家移民占主流地位，兩種飲食風格各有特色。在香港和澳門則成為國際不同種族聚居的城市，中西飲食並舉。隨著民族文化的融合，許多先進飲食方式會在具有各種飲食特色的族群中趨向認同和接受，但族群中的某些傳統依然被傳承和發揚。「千里不同風，百里不同俗」，這正是東南飲食文化的生動寫照。

第二章

遠古至先秦時期
東南拓荒的先民

利用自然火走上熟食之路，這是原始人飲食史上的偉大創舉。東南地區溫暖濕潤，水源充足，果木豐茂，動物繁盛，早在舊石器時代，珠江流域已有遠古人類的活動。新石器時代東南先民已較前代有較大的進步，他們開始種植水稻，飼養畜牧，懂得原始紡織與製陶。至春秋戰國時期，生活在東南的百越族已形成並有了較大發展，他們根據本土的生態特點，充分利用本地動植物資源，在保持本民族原始色彩的基礎上，探索出百越族特有的飲食風格。

第一節　舊石器時代東南古人類遺址和原始生活

中華人民共和國成立以來，我國華南地區已經發現的古人類舊石器遺址有81處之多，其中大部分發現於珠江流域。原因是珠江流域遍布石灰岩溶洞，適合古人類穴居和棲息，而第四紀地質時期的珠江流域擁有最適合原始人類居住的自然環境，故有學者認為「華南西江水系是尋找和發現我國早期人類遺跡最有希望的地區」[1]。因此，東南地區的舊石器時代聚焦在兩廣地區。目前發現的舊石器遺址，主要有廣東封開峒中岩、曲江馬壩獅子岩、羅定飯甑山、陽春獨石仔，廣西靈山的洪窟洞和匍地岩、柳江通天岩和陳家岩、田東定模洞、來賓麒麟山蓋頭洞、桂林東岩洞和寶積岩、柳州白蓮洞和思多岩等。此外，還有臺灣臺南的左鎮人遺址。這些古人類遺址，留下了東南地區先民的生活遺跡。

1　衛奇：《華南舊石器考古地質》，《紀念黃岩洞遺址發現三十週年論文集》，廣東旅遊出版社，1991年，第155頁。

一、東南最早的古人類遺址

❶·封開峒中岩人

封開峒中岩人是嶺南地區人類最早的祖先之一，一九七八年和一九七九年在粵西封開河兒口的峒中岩發現了古人類牙齒化石3顆，動物化石6目17科21屬21種。其中兩個猿人牙化石經中國科學院等多個研究單位的專家鑑定，距今已有14.8萬年，比起一九五八年在廣東曲江馬壩發現的古人類牙齒化石早2.8萬年，動物化石大多數與馬壩動物群相似，屬於晚更新世早期階段。峒中岩人的發現表明了東南地區的古人類是沿著珠江流域自西向東發展的，也進一步證實了著名古人類學家賈蘭坡先生所指出的：「兩廣地帶就是遠古人類東移的必經之地」。

❷·馬壩人

馬壩人是迄今發現的廣東最早的古人類之一，一九五八年夏天在粵北韶關曲江馬壩鎮西南獅子山的獅頭溶洞內，人們發現一個古人類頭骨化石和19種動物的化石。後經北京大學碳14實驗室用鈾系法測定為距今12.9萬年的古人類頭骨化石，考古學家命名為「馬壩人」，這是嶺南地區發現的最早的古人類頭骨化石。馬壩人頭骨化石計有前額骨、部分頭頂骨、大部分的右眼眶骨和一小塊鼻骨，屬中年男性個

體，腦容量估計一二二五毫升。馬壩人比北京人晚，前額比北京猿人高，面部具有黃色人種的基本特徵。一九八四年考古學家又在馬壩人居住的洞口穴中，發現了一件長形的，由扁圓礫石打製的砍砸器，這次發現填補了馬壩人石器文化的空白，進一步證實了馬壩人是舊石器中期古人這一史實。

❸・柳江人及晚期智人

東南地區舊石器晚期的古人類化石，主要分布於兩廣和臺灣。柳江人是一九五八年在廣西柳江通天岩山洞下層紅色砂質黏土裡發現的，有新人化石頭骨（缺下頜）、兩段股骨和其他零碎化石，與大熊貓、巨獏、中國犀、東方劍齒象等動物化石共存。柳江人頭骨屬中年男性，腦容量約一四八〇毫升，屬年代較早的晚期智人，頭骨明顯具有南亞黃種人的特徵。一九五六年在廣西來賓麒麟山發現一老年男性個體的顱骨化石，年代較柳江人晚。一九六〇年二月在廣西靈山馬鞍山三處岩洞口堆積中發現八塊頭骨片、四顆牙齒和其他骨頭，屬於四五個個體，是晚期智人。廣東一九六五年在封開黃岩洞發掘出兩個頭骨化石，距今11930±200年。一九九二年七月在封開漁澇羅沙岩首次清理出有連續地層堆積的舊石器時代遺址，出土有四枚古人類牙齒化石、一批打製石器和大量的動物化石，其年代分別為距今二點二十四萬年、四點八萬年和七點九萬年，它填補了廣東地區從早期智人到晚期智人的史前文化空白。此外曲江馬壩獅子岩水洞和銀岩發現了六顆人牙化石，獅頭岩洞西飛鼠洞出土有一個帶臼齒的左下頜化石，均屬舊石器晚期的古人類化石。在臺灣臺南左鎮寮溪發現左鎮人頭骨化石，年代距今三萬至一萬年，這是臺灣迄今發現最早的人類化石。

二、舊石器時代的原始漁獵生活

從舊石器時代嶺南先民的歷史遺存中我們可以發現，早期智人為獲取食物和自然界展開了堅苦卓絕的鬥爭。兩廣地區的古人類遺址多穴居於石灰岩洞穴，洞口多

▲圖2-2　原始砍砸器，廣東英德青唐遺址出土

在距地面五至二十米的高度，以防野獸和洪水，同時方向多朝東南，以便通風。洞穴前地域開闊，必前臨小河，如封開黃岩洞、馬壩獅子岩都是前臨小川，甑皮岩洞內有地下水，這為穴居者飲用水帶來便利。

獲取食物比其他任何活動都重要，當時獲取食物的方式主要有三種：

❶ · 採集

東南地區豐富的植物資源為先民的採集生活提供了重要的條件，通常婦女多從事採集野生植物的工作。她們採集野果、野菜、植物的根莖，以充飢果腹。由於時代遙遠，舊石器時代素食類食品少見遺存，但不容忽視的是，東南地區的植物類食源是十分豐富的，這是區別於草原地區以肉食類型為主的重要特徵。如在西江流域出土的砍砸石器，不少是用於砍砸植物的，尖狀器則多是用於挖掘植物根莖的用具。

❷ · 狩獵

在兩廣地區西江流域一帶的舊石器晚期遺物中，存有大批古生物的骸骨化石，其中有大熊貓、巨獏、中國犀、東方劍齒象等已絕滅的物種，還有華南豪豬、野豬、鹿、麂、水牛、羊、黑熊、華南虎、豹、獼猴、果子狸等動物化石。舊石器時代晚期，人們獵取野生動物的技術已有很大的提高，對各種動物的習性非常熟悉，

▲圖2-3　原始尖狀器，廣東陽春獨石仔洞穴遺址出土

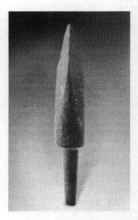

▲圖2-4　石器時代的石鏃，廣州出土（《銖積寸累——廣州考古十年出土文物選萃》，文物出版社）

同時已掌握了捕獵技術。如設陷阱、火攻、圍捕、驅趕動物掉下懸崖等方法。巨獸食用資源豐富，是他們獵取的主要對象，這是在文化層化石中以巨大野獸居多的主要原因。他們使用的砍砸石器，是擊斃巨獸的重要武器，也是砸斷獸骨的常用工具；切割器、尖狀器和刮削器等多用於分解動物肉體。箭鏃（zú）的發明和使用在狩獵中有重大意義，廣東陽春獨石仔洞穴遺址中就有骨鏃的出土。恩格斯認為，由於有了弓箭，「獵物便成了日常的食物，而打獵成了普遍的勞動部門之一」[1]。弓箭的使用使狩獵進入了一個新的階段，獵獲的動物增多，從而衍生出動物的馴化與家畜的飼養。石鏃為細石器，出現於舊石器時代的晚期，故有學者認為使用細石器的人類更善於狩獵。

❸·捕撈

　　人類依賴自然環境提供的物質而生存，江河、湖澤、海洋的生物資源豐富，早就被人們所食用，人們在狩獵的同時，也進行海產的捕撈。東南地區是水鄉澤國，

1　恩格斯：《家庭、私有制和國家的起源》，人民出版社，1972年，第20-21頁。

捕撈魚蝦、螺蚌、蠔蜆早已是古人類覓食的重要來源，因此捕撈業較之其他地區更為普遍。舊石器晚期遺址中已出現貝類動物遺殼的堆積層，如羅定飯甑山遺存中有豐富的螺殼堆積，螺殼是去尾的，蚌殼是分離開或被砸爛的，足見這是人們品嚐美味後而留下的遺物。封開黃岩洞、螺髻岩遺址均有大量的螺、蜆、蚌殼出土。從中可見捕撈已成為當時人類經濟生活中的一個重要部分。

從古人類三種獲取食物的方式，我們可以推斷，當時的食譜主要是以植物類、河鮮類、山珍類的三大食料組成。植物類主要有果蔬、籽實、根莖類植物；河鮮類多是魚、蝦、螺、蜆、蚌；山珍類的食品以脊椎動物為主，大部分為現生種，即偶蹄類的鹿、牛、羊、野豬及小型肉食類的野兔、果子狸、豬獾、小靈貓等，這和現代東南人的野味類取材有極為相似之處。西江流域出土的遺存如廣西靈山、羅定飯甑山、封開黃岩洞的遺址都有灰燼、炭屑、紅燒土和燒骨等遺跡，顯見當時用火熟食已很普遍，人工取火的方法已經掌握。舊石器時代還沒有製陶業，但不排除人們已懂得把食物擱在石板上燒煮。而大量的食物是直接在火上烤炙而成的，因此，燒烤、煙熏、煨煨是當時主要的烹調方法。人工取火的發明對農業生產更有重大影響，用火燒荒，墾闢耕地，「刀耕火種」成為原始農業的耕作方式，因此「人工取火」在人類飲食史上是一個重要的里程碑，它不但帶來了烹調技術，也改變了食料生產的方式，即從採集走向農業。

第二節　新石器時代東南先民的生產狀況與原始飲食風貌

新石器時代開始了人類飲食史上的偉大革命，製陶手工業、原始農業、原始畜牧業的出現，使人類飲食從此變得絢麗多彩。閩江、韓江和珠江流域出土的新石器遺址眾多實物揭示，東南地區的遠古先民已定居於村落，並從事原始的採集、狩獵、漁撈和鋤耕農業，原始飲食的風貌已帶有濃厚的地方特色。

▲圖2-5 石器時代的石鏟，廣州出土
（《廣州歷史文化圖冊》，廣
東人民出版社）

▲圖2-6 石器時代的石錛，廣州出土
（《銖積寸累——廣州考古十年
出土文物選萃》，文物出版社）

一、新石器遺址顯現東南先民的勞作信息

　　新中國成立以來，東南地區發掘出數百個新石器時代遺址，主要分布在閩江、韓江以及廣大的珠江流域，遺址坐落於河畔、海邊、山崗、沙丘或台地上，還有一些是洞穴遺址。著名的有：廣西甑皮岩遺址、福建曇石山文化、廣東西樵山細石器遺址、英德青塘洞穴遺址、潮州市陳橋村與汕頭澄海南峙山貝丘遺址、曲江石峽文化遺址。臺灣和海南島的新石器遺址也不少，但規模不大，文化堆積層較薄，這說明遠古時代這裡是人跡罕至的地方。一九六八年在臺東長濱八仙洞發現的長濱文化，屬於1.5萬年前舊石器時代晚期的古文化，進入新石器時期以後，臺灣發現了大坌（bèn）坑文化、圓山文化、鳳鼻頭文化等，都與大陸東南地區的新石器文化屬同一體系，其中「有段石錛」的使用是重要的例證，說明臺灣新石器時代的先民是古越族的一個支系，同時也是今天高山族的先祖。海南三亞市落筆洞遺址是海南迄今為止所知年代最早的一處人類文化遺存，表明距今約一萬年的先民們已經在島上繁衍生息。海南島新石器時代遺址多分布於省內河流一帶的台地和山坡，發現的主要遺址有陵水大港村、東方新街、文昌西邊坡、昌邊坡、儋州求水嶺，此外瓊山、

◀圖2-7　原始時期的石網墜，廣州
　　　　出土（《廣州歷史文化圖
　　　　冊》，廣東人民出版社）

瓊中、通什也有文化遺存。人們從這些遺址中發掘了大量的石器、陶器以及骨角工具，如石錛、石鏟、石鏃、石網墜、陶紡輪、石磨盤等，都證明了東南地區的原始人類已定居於村落，從事採集、狩獵、漁撈和原始的鋤耕農業。

❶·稻作農業已經出現

水稻種植在南方農業生產中地位最為重要，早在新石器時代越族人已經開始了人工栽培水稻。在東南眾多的史前文化遺址中，大部分的石器是與農業生產相關的，不少生產工具都表明了當時鋤耕農業的發展。在曲江馬壩獅子岩石峽遺址的下層發現了稻穀遺物，經廣東農業科學院糧食研究所鑑定，這是人工栽培稻，屬秈稻和粳稻，距今約6000-5500年，證實了早在新石器時代珠江流域已經出現了稻作農業。另外臺灣省臺中營浦遺址中發現了史前的稻穀遺存，有些陶片中印有稻穀的痕跡，文化風貌與鳳鼻頭貝丘遺址相似，也與福建曇石山文化有相近之處。[1]此外，石磨盤、石磨棒的出土，也為考古工作者找到了當時穀物加工工具的有力佐證。人工稻穀栽培是飲食文化史上的里程碑，從此稻穀逐漸成為東南先民的主要飲食來源，以稻穀為主食的生活傳統一直延至今天。

❷·漁撈業占有特別重要的地位

1　韓起：《臺灣省原始社會考述》，《考古》，1979年第3期。

▶圖2-8　陶鴨、陶雞，廣州漢墓
　　　　出土（《廣州歷史文化圖
　　　　冊》，廣東人民出版社）

東南地區是水鄉澤國，魚蝦蟹鱉等水生動物提供了古越人（秦漢以前居住在長江下游及其以南廣大地區的民族共同體）豐富的飲食資源，新石器遺址中留下了各種水生動物的遺骸，這正是漁獵經濟的縮影。廣東、廣西、福建、臺灣等濱海河灣的一部分越族人主要從事漁獵和捕撈，廣泛分布的貝丘遺址和沙丘遺址反映的正是這種情況，其中以福建曇石山文化，廣東佛山河宕、潮安陳橋村、海豐沙坑、菝（bá）仔園、三角尾沙丘，臺灣金門富國墩、鳳鼻頭文化、圓山文化等遺址比較典型。這些遺址中具有較多的漁獵工具和海河生物遺骸，其中骨鏢、骨鏃、石矛、魚鉤、蠔蠣啄、骨蚌器、網墜等漁獵工具都反映了捕撈技術的發展，大量的貝類堆

◀圖2-9　原始的紡紗捻線工具：陶紡輪、葵湧
　　　　（左），青山崗（右）出土（《廣州歷
　　　　史文化圖冊》，廣東人民出版社）

▲圖2-10 新石器時代晚期的陶罐，廣東佛山河宕遺址出土

▲圖2-11 新石器時期的陶缽，廣州出土（《銖積寸累——廣州考古十年出土文物選萃》，文物出版社）

積證明，東南先民們的飲食離不開螺、蛤、蜆、蚌、蠔等水產動物。例如，廣東佛山河宕遺址較缺乏大型的斧、鏟之類的農具和穀物加工工具，而與捕撈、狩獵有關的工具和武器，數量和種類則較多，3500多塊各種陸棲和水生動物的遺骨，是河宕先民漁獵生活的見證。在海南島，從石製和陶製網墜的大量發現說明捕撈漁業的繁榮。這是東南地區新石器文化有別於中原地區的重要特徵。

❸・原始畜牧業的出現

畜牧業的發明是人類食料生產的偉大革命，這是在狩獵物充足的條件下，把獵獲的野獸進行馴養而發展起來的。原始畜牧業的出現，大大改善了人類肉食的補給，豐富了人類的飲食資源。據考古發現，豬是越族先民最早馴養的家畜之一，廣西桂林甑皮岩、廣東佛山河宕、福建曇石山、武夷山等遺址都發現有人工馴養家豬的骸骨。大約在新石器晚期，水牛、豬、狗、雞、鴨、羊等畜物的飼養已經完備，這從各地遺址的動物骸骨中均可找到證據。一九五八年福建文管會在閩西武平縣岩石門丘山新石器遺址的考古調查中，採集到一件用細泥製作，顏色橙黃，周身印有七排平列小孔的陶鴨，這是百越先民飼養鴨的證明。值得重視的是，水牛是南方特有的動物，它肥美的肉食早已得到古越人的青睞。

在新石器時代的遺址中發現有紡織用的紡輪。廣東的曲江石峽、佛山河宕、南海灶崗、高要茅崗等遺址出土有陶紡輪，上刻有花紋，這是原始的捻線紡織工具。當時的先民廣泛利用野生植物纖維織布，原始的葛布應該在這時已經出現。

新石器時期手工業的輝煌創造是陶器，母系氏族時流行手製陶，到父系氏族時使用了輪製陶。輪製陶的出現是陶業技術的飛躍，它增加了產量，也使陶器外形更加美觀。曲江石峽文化下層墓葬出土的陶器達1100件之多，盛行三足器、圈足器和環底器，器具足部多有孔洞的裝飾。燒製陶器的窯址「目前已在馬壩石峽中層、韶

▲圖2-12 新石器時期的彩陶，珠海淇澳島後沙灣遺址出土（《珠海文物集萃》，香港中文大學中國考古藝術研究中心）

▲圖2-13 新石器時期的陶釜，廣州出土（《銖積寸累——廣州考古十年出土文物選萃》，文物出版社）

▲圖2-14 新石器時代晚期的陶豆，廣東韶關曲江石峽遺址出土

關走馬崗、始興城南澄陂村、興寧永和鐵窯崗和普寧廣太虎頭埔等新石器末期遺址

發現」[1]。在廣東增城金蘭寺、東莞萬福庵、深圳小梅沙等地還發現有彩陶，多是用紅色、赭紅色等顏料繪各種花紋圖案在泥陶上。福建也有彩陶，發現於曇石山文化和閩江流域，多黑色、赭石、紅色的幾何紋樣圖案，彩陶紡輪數量也不少。臺灣彩陶以鳳鼻頭文化為典型，多以深棕、深紅幾何圖案繪畫於紅色細泥陶或夾沙陶上。東南地區的彩陶有自身的特點，它較明豔、簡潔，多水波紋，帶鏤孔和刻劃紋，表明東南地區已有獨成體系的彩陶文化。更值得注意的是這些彩陶以食器為多，珠海沙丘遺址頗有代表性，遺址在淇澳島後沙灣、三灶島草堂灣等地，年代距今6000-5000年，出土有手製的圈足和環底飲食器具，其中有釜、盤、缽、罐、豆、器座等。並發現有彩繪陶盤、碗、罐、豆等泥質陶器，彩陶紋飾以水波紋、條帶紋為主，並與刻劃紋和鏤孔組合，形成優美的裝飾效果。這說明早在新石器時期，先民們的飲食審美觀念已經形成，他們不但追求飲食的美味，同時講究飲食器具的造型美和裝飾美。

二、新石器遺址展現的原始飲食風貌

❶ · 反映嶺南鋤耕文化的石峽文化遺址

曲江石峽文化是嶺南地區重要的新石器時代遺址，距今5500-3500年，出土的石器生產工具主要有斧、錛、钁（jué）、鑿、鏃、鏟等器，不少是通體磨光，以「有段石錛」和「有肩石器」為典型。代表性的生產工具為石钁，長身弓背，兩端有一寬一窄的刃口，最長達31釐米，是適應於南方紅壤的深翻土利器，是丘陵地區重要的農業生產工具。在石峽遺址中，出土有人工栽培的水稻品種，以秈型稻為主，也有粳型稻，石钁、石鐮、石磨盤等實物證實了在距今4000年，鋤耕農業已經在東南出現，它標誌著東南人民的祖先已邁向文明的歷史階段。

1　方志欽、蔣祖緣主編：《廣東通史（古代）》上冊，廣東高等教育出版社，1996年，第79頁。

▲圖2-15 新石器時代晚期的白陶　　　▲圖2-16 新石器時代晚期的三足盤，廣東韶關曲江
　　　　鼎，廣東韶關曲江石峽　　　　　　　　石峽遺址出土
　　　　遺址出土

　　這裡出土的飲食器具，反映了嶺南山區的飲食麵貌。炊煮用的器具主要有夾砂陶釜、甑、盤形鼎、盆形鼎、釜形鼎、小口釜等。盛食用的器具有三足盤、圈足盤、陶豆、碗、圈足壺杯、罐、甕等。石峽文化的飲食器具多種多樣，精巧細膩，這是嶺南飲食器具最集中的典型遺址。石峽遺址出土的還有小巧的酒杯，證明釀酒已經出現。夾沙陶釜普遍使用說明了嶺南人愛以砂煲煮飯的習慣可以溯源到新石器時代。甑的使用，表明當時先民已經懂得利用蒸汽去蒸製食物。平底的盤形鼎專門用於煎食，盆形鼎用於煮，釜形鼎用於烹。可見當時焗、煎、煮、熬等烹調技藝已經齊全。

　　石峽文化出土的陶器折壁處棱角分明，器口普遍製子口，說明器物已經加蓋密封，能防蟲蟻進入。出土的陶豆，不少覆蓋在盤類器上，既是飲食器，又兼作器蓋。那時人們已經考慮到一物多用，用蓋蓋住食物是為了保溫和衛生的需要。

　　代表石峽文化最具特色的食用陶器中，有安接瓦形足、鑿形足或楔形足的口盤式鼎、釜形鼎，以及各種的三足盤，這些器具除了三足能平穩安放外，更考慮到食具應懸高置放，便於席地而坐的人們進食和飲食衛生。石峽文化中的食具，足部有一定高度，這種設計蘊含著較精緻的創意，這樣食物就不會平置於地面，蟲蟻不易

直接爬上食具，而對於當時習慣於席地而坐的人們，採用了高足食具，替代了一個矮腳幾桌的作用，便於席地而坐的人們進食，同時有利於飲食的衛生。

石峽文化的食器已顯示出東南先民重裝飾，除了刻劃紋飾外，典型的是鏤孔裝飾，在器物的足部常見穿透的鑽孔，鑽孔的作用除裝飾外還可以穿繩索，作提挽器物之用。石峽文化的飲食器具多種多樣，酒器、水器、食器、炊器齊備，表明當時飲食器具的製作已發展到一定的水平。

❷ · 反映先進製陶技術及原始文字的佛山河宕遺址

河宕人是百越族聚落的一支，時間距今5000年左右，它反映珠江三角洲在新石器時代的歷史面貌。河宕墓葬的人骨架經中國社會科學院考古研究所鑑定，其體型具有長顱、低面、低鼻根、齒槽突頜的特徵，平均身高為166釐米，屬南亞蒙古種。墓葬中的成年男女有拔牙的習俗，這是古越人的遺風。

遺址中的生產工具大都是砍伐器、雙肩石斧、石錛等開山辟林的工具。大量的陶器、窖藏、豬頭骨，反映了河宕人以定居的鋤耕農業為主，並懂得馴養家畜。從豐富的石鏃、網墜、魚骨、獸骨和貝類遺殼看，漁獵經濟仍占相當的比重。

河宕遺址中帶刻畫符號的陶片已發現60多片，這是原始的記事、記數的符號，屬原始文字的萌芽。

河宕遺址中的陶片，分為夾沙陶和泥質陶兩類，泥質陶又分為印紋軟陶和印紋硬陶。夾沙陶多為炊煮器，泥質陶多為容器。這些陶器手製和輪制皆有，器物沿口經過輪修。河宕遺址還有少量彩陶出土，彩陶是用赭紅色在罐、盤口沿繪上紋狀圖案。在珠江三角洲的深圳小梅沙、東莞萬福庵下層、增城金蘭寺等地也出土有彩陶片，這些彩陶片為火候較低的細泥紅陶，表面磨光，其表面繪有赭紅色的條形或葉脈狀的圖案，亦有白底色，再繪上赭紅色的圖案。彩陶的出土，反映了新石器時代晚期珠江三角洲由於自然地理的優越，已具有先進的生產水平。早在新石器時代，人們已講究飲食器具的裝飾，彩陶食具的出現是當時飲食文化發展水平的重要標誌。河宕遺址告訴我們早在四五千年前珠江三角洲的這支百越聚落，已進入到農業

經濟，並擁有先進的製陶技術。

❸·反映西甌越人穴居的甑皮岩遺址

　　廣西桂林甑皮岩遺址是典型的洞穴遺址，一九七三年進行試掘，發現了豐富的文化遺存。甑皮岩人穴居於石灰岩溶洞，這裡能避猛獸，有寬敞的空間，風雨寒暑不受影響，洞內還有水源，是人類理想的棲息之地，遺址年代距今約為9000-4000年。在第三層的新石器遺存中發現了不少陶器，主要有夾粗、細砂的紅陶、灰陶，燒成的溫度約有68℃，還有少數的泥質紅陶和灰陶。主要紋飾有繩紋，其他為劃紋、席紋和籃紋。陶罐種類很多，其次有釜、缽、甕，還有三足器，從中可見甑皮岩的飲食器具已比較豐富，食物以陶器承載，並擁有多種器用的食具，這足以說明，當時的人類已步入文明飲食的新階段。在生產工具中以石器為主，打製和磨製各占半數，有砍砸器、盤狀器、刮削器、石砧、石杵等磨製石器，以斧、錛為大宗。因未見帶肩和有段石器，這本是嶺南地區最為普遍的生產工具，說明了它與廣東地區新石器時代文化有一定的差別，受它的影響較少。此外，漁獵工具不少，主要有骨魚鏢、骨鏃和石矛。在文化層中有25種哺乳類動物的化石，以麂和梅花鹿為多，遺存中魚類、龜、鱉、螺、蚌的殘骸很多，反映了漁獵、採集為主的經濟類型。[1]

　　廣西甑皮岩遺址中有較多的豬牙和頜骨，據鑑定，豬的個體有67個，從豬犬齒分析，這些已是人工馴養的豬，它反映家畜馴養已經興起，豬肉在肉食中占有較大的比例。百越先民飼養家豬的歷史可以追溯到9000年以上。

　　在甑皮岩的洞穴中有著石器的加工場和葬地，洞後的窖坑內發現有石器的半成品和廢品，人們曾在此地製作石器工具。洞口穴的另一側發現有被埋葬的死者，已清理出18具人骨，較多的是屈肢蹲葬。頭骨附近有鵝卵石和青石板，有的在骨架上附著紅色的赤鐵礦粉末，紅色赤鐵粉是鮮血的象徵，血液是生命的體現和靈魂的依

1　中國社會科學院考古研究所：《新中國的考古發現和研究》，文物出版社，1984年。

託所在。在死者身上撒赤鐵粉，是祈求死者靈魂不滅的一種原始宗教活動，早在距今1.8萬年的北京山頂洞人遺址中已看到這種現象，這表明當時已有了原始的神靈崇拜，也表明了南方與北方精神信仰的趨同性。甑皮岩遺址時期的人類還處在早期的穴居生活階段，甑皮岩出土文物反映了西甌越人遠祖的生活風貌。

❹·反映細石器文化的西樵山石器製造場

西樵山是一座周長13千米，主峰海拔344米的古代死火山，位於廣州西南60千米，坐落在西江和北江之間的珠江三角洲沖積平原之上。山體結構含有豐富的霏細岩和燧石，是開發石料和製造石器的理想場所。從一九五五年起，經過多次考古發掘和調查考察，發現遺址14處，人工開採石料所形成的洞穴7個，近萬件的石片碎屑、石英製半成品、廢品和少量的成品。目前對西樵山石器工場的研究尚有爭議，但大部分學者認為，這是我國華南地區迄今唯一的石器時代大型開採石材和製造石器的場所。

西樵山類型的石器，主要指石料和器形。在旋風崗一帶發現有大批用硅質岩製成的細石器，人們發現這是早期遺址中以細石器為特點的文化遺存，「它與華北以至東北、北亞和北美的細石器同屬一系統，這表明中國細石器文化分布的南界已達南海之濱」[1]。西樵山最具典型的生產工具是以霏細岩為石料加工的雙肩石器，包括斧、錛、鏟等工具，其器形多樣，有橢圓形和梯形石斧，扁平錛、雙肩長身錛、有段石錛、鏟、長身矛、三角形鏃、刮削器、砍砸器、穿孔石飾等打製或磨光的石器。從洞穴殘留遺物推測，先民在開採石材時已懂得先用火燒紅岩石，再用水淋潑，熱脹冷縮使岩石成片剝落，然後製作出各種石器。

西樵山類型的石器在珠江三角洲遺址中廣泛分布，這是因為珠江三角洲的沖積平原中缺乏製作石器的良好石料，於是西樵山採石場便成為珠江三角洲石器的供給地。在嶺南地區，許多新石器中後期遺址中出土的石器，都和西樵山出土的新石器

1　中國社會科學院考古研究所：《新中國的考古發現和研究》，文物出版社，1984年。

相似，可見以西樵山為中心的石器文化不但統領著珠江三角洲的原始聚落，同時向整個嶺南地區擴散。雙肩石器在廣東、廣西、福建、臺灣、海南島都較為流行，它成為東南地區代表性工具，它的廣泛製作，表明了東南地區已普遍存在漁獵經濟和鋤耕農業。有了精良的石器工具，自然為飲食文化趨向精細化和高質量創造了重要的物質條件。

❺‧反映稻作農業的桂南大石鏟文化

大石鏟文化是指分布在廣西南部地區的一種屬於新石器時代晚期的文化遺存，它以製作精美、造型奇特的大石鏟工具為代表物。根據廣西考古工作者的調查，至今嶺南地區的大石鏟遺存已有130多處，集中分布在廣西南部和西南部地區，其範圍：東到北流、賀州一帶，南抵合浦、海南島，西達德保、靖西等地，北至柳州、河池一帶。其中以左右江下游及交匯處：扶綏、隆安、南寧市等地分布最為密集。與廣西相鄰的廣東封開、德慶以及越南北部都發現有零星的大石鏟遺存，這顯然是桂南大石鏟文化向東南的延伸。

桂南大石鏟遺址，除石器之外很少發現其他質料器物，除少量的石斧、石錛、石鋤、石鑿、石犁之外，其餘都以大石鏟為多。桂南大石鏟形器獨特，石鏟的肩與柄折角多為直角，器形較大，石鏟多為有肩，且多通體磨光，有的甚至精磨，這些石鏟「大致分三種類型：1型為小方柄，雙平肩，直腰弧刃；2型為小方柄雙肩或略斜，兩側腰間略內弧，呈束腰狀，弧刃；3型為小方柄，雙斜肩或多出一個小重肩，兩肩肩角出現兩個三角形凹槽，並突出三尖的鋸齒型分叉，兩側腰間內弧呈束腰狀，弧刃。」[1]石鏟使用時要加一根木柄才能耕作，而石鏟精巧的設計使加綁木柄能牢固地結合。大石鏟是典型的農業生產工具，它能翻土、鏟草、挖溝，這顯然與稻作農業有密切聯繫。從大石鏟平整土地和培土的功能可知，當時的鋤耕農業，已進入新的階段，它已有別於單純的「刀耕火種」。大石鏟這一農具顯示，左右江

1　覃彩鑾：《壯族史》，廣東人民出版社，2002年。

▶圖2-17 祭祀用的桂南大石鏟

流域地區，早在新石器時期已經出現了人工的水稻栽培，先民們以稻米作主食的飲
食習慣在大石鏟的興盛時代便已形成。在出土的石鏟中，許多已演變為一種禮器，
因為這類石鏟是伴隨原始農業祭祀活動而出現的，遺址中不少石鏟沒有使用過的痕
跡，刃口未經開啟無法鏟土，倒是追求在製作方面的精美或形制的巨大，顯然這類
石鏟不是實用工具，而可能是用於祭祀的禮器，它是死者身分和地位的象徵。特別
是那種巨大的石鏟，它作為一種政權或宗教意義的象徵物。

　　桂南、粵西南地區的大石鏟文化，反映的是文獻記載中的「駱越」「烏滸」「西
甌」等越人的生產活動。它延續了較長的時間，發源於新石器中期，興盛於新石器

▶圖2-18 蠔蠣啄，新石器時代中期
　　　　原始人吃蠔專用工具，廣
　　　　東潮安出土

晚期，直到青銅時代才走向衰亡。

❻ · 沿海貝丘遺址

「貝丘」，顧名思義，即由貝類動物的外殼堆積而成的小山丘。新石器時代的貝丘遺址多分布在廣東、福建、海南、臺灣等省的濱海河畔，以兩廣地區的規模為大，出土器物多。這是以漁獵捕撈經濟為特徵的文化遺存。

廣東貝丘遺址分布於韓江三角洲和珠江三角洲較多，主要有：潮州陳橋村、澄海里美村、佛山河宕、南海觀音口、增城金蘭寺、東莞萬福庵、深圳小梅沙、新會羅山咀、博羅葫蘆山、高要夏江村、肇慶蜆殼洲等處。

廣西東興臨海河口地帶發現有亞菩山、馬蘭咀山和杯較山三處貝丘遺址，南寧地區在邕江及其上游左右江兩岸的扶綏、武鳴、南寧、邕寧、橫縣共發現14處新石器時代的貝丘遺址。

最著名的遺址有：福建閩侯曇石山、廣東佛山河宕、潮州陳橋村、臺灣臺北圓山。貝丘遺址的文化層多由大量的蛤、螺、蚌、蠔殼堆積而成，這是越族先民吃食貝類動物的堆積。在潮州陳橋村的貝丘遺址中，出土有蠔蠣啄，這是沿海居民愛吃生蠔的物證，這種工具專用於開取蠔肉，吃剩的蠔殼便成為大量的文化堆積。閩侯曇石山的文化層最厚達3米多，內有蜆、魁蛤、牡蠣、螺以及魚骨、鱉類甲骨等。

沿海的貝丘和沙丘遺址反映的是瀕海居民與海洋密切相關的飲食特徵。在增城金蘭寺的下層文化發現了一些柱洞，表明這一遺址的先民曾在此建造房屋，過著定

◀圖2-19 西周陶簋，廣東博羅出土

居的生活。河宕遺址中遺物留有灰燼、炭屑，燒煮過的陶釜、陶盤和各種動物的遺骨，都證實先民們已習慣於煮食的生活。各種的網墜、魚鉤、骨器、蚌器、織網骨針等器物表明，貝丘遺址的先民在捕撈漁業中有著成熟的技術，他們長期嗜食海河鮮及貝類動物，在烹製海鮮上積累了豐富的經驗。

❼ · 反映陶器創新的閩侯曇石山遺址

曇石山遺址位於閩江下游沖積平原的一個孤立的小山崗，自一九五四至一九七四年陸續開展過七次發掘，總面積達900平方米。遺址主要由三個文化層構成：「下層是暢通無阻硬的黃褐色沙土，雜有少許腐爛的蛤殼；中層是以海生蜆類為主的大量介殼堆積，間有灰褐土，代表了一種發達貝丘文化遺存。」[1]上層是青銅時代的文化層。曇石山石器工具以石錛為多，一般只粗磨器身和刃部，主要為扁平長方形或梯形類。此外也多橫剖面為三角的石鋤，這種石鋤在閩南是較為常見的墾土工具。磨製雙孔大弧刃石斧鉞又是越人的典型器物。陶器中砂質陶多於泥質陶，陶器主要有釜、鼎、壺、罐、碗、盆、缽、豆、簋等。曇石山的飲食器具頗具特色，如角把彩陶壺、折腹尖環底繩紋釜、折腹圈足壺、喇叭形圈足豆都體現了獨特的閩南風格，如果與同時代的東南遺存比較，其形制是頗富於藝術創意的。在中期的文化層中製陶技術有了新的進步，器物以灰陶為主，紅陶少，幾何印紋硬陶增加，出現了斜方格、葉脈、雙圓圈等紋樣。陶器形狀也有較大變化，代表性的飲食器具有：斜沿鼓腹環底釜、鼓腹圈足壺、折沿盤壁起棱大圈足豆、折沿圈足簋、紅彩寬帶紋直口圈足杯等，這說明閩江流域的陶器發展較快，新風格的器件不斷創新，以滿足人們的飲食需求。曇石山文化反映了當時已有農業生產，飼養了狗和豬等家畜，漁獵業占有重要的地位，海生貝類是先民們重要的食物來源。

1　中國社會科學院考古研究所：《新中國的考古發現和研究》，文物出版社，1984年。

第三節　先秦時期古越族的形成與原生型文化形貌

　　我國中原地區的青銅時代，正是原始社會向奴隸社會過渡和發展的時期。東南地區由於偏居一隅，何時進入青銅時代史學界對此有不同的看法。一般認為，福建的青銅時代始於商代中晚期[1]，廣東始於商末西周[2]，廣西、海南、臺灣進入時間更晚。

　　百越族，是我國東南和南部地區古代土著民族的共同體，這一族群數目眾多，分布廣泛群制複雜，在不同的歷史時期，有不同的稱謂和不同的分布。由於越人以使用扁平穿孔石斧鉞（越）而著稱，「越」便成為這一族群的象徵物，故被稱之為「越人」。據《逸周書·王會解》的記載，商湯時代，正東有符婁、仇州、伊慮、漚深、九夷、十蠻、越漚；正南有甌鄧、桂國、損子、產裡、百濮、九菌。[3]文獻中所提到的「漚深」「甌」「越漚」「九菌」等指的就是我國東南地區的越族。西周時，東南地區的越族分化和發展，出現了如「七閩」「於越」「揚越」的稱謂。春秋戰國浙江紹興一帶的越人，建立了吳國和越國，進入和中原列國並峙的強大時代；直到戰國晚期，吳越在歷史上消亡，雖不再稱雄，但自交趾至會稽，越人活動仍然活躍。秦漢之際，東南地區出現了與中央政權對抗的閩越、南越王國，而東甌、西甌、駱越等越人部落，也據守一方。「百越雜處，各有種姓」[4]，於是「百越」就成為這一族群的通稱。

1　徐曉望：《福建通史》第1卷，福建人民出版社，2006年。

2　方志欽、蔣祖緣主編：《廣東通史（古代）》上冊，廣東高等教育出版社，1996年。

3　黃懷信等：《逸周書匯校集注》卷七，上海古籍出版社，2007年。

4　王應麟：《通鑑地理通釋校注》卷五，　四川大學出版社，2010年。

一、東南古越族的形成與發展

❶ · 南越的形成與發展

南越為百越的一支，南越人最早的活動地區，正是新石器文化遺址的珠江三角洲、北江、西江、東江和韓江這五個發達的新石器晚期的文化區域。《史記·南越列傳》詳盡地記錄了南越族的有關情況。南越的得名是因地域而來的，自漢代才出現「南越」這個名字，它既是國名也是族名，代指廣東地區的越民。南越族在當時是百越族中生產發展水平較高的一支，因為它占有得天獨厚的珠江下游的地利。秦統一嶺南，中原漢人入主此地帶來了先進的文化。

南越族的幾何印紋陶相當發達，廣東地區是我國幾何印紋陶出現較早的地區，流行以曲尺紋、雲雷紋、方格紋、重圈紋等裝飾。晚期遺址出現了夔（kuí）形紋，表明了南越人對中原商周文化的吸納。至秦統一嶺南，設南海、桂林、象郡，南越屬南海郡。趙佗行南海尉事時，出兵吞併了桂林郡和象郡，自立為南越武王，這時南越國發展到一個高峰期。《史記·南越列傳》：「（趙）佗因此以兵威邊，財物賂遺閩越、西甌、駱，役屬焉，東西萬餘里。」漢武帝平定南越國後，以其地為儋耳、珠崖、南海、蒼梧、鬱林、合浦、交趾、九真、日南九郡，這在秦代三郡的基礎上擴大了領地，這正是南越國所轄的勢力範圍。秦漢時期的「移民實邊」政策，使漢人在南越地區不斷地增加，於是產生了民族同化，成為廣東漢族的重要來源，本土的部分南越族辟處山區，則發展形成了後來的黎族、瑤族、畲族等民族。

❷ · 閩越的形成與發展

閩越也是古代越人的一支，秦漢時期分布在今福建北部、浙江省南部的部分地區。司馬遷《史記·東越列傳》記載了秦統一到西漢武帝元封元年（西元前110年）閩越國除[1]，大約一百多年的歷史。先秦以前的閩越歷史由於資料缺乏，爭論不一，

---

1 《史記·東越列傳》載：元封元年「天子曰東越狹多阻，閩越，數反覆，詔軍吏皆將其民 處江淮間。東越地遂虛」。

大多數學者認為閩越的起源主要由當地原始先民發展形成。從考古材料看，早在漢代及戰國以前，閩越地區已有人類居住，他們是閩越族的主體。戰國晚期越國被楚滅，越國遺民南遷福建，他們與本地土著融合，使閩越族接受了先進的文明。在秦統一前，福建已有一個無諸（越王勾踐的後代）統治下的閩越王國。秦統一中國，但秦兵未入閩中，當時的閩越王和東甌王是臣服於秦王朝的，秦以其地為閩中郡，卻未派出官吏統治秦漢之際這裡一直是一個獨立王國。漢高祖五年（西元前202年）復立無諸為閩越王，治東冶（今福州）。漢武帝時為削弱地方分封勢力，分閩越為「東越」和「越繇（yáo）」兩王，實際控制閩越大權的是東越王餘善（無諸之子）。元鼎五年（西元前112年）南越相呂嘉反，餘善暗中與其勾結。當漢廷出兵平定南越時，餘善又表示支持，並願意帶本族8000士兵配合漢軍進擊南越，實際上是「持兩端，陰使南越」。漢武帝元鼎六年（西元前111年）東越王餘善反抗漢朝失敗，元封元年冬漢兵攻入東越，閩越國除，漢武帝以閩越地險阻，多反覆為由，於是把越人迫遷入江淮地區，閩越歷史至此結束。

❸·駱越的形成與發展

　　駱越是百越族的一支。駱越文化起源較早，廣西新石器時代的遺址中發現有大量的農具，特別是大石鏟、石磨盤、石磨棒、石杵等穀物加工器具，說明在三四千

◀圖2-20 廣西寧明縣花山
　　　　絕壁上的壁畫

年前駱越已有水稻種植。秦漢古籍中很早就有關於駱越的記載，駱，或寫作路、露，古字並通。《逸周書・王會解》記「路人大竹」，《太平御覽》引《呂氏春秋・本味篇》有「駱越之菌」，記載了駱越出產大異於常的竹子和美味的菇菌。駱越名稱的來源和耕種駱田有關。《水經注・葉榆水》引《交州域外記》曰：「交趾昔未有郡縣之時，土地有雒田，其田隨潮水上下，民墾食其田，因名曰雒民。」這裡的「雒」與「駱」通。從潮水灌田，以及交趾的地域範圍可見，駱越的發源地應在紅河三角洲一帶。隨著駱越活動範圍的擴大，除紅河三角洲地帶，廣西南部、越南中部、南島都有他們的足跡。商周時期，駱越族已同中原地區有來往，廣西武鳴、陸川烏石和荔浦都出土有商周時代的青銅器，飾有蟠夔紋、圓圈紋、雷雲龍紋和乳釘紋，具有濃厚的地方色彩。駱越族的一個重要文化特徵是善鑄銅鼓，北流（廣西東南部城市）出土的銅陵鼓重300公斤，體型巨大，紋飾講究，反映了青銅冶鑄技術達到較高的水平。秦統一中國後，在駱越族的地域建起了象郡，但並沒有直接統轄其地，而是授予駱侯、駱將以「銅陵印青綬」。趙佗統一嶺南時曾占有像郡之地。漢平南越，仍推行以越治越的傳統。在《史記》《漢書》中駱越人被稱為「裸國」，九真、日南等地駱越尚處於較原始的水平，經過地方太守的循循善誘，駱越人逐漸走向封建文明。

至今我們還可以看到駱越族人留下的奇蹟。在廣西的寧明縣花山懸崖絕壁上繪有很壯觀的人物壁畫，畫高44米。長135米，人物線條古樸洗練，形象簡樸，每個人像約有半人到一人高，有人粗略地統計過，岩壁上約有三萬個人像。這一中國岩畫的奇蹟，在世界也屬罕見，毫無疑義這些岩畫都出自古駱越族之手。

❹・西甌的形成與發展

西甌，也稱西越或甌越，是百越的一支。不少學者認為西甌源自駱越，故文獻有時會把西甌和駱越混合在一起，統稱「甌駱」，故以為是同一支系。實際上西甌和駱越是不同的。《漢書》卷九十五記：「蠻夷中西有西甌，其眾半臝，南面稱王；東有閩粵，其眾數千人，亦稱王；西北有長沙，其半故敢妄竊帝號，聊以自娛。」

這是趙佗所說的話，是最有力的證據。秦始皇統一嶺南，分南海、桂林、象郡，明顯是按南越、西甌、駱越這三大民族的地域來劃分。《史記・南越列傳》記：「（趙）佗因此以兵威邊，財物賂遺閩越、西甌、駱，役屬焉，東西萬餘里。」這裡已把西甌和駱越區分開來了。《淮南子・人間訓》記，西元前二二一年秦始皇統一六國以後，即派出屠睢（suī）五十萬大軍分五路向嶺南百越地區進軍，西甌越人在首領譯籲宋的領導下，同秦軍進行戰鬥，殺屠睢，大敗秦兵，「伏屍流血數十萬」，使秦軍「三年不解甲馳弩」，處於相持對抗的局面。從這場抗秦的戰爭中看出西甌的力量並不弱。當趙佗割據嶺南，也只是以財物賂遺西甌，並沒有吞併其地，可見秦漢之際西甌一直以獨立的王國存在。

西甌的族源可以追溯到舊石器時代的柳江人，至新石器時代，遺址則遍及各地。以最有代表性的桂林甑皮岩洞穴遺址為例，當時已有居住地、墓地、製石工場，表明人們已開始了定居，過著採集和漁獵的經濟生活。桂北、桂東、桂東北的新石器遺址出土了大量的石製生產工具，重點遺址是東興、南寧和桂林三個地區，當地的打製石器十分普遍，有蠔蠣啄、砍斫（zhuó）器、手斧狀石器、三角形石器等，磨製石器有斧、錛、鑿、磨盤和石杵，骨蚌器類有骨錐、骨鏃、蚌鏟和蛤殼網墜。反映了當時經濟生活以採蠔、捕魚和狩獵為主，同時也有原始農業。

一九七六年在廣西貴縣羅泊灣發現了一座西漢大墓，墓主被認為是西甌君王夫婦的合葬墓。該墓出土了豐富的遺物，其中二百多件銅器和大量的漆器，反映了西甌較高的生產水平。由於秦時桂林郡為中原漢人最早進入嶺南的地區，加上靈渠的開鑿，使長江水系和珠江水系在此溝通，為西甌地區的社會經濟文化帶來了巨大的推動作用。漢代後西甌地區的漢化程度日高，部分越人漢化，僻處溪洞的西甌越人發展為後來的壯族。

❺・海南黎族的先祖

大多數學者認為海南島黎族的先祖是古代越族人。歷代史籍對海南島的土著有過不同的稱謂，《漢書・賈捐之傳》中稱駱越，《後漢書・南蠻傳》中稱「里」「蠻」，

以後「俚」「僚」並稱，「黎」是在唐時才出現的名稱，到宋代「黎」替代了「俚」「僚」的稱謂，後沿用至今。海南島與雷州半島相隔的瓊州海峽最小寬度僅19.4千米，古代大陸的越民就涉海往來，特別是海南島盛產檳榔，這是越族人的嗜好品，日常必不可缺，因此必然吸引古越人到海南島活動。海南島出土的新石器時代的石斧、石錛、石鏃、石鏟、幾何印紋陶等，都體現了東南越族的風格。黎族保留了古越族的許多特徵，如文身繡面，干欄建築、雞卜等風習（後文有述）。黎族語與古越語有相近之處，體現了黎族祖先與古越人的文化淵源。《漢書·地理志》記：「自合浦徐聞南入海，得大洲，東西南北方千里。武帝元封之年略以為儋耳、珠崖郡。民皆服布如單被，穿中央為貫頭。男子耕農，種水稻、苧麻，女子桑蠶織績，亡馬與虎，民有五畜，山多塵（zhǔ）麏（jīng）。兵則矛、盾、刀、木弓弩、竹矢、或骨為鏃。」楊孚《異物志》記：「儋耳夷，生則鏤其頭皮，尾相連並；鏤其耳匡為數行，與頰相連，狀如雞腸，下垂肩上。食薯，紡織為業。」從中可見，海南的黎族土著，形貌奇特，頭上有鏤刺的紋飾，耳戴大環多個，狀如雞腸，掩頰垂肩，愛食薯，善於織布。從他們男耕女織，飼養家畜，使用金屬器具等情況來看，說明漢族人對當地的社會生產已有一定的影響力。海南島的越人以紡織著名，漢武帝征和年間，朱崖太守孫幸調集「廣幅布」曾激起民變。海南島不僅因遠離祖國大陸發展相對滯後，又因交通閉塞，隔山隔水，即使在島內，地區間也有很大差異，這就形成後來黎族社會經濟發展的多樣性和複雜性，並保留了較多原始社會的殘餘形式。

❻ · 臺灣高山族的先祖

臺灣高山族的先祖屬古代百越族的一支。據地質學家、古人類學和考古學家的研究，臺灣在三萬年前還和祖國大陸連在一起。一九七〇年在臺灣左鎮發現的左鎮人化石是屬於三萬年前舊石器時代後期的古人類。臺灣發現的大坌坑文化、圓山文化、鳳鼻頭文化等新石器時代的遺址，都證實和大陸東南地區同屬一個文化體系。《後漢書》中的夷州是指臺灣，夷州人即「日山夷」，是臺灣越族繼古代閩越之後的名稱，也是今天高山族的先民。大陸與臺灣大規模接觸是從三國東吳黃武二年（西

元223年），衛溫、諸葛直率將士萬人遠征夷州開始的，時任丹陽太守的沈瑩根據他的從征親歷，或根據當時回來的將士的口述撰寫了《臨海水土志》，從此大陸人對臺灣才有所瞭解。但《臨海水土記》在宋代已佚，賴《古今圖書集成》引自宋本《太平御覽》中的部分摘錄，才使我們看到早期臺灣古越族的風貌：「土地無霜雪，草木不死，四面是山，眾山夷所居」。這正是臺灣熱帶亞熱帶氣候的真實寫照。夷州「土多饒沃，既能生五穀，又多魚肉」，說明臺灣的越族人，既從事稻作農業，又從事漁獵的經濟生活。《臨海水土記》提到「眾山夷所居，山有越王射的正白，乃石也。」既然有越王射箭的石靶，更明確地說明山夷就是古越族的一支。此外從山夷的部落生活來看，他們使用石器、骨器，文身、斷髮、穿耳、獵頭、拔齒、干欄建築等風習，都反映了越族人的文化特徵。

二、古越族原生型文化形貌

先秦時期是古越族形成和發展的時代，由於中原文化未傳入東南，越族文化最純粹地保留了它的原始色彩。新石器時代東南各地的遺址，都留下了古越人活動的足跡。尤其西江中游一帶是先秦時期古越族人的生存發展區，在這一帶發現了多處春秋時期的越人古墓葬。西江中游沿岸平原，既能耕作，又有大江供捕撈之利，漁耕兼收。當時的珠江三角洲沖積平原尚未形成，故西江中游是古越族文化的搖籃。越族文化的真正形成和成熟是進入了青銅時代之後，但東南地區有段石錛和雙肩石斧在青銅時代依然流行，從石器中仍可以找到它的祖形。古越人性格強悍，「好相攻擊」，秦始皇統一嶺南時，曾經遭到越族人的激烈反抗，被越人打至大敗。秦漢時期統治者都注意到「和輯百越」的重要性，中央政府一度採取承認地方政權以越治越的方針，在這個政策下，南越王趙佗和閩越王無諸就曾控制和左右東南的政局。總括起來古越族文化有如下特徵：

▲圖2-21　有段石鑿，廣東韶關曲江石峽遺址出土

❶・有肩石器、有段石器和幾何印紋陶

古越族人以刀耕火種、漁獵採集的生產方式作為他們主要的生計方式，種植水稻是越族人民對我國農業的一大貢獻。一九五六年，廈門大學考古隊在福建永春發現一處古越族印紋陶遺址，在一個大陶甕內壁上發現有穀粒。這說明百越民族有著悠久的水稻種植歷史。

東南河水縱橫，湖泊眾多，漁獵經濟在古越人生活中占有相當重要地位。沿海貝冢遺址發現有各種貝殼魚骨和網墜等遺物，擅捕撈和喜歡吃河海鮮是越人生產生活中的一大特點。

在這種經濟生活中，他們製作了頗具特色的有肩石器和有段石器，同時大量使用石錛。石錛形制多樣，分長條形、梯形、短小形多種。其中「有段石錛」是越族頗具代表性的生產工具，所謂「段」，就是器物上的一個梯級形，由此形成器物厚薄的變化。有肩石器主要包括有肩石斧、有肩石錛、有肩石鏟等，有圓肩和平角肩。南海西樵山遺址就出土有大量的有肩石斧、有肩石錛，桂南地區的有肩石鏟製作精巧。有的石器既有肩又有段，是最具時代特徵的越族石器工具。

嶺南地區新石器時代的遺址遍布各地，原始人類製作飲食器具的傑出成就，表現在幾何印紋陶的製作上。陶器表面印有各種幾何形紋飾，多為泥質與夾砂質的陶器。幾何印紋陶的製作是把帶幾何形狀的花紋刻在陶拍上，再拍印在未燒的陶器外

▶圖2-22 西周雙耳罐，廣東博羅出土

表上作裝飾。紋飾中主要有繩紋、方格紋、米字紋、曲尺紋、漩渦紋、麻點紋、夔紋、弦紋等紋飾。廣東、廣西、福建、海南都是幾何印紋陶的發源地。在二十世紀三〇年代，考古學家林惠祥曾在惠安、晉江、南安等地發現石器和印紋陶遺址多處。二十世紀六〇年代，泉州考古工作者曾在晉江流域發現數十處印紋陶文化遺址。[1]一九七八年在閩侯黃土崙發現一處相當於曇石山上層的文化遺址，出土的幾何印紋陶占全部陶器的98%。年代經碳化測定為前1300±150年，大約相當於晚商或西周早期。[2]東南地方的幾何印紋陶十分普遍，成為古越族文化的重要特徵，從商周到秦漢越人都使用著幾何印紋陶。考古界普遍認為，印紋陶文化乃百越民族所發明，它於新石器時代晚期產生，興盛於相當中原的商周時期，衰退於戰國秦漢。這一研究成果，與百越民族的來源、發展、興盛與衰亡的歷史是相符合的。

❷・干欄式巢居和迷信鬼神好雞卜

干欄式建築是越族人主要的居址建築，這是為防毒蛇猛獸和潮濕高溫而製作的巢居。一九七八年在廣東高要的茅崗漁民塘遺址發現有比較完整的「干欄式」木構建築遺址，呈長方形，遺物有木柱、木板、木樁。木樁是採用敲砸法打入地層的，以此作木柱的支持基礎，木柱均挖洞栽入，成為建築的主體，木柱絕大部分都鑿有

1　許清泉、王洪濤：《福建豐州獅仔山新石器時代遺址》，《考古》，1961年第4期。
2　福建省博物館：《建國以來福建考古工作的主要收穫》，《文物考古工作三十年》，1979年。

榫眼，以納梁架，而殘存的木板是居住面的地板。這種水上建築屬於干欄式結構棚居類型。福建武夷山漢城高胡坪宮殿遺址有干欄式建築，廣東、廣西漢墓中還有干欄式的陶屋模型，這些陶屋下層用作飼養家畜，堆放雜物。臺灣山夷所居也是干欄式建築，《古今圖書集成・方輿彙編・邊裔典》載《臨海水土志》曰：「安家之民，悉依深山，架立屋舍於棧格上，似樓狀，居處、飲食、衣服、被飾與夷州民相似」。干欄式建築以干欄為特徵，以竹木、茅草、蓬葵或樹皮構建，適應東南地區的高溫、多雨、潮濕的特點，一般住室高離地面，置起樓閣，以避洪水野獸，樓道設有欄杆，以便納涼。直到今天東南地區的少數民族如壯、黎、畬、傣等族依然盛行這種建築。

占卜是古代為預知未來求助神靈的宗教活動，古越族人同樣擁有自己的占卜術，最有代表性的是雞卜。關於雞卜，《史記・孝武帝本紀》載：越巫「祠天神、上帝、百鬼，而以雞卜。」張守節《史記正義》解釋為：雞卜法用雞一狗一，生祝願，祝願畢即殺雞狗，煮熟又祭，獨取兩眼骨察看其上孔裂，似人形即吉，否則即凶。民俗學調查資料也表明，嶺南等地的黎族、侗族、水族和布依族，近代仍行雞卜之俗。雞卜和越人的鳥圖騰崇拜有重要的關係，越人以鳥為圖騰，反映了古越人對自然界生靈的崇拜，認為人與自然是相依相存的，反映出東南先民敬畏自然的原始生態觀。他們對鳥的崇拜自然表現在以雞作為占卜之物。[1]越文化發源地之一的河姆渡遺址，就已發現有鳥圖騰崇拜的物證，如鳥形象的雕塑、圖案。此外，見於考古出土的青銅器上有「鳥書」，如湖北江陵望山1號墓出土的「越王勾踐劍」，在靠近劍格處有「越王勾踐自作用劍」八個篆銘文，文旁即有鳥書。這種「鳥書」在每字之旁都附加鳥形紋飾，說明「鳥」與古越族之間存在一種千絲萬縷的聯繫。《水經注》卷三十七引《交州外域記》云：「交趾，昔未有郡縣之時，土地有雒田，其田從潮水上下，民墾食其田，故名雒田」。[2]《說文解字》把「雒」字釋為「鸀鳿

1　吳玉賢：《河姆渡的原始藝術》，《文物》，1982年第7期。
2　酈道元著，王先謙校：《合校水經注》卷三七，中華書局，2009年。

（jìqí）」，「雞」字傳遞了原始圖騰崇拜的徽號與標記。雞是鳥的化身，同時又是鳳的象徵，而這些被奉為祥瑞的神靈之物實難見到，在現實生活之中，古越先民就把雞作為鳳的象徵。越人認為雞可以溝通神靈，故用雞卜。同時，雞味至美，自然成為古越人飲食中的聖物，粵語有話：「劏（tāng）雞拜神」「無雞不成宴」，拜祭神祇（qí），雞為上品，而酒宴筵席，雞自然也成為壓軸主菜了。

❸ · 善製舟楫，善於航海

古代文獻中有不少關於「越人善於舟」的記載，《山海經》提到「番禺始作舟」，《越絕書》卷十記，越人「性脆而愚，水行而山處，以船為車，以楫為馬，往若飄風，去則難從。」《漢書·嚴助傳》載淮南王劉安言：「（閩越）處溪谷之間，篁竹之中，習於水斗，便於用舟」。「水行山處」的古越人，長期與水打交道，練就了造船本領。他們從製造用於內河運輸和捕魚工具的最原始的竹木筏、獨木舟，發展到海上交通的大型船隻。中原人向來佩服古越人的造船和航海技術。兩廣地區漢墓中出土的各種船模，是越人善製舟楫的物證。漢代東南地區的陶船（冥器）已分前中後之艙，艙上有篷蓋，尾部有望樓，兩舷有邊走道，船尾有舵，船頭有錨，表現了高超的造船和航行技術。《史記·東越列傳》載：西漢南越相呂嘉反漢，東越王餘善率八千人「從樓船將軍擊呂嘉等，兵至揭揚」。有學者發現，在南洋群島一帶，竟有古越族新石器時期的有段石錛。可以說古越人是卓越的航海家。1989年，珠海市寶鏡灣發現春秋時期的岩石刻畫中，表現了航海和祭祀的場面。古越族人很早就在海上遠航，並與東南沿海各國有密切聯繫，這從考古材料中得到證實。東南古越族以「有段石錛」和幾何印紋陶為特徵的新石器文化，遠播南洋群島。在菲律賓、蘇拉威西、婆羅洲及太平洋波里尼亞諸島，都發現了「有段石錛」，在印度尼西亞的爪哇及印度支那均發現了「幾何印紋陶」。顯見東南地區的文化對南洋群島有著重要的影響。

❹ · 斷髮文身與跣行鑿齒之俗

斷髮文身是越族人的習俗，《莊子·逍遙游》記，「越人斷髮文身」，把它看成

是古越族最主要的特徵。斷髮是剪斷頭髮，不同於中原漢人的束髮加冠，吳越、閩越為多。另一種「椎髻之俗」也是越人的風習，以南越、西甌、駱越為多。廣東清遠馬頭崗出土的銅柱首上有人頭像為髻飾，石峽遺址銅匕首頭像和廣西貴縣羅泊灣漢墓銅筒人物圖像也是髻飾。直到趙佗立南越國，遵行當地風習，「椎髻箕坐」。從中可見「椎髻」髮式在秦漢之際的嶺南仍十分流行。

文身，即指「刺染」，在人的皮膚上刺畫各種花紋，再染色，待傷口癒合後，青色的花紋即永遠留在皮膚上。《淮南子・原道訓》記：「九疑之南，陸事寡而水事眾，於是民人被髮文身以像鱗蟲」，說明了民人文身最初始的緣由。在臉上刺染稱為「繡面」，宋代范成大《桂海虞衡志》記：「女及笄，即黥（qíng）頰為細花紋，謂之繡面。」這是女子成長後舉行的一種禮儀，在黎族中最流行。據《漢書・地理志》記，古越族人的文身主要是為了「避蛟龍之害」。其實越人文身有著多種的文化涵義，既為避邪惡，也是美的追求，更是先民圖騰崇拜和民族風習合而為一體的原始宗教觀念的反映。古越族人的後裔高山族人和海南島的黎族人都盛行文身，直到近代這種習俗仍被保留。

跣（xiǎn）行是越人的風習，東南地區的越人都不穿鞋履，赤足行走。漢代的交趾是越人的聚居之地，「交趾」的得名是越人特徵最生動的寫照。因當地越人長期赤足，便形成腳趾無攏地分開狀，當雙腳並立時，左右拇指便交搭在一起，故稱「交趾」。古越人還有拔牙的風俗，這是在婚嫁、成丁或殯葬中的一種禮儀，以拔取牙齒、傷殘身體為代價，承受痛苦去寄託某種願望、尊崇禮節，具體成因尚多爭議。福建閩侯曇石山13號墓主、廣東增城金蘭寺2號墓死者生前均拔過牙。在廣東佛山河宕遺址中發掘的77座墓中發現有19個成年男女個體拔過牙。多為拔除上頜側門齒，僅有四例是拔除上頜門齒，沒有拔牙的只有6個人體，說明當時居民的拔牙風習是比較普遍的。[1]《古今圖書集成・方輿彙編・邊裔典》載《臨海水土記》曰：三國時期臺灣山夷，「女已嫁，皆缺去前上一齒」。這種拔牙風習在近代高山族中依

1　楊式挺等：《談談佛山河宕遺址的重要發現》，《文物集刊》第3輯，文物出版社，1981年。

然保留。解放戰爭結束前福建泉州姑娘出嫁時，時髦在側門齒上鑲兩顆金牙，這或許就是越人拔牙之俗的遺風。

第四節　青銅時代東南古越族的飲食風情

東南地區的古越族，多聚居於山區丘陵地帶。這裡是山嵐瘴氣之地，漁獵採集、刀耕火種的生產方式，給飲食生活帶來諸多不利因素，但古越族人卻能充分利用動植物資源，在天然食庫中獲得豐富的食品，並根據本土的生態特點，探索出越族特有的飲食風格。其中稻作文化、羹魚美饌、嗜食檳榔在歷史上影響久遠。

一、古越族的飲食特色

❶・廣泛開拓食料資源

古越族的農業生產技術比較落後，生產的稻穀主糧無法滿足他們的生活需求，於是在飲食方面十分重視對食料資源的開拓，無論是副食雜糧、水果植物，還是動物昆蟲、海產貝類，都成為他們食物來源的重要部分。食用的廣泛性、加工的粗放性和帶有原始風味的飲食習俗，成為古越族人的飲食特色。

古越族人已懂得種植水稻，但受生產水平的制約產量低下，「火耕水耨，晝乏暮飢」，多以雜糧作為主食的補充，主要的雜糧有薯、芋、粟、豆等類。南方多果木，於是越人利用水果作食物。水果在中原地區是貴族的食品，但在東南地區卻是野果遍地，古越人可以通過採集獲取豐碩的水果，於是以果充食成為東南地區越族人的飲食特色。如海南島的土著很早就有飲用椰汁的習慣，賈思勰《齊民要術》載《異物志》曰：椰子肉「食之美於胡桃味也。膚裡有汁升餘，其清如水，其味美於蜜」。總之，薯類、芋頭、桄榔麵、椰子粉、蓮藕、鴨腳粟、狗尾粟都成為越人重

要的食物來源。

東南地處河網和濱海之地，水產食物豐富，這自然使古越人因地制宜向江河和海洋索取食物。晉張華《博物志》云：「東南之人食水產，⋯⋯龜、螺、蛤以為珍味，不覺其腥也。」事實上越人在長期吃食海鮮的過程中，總結出如何去除腥味的經驗，烹製海鮮自有妙法。這種飲食習慣一直影響到後代，東南地區人民喜食海鮮的特色和善於烹製海鮮的特長聞名全國。

越族人喜歡生食某些水產生物，如食魚生的習慣就流傳至今。當時越族人生食習慣較為原始，《古今圖書集成》載《臨海水土志》中記錄臺灣越族的後裔山夷，「飲食不潔，取生魚肉貯大器中以鹵之，曆日月乃啖食之，以為上肴。」

野味是古越人的一大嗜好。東南地區的丘陵山地，是野生動物的優良棲息地。眾多的飛禽走獸如山雞、野兔、果子狸、山豬、穿山甲、黃猄、野鹿⋯⋯無不是越族人口中的美食。野鳥更是美味佳餚，如鷓鴣、厥鳥等。

蛇、蟲、鼠、蟻、狗等類動物，也是越族人喜愛的美食，這是東南地區飲食最富於地方特色的體現。清人朱翊清《埋憂集・續集卷一》：「楊氏南裔《異物志》曰，『蚺惟大蛇，既宏且長，采色駮犖（luò），其文錦章。食豬吞鹿，腴成養創，賓享嘉宴，是豆是觴。』」《淮南子・精神訓》云：「越人得髯蛇以為上肴，中國得之而棄之無用。」蛇膽是珍貴的藥材，它有驅風、去濕、止咳的功效，蛇血可療風濕，故越人有生吞蛇膽和吮吸蛇血的勇氣，或把蛇膽、蛇血和酒飲服。越人善於烹製蛇肉，這種風尚一直影響到今天。所食昆蟲種類確也不少，如蜂蛹、龍蝨、蠶蛹、螞蟻、禾蟲、桂花蟬、蚯蚓等，均被烹製成佳餚。百越人好食蛤，這一飲食習慣傳至今天，廣東人美其名曰「田雞」。鼠肉被越人視為佳餚，卻令中原人不寒而慄。據調查，越人吃鼠主要是田鼠，家鼠是不吃的，因為田鼠吃的是糧食，相對乾淨。每年秋天稻田收割之際，也是滅田鼠之時，故多臘老鼠乾。

喜食昆蟲及野生動物是與古越族人當時低下的生產水平分不開的，處於部落酋長原始的社會，可供食物十分有限，使他們不得不依賴自然的恩賜。而得天獨厚豐富的天然飲食資源，在一定程度上又制約了他們的養殖家禽和發展畜牧的創造力，

遂使他們的採集漁獵的經濟模式長期地延續下去，從而出現了與中原文明迥異的飲食之風。

概而言之，受自然地理環境的限定，漁獵採集的經濟生產方式決定了越族人飲食文化的特色，越人能廣泛拓展飲食資源，在某種程度上解決了生活需求和生產技術落後的矛盾，在天然食庫中找到了豐富的食品。

❷·獨特的食品加工方法

東南地區有比較豐富的野生植物資源，這為古代越人在飲食加工中開創了新的路徑，形成了獨特的飲食加工方法。例如，利用草麴來釀酒，既節約糧食，又能達到理想的發酵效果。利用柊葉作保鮮和防腐包裝。《宋志·南方草木狀》「柊葉，姜葉也。苞苴物，交廣皆用之。南方地熱，物易腐敗，惟柊葉藏之，乃可持久。」又載，利用姜匯作末調味，「姜匯大如螺，氣猛近於臭，南土人搗之以為虀（jī）」。《太平御覽》載《異物志》語，利用香菅葉包裹食物使其芳香：「香菅，似茅而葉大於茅，不生污下之地。丘陵山岡，凡所蒸享，必得此菅苞裹，助調五味，益其芬菲」。這些食物加工方法保護了生態環境，符合人的健康要求，又充分發揮利用了植物資源，是越族人民在飲食文化中的傑出貢獻。

東南地區多為山地丘陵，古代交通不便，遂迫使越人製作一些能保存長久的食品，其中製作酸菜是常用的方法。直至今日黎族人有一種酸菜，專門用來招待上賓，這種製作獨特的菜叫作「南殺」。「南殺」的醃法是把野菜的葉子或幼莖用冷飯和水沖調入壇密封一個月，讓其發酵成為酸菜。另一種製作方法是把牛或鹿的脊椎骨斬碎，也有把螃蟹、青蛙、蚱蛙和其他小動物切碎，以半熟的熱乾飯拌調再加適量的食鹽，入壇封存，經一月發酵後便可以取出食用。

❸·嗜好檳榔

檳榔是亞熱帶植物，屬棕櫚科的常綠喬木，喜陽光，好溫濕，原產於東南亞一帶。檳榔外形像椰子樹，葉子長在頂部，花簇黃白，芳香四溢，果實為橢圓形，呈茂密的團簇狀。《山海經》載有「雕題國」「黑齒國」，證實早在先秦時代，越族人

已有嚼食檳榔的習慣。因為食檳榔口唇染紅，牙齒染黑，「黑齒國」就是嚼食檳榔的古越族之一。

檳榔又是我國四大南藥（檳榔、益智、砂仁、巴戟）之一。東南地區的少數民族都嗜食檳榔，這與自然環境密切相關，在南方的暑濕瘴癘之地，食檳榔的益處很多：夏日能清涼解暑，冬天能驅冷禦寒，同時它有止渴、除蟲驅瘴、消食下水、提神健胃之功，所以檳榔是越族人的一種養生食品。

檳榔也是古越族人交往的禮儀食品，奉客、婚嫁、喜慶都要以檳榔為禮。

此外，檳榔又是一種美容食品，咀嚼檳榔兩頰潮紅，口唇紅豔，牙齒紫黑。故蘇東坡被貶儋州時曾寫下「兩頰潮紅增嫵媚，誰知儂是醉檳榔。」之句。越族人認為這是一種美的儀態，故嚼食檳榔成為越族文化表徵之一。

秦漢三國之際我國東南地區盛產檳榔，其中以交趾、海南島和臺灣最多。關於檳榔的記述見於賈思勰《齊民要術》轉載楊孚的《異物志》：「檳榔，無花而為實，大如桃李：……剖其上皮，煮其膚，熟而貫之，硬如乾棗。以扶留、古賁灰並食，下氣及宿食、白蟲，消穀。」檳榔樹的樹形如竹樹般，莖直向上，少橫丫枝葉，形狀似柱子，在樹頂末端五六尺的地方樹幹隆腫如魁瘣（kuǐlěi），開裂長出穗狀的果實，它無花成果，如桃李，又生出棘針以護衛其果。剖開表皮，連帶內皮煮，煮熟其肉，就能把檳榔取出，煮熟後刺之，堅實像乾棗，食之則香溢美味。

檳榔的食法頗有特色，它以扶留葉包裹，加上古賁灰（牡蠣灰）三物合食才滋滑美味。探索到這種食法，不愧為飲食文化的傑出創舉。以當代科學觀來看，咀嚼檳榔，能預防齲齒，加強頰部的運動，有通氣、化五穀、殺蟲等作用，對人體生理十分有益，其功能與現代人咀嚼香口膠是一致的。

可以說，古越族人很早以前就探索到飲食與養生的作用，中華民族「醫食同源」的理念，已在周邊少數民族中得到朦朧的認知，這是因為東南瘴癘瀰漫，高溫潮濕的惡劣環境，迫使他們從飲食中找尋健康的出路。

二、古越族的稻穀主糧

　　早在新石器時代嶺南地區已有原始農業，在距今6000-5500年的廣東馬壩石峽遺址中即出土有人工栽培的碳化水稻。有了原始農業就有了糧食加工，考古工作者在石峽遺址中出土了石磨盤，這便是最原始的糧食加工工具。其加工方法是，把小量穀物放在石盤上，用一根石磨棒在穀物上碾磨，脫殼後用播箕揚去穀殼。除了石磨盤，還有石舂臼，即把稻穀放在石臼裡舂去穀殼，那時進行糧食加工只能一小撮一小撮地碾或舂，方法粗陋，生產水平極為低下。這些考古發現揭示了稻作文化在古越族的飲食生活中占有重要地位。

　　以後杵臼舂的加工方法被採用，這種方法增大了糧食的加工量，是一個重要的技術革新。臼和舂都是木器，把稻穀放入較大的木臼中，經多次翻舂使米與穀殼分離。廣東漢墓出土的明器中多有在屋內使用的杵臼，用其進行糧食加工。這是越人以稻穀為主食的最確切的物證。杵臼舂的糧食加工方法沿用到近現代，許多後進的少數民族地區仍用杵臼加工穀物。二十世紀六〇年代，舂米是海南黎族婦女的職責，她們數人一群，協力操作，動作和諧，如舞蹈一般，擊打聲有很強的節奏，聲音遠近皆聞，匯成美妙的樂章。在粵東的畲族，舂米製粉至今喜用木棒舂。

　　東南地區在秦漢以前，仍然是部落酋長社會，生產技術落後，直到秦統一中國，中原移民入遷東南本土，才把碓舂米的技術傳進來。碓分大碓和小碓，它運用了槓桿的原理，利用人的體重為動力，腳踏碓尾提高碓頭，再利用碓的自重下落舂臼，既可舂米也可舂粉，勞動強度減少，工作效率大大提高。這種糧食加工工具在東南地區流行了兩千年之久。從古越人的糧食加工可以看出稻穀是越人的主糧，「重穀」成為一種傳統，古代中國「五穀為養」的飲食思想在古越人身上有真切的體現。晉代裴淵《廣州記》有個傳說：「南海高固為楚威王相時，有五羊銜穀之祥。」說的是周顯王時，嶺南越人高固任楚威王的宰相時，有五仙人騎著五隻羊，羊嘴銜著稻穀而至，祈求這個地方豐足太平，所以後來的南海郡治番禺（今廣州）便有了「五羊城」「羊城」「穗城」的美稱。至今廣州市惠福西路，尚存「五仙觀」的歷史

▶圖2-23 越式鼎，廣州南越王墓出土

名勝。這個美麗的傳說，透露了一個重要信息，這就是古越人高度重視稻作農業，他們致力於農耕，渴求獲得良種水稻，為祈天保佑，形成了於春秋兩季「祈穀」的傳統。以水稻為主食，促使古越人水稻栽培技術不斷發展。《初學記》：「楊孚《異物志》曰：（稻）交趾冬又熟，農者一歲再種。」東漢《異物志》的記述，是我國有關培養雙季稻最早的文獻記載，古越人對中國稻作農業作出了重要貢獻。

三、古越族的飲食器具

嶺南地區曾經歷過一個不甚發達的青銅時代，時間跨度大約在商末至戰國中晚期。嶺南出土的青銅器物主要集中在西江、北江和東江流域。較有代表性的遺址有樂昌大拱坪、始興城郊、羅定南門峒、廣寧銅鼓崗、博羅橫嶺山、封開利羊墩、清遠馬頭崗、四會鳥蛋山和肇慶松山等。從遺址、墓葬、窖藏裡出土了近千件青銅器。嶺南的青銅食器和飲具，主要有越式鼎、提筒、缶、釜、壺、盤、勺酒器、水器等。由於青銅器傳熱快，耐用，乾燒不裂，不易破碎，故青銅炊具的發明為人類烹調帶來了新的方法和新技術，像鋒利的青銅刀具的出現，既便利了各種肉類的切割，同時使煎、烙、炒等講究「鍋氣」的烹調技術，也得以充分發揮。

一九八三年三月，在廣東興寧新圩村古樹窩，發現了六件青銅甬鐘；一九八四年五月，在廣東博羅出土了一套青銅編鐘，為甬鐘，共七件。[1]這些文物的發現展示了鐘鳴鼎食的奢侈場面。二○○○年，隨著博羅橫嶺山西周、東周300多座古墓被發掘，《呂氏春秋》中記載的嶺南的古國——「縛婁國」終於被人們發現了，它重現了嶺南兩千多年前的文明史，使人們對青銅時代奴隸主貴族的飲食生活有了更進一步的認識。

嶺南的青銅器有不少是中原地區傳進的，其中楚文化對嶺南的影響最大。廣東清遠發現的周代青銅器中有食器和酒器，如鼎、簋、缶等，器上的花紋和楚文化的紋樣十分類似。廣西武鳴、興安發現有商周銅卣（yǒu）；荔浦、陸川出土有西周銅尊；廣東信宜出土有西周銅盉（hé），這明顯是來自中原地區的飲食器物。但嶺南亦不乏有本土生產的青銅器，廣寧銅鼓崗戰國墓出土有「越式鼎」，這是嶺南最具本土特色的青銅炊具。越式鼎樸實無華，器身素面無紋，有盤口鼎和深腹鼎之分，有對稱的雙立耳，三足為扁圓形，高足向外撇。這種炊具，可煮飯、熬湯、煮粥、多種用途，不必壘灶，可直接在下面燒火。另一種典型器具是「提筒」，提筒是直身筒，上部附對稱的半環耳，提筒口直徑42釐米、高46釐米，器身飾有古越族優美的圖案，提筒多用於盛酒，在盛大的祭祀、宴會或喜慶日子使用。當時的青銅器具是貴重金屬，這些器物自然是貴族的專利品。由於青銅器具華貴耐用，不易生鏽，它所具有的優點並不是其他金屬所能替代的，所以在鐵器出現以後，青銅器具仍然在長期使用。

青銅時代，陶器的食具依然占主導地位，這一時期的陶製食器有了很大的發展，表現在各種形器品種的多樣化上。另外是釉陶出現了，上了釉的陶器，器身光潔，既美觀又便於清潔，這是食用器皿的一次革命。再有是製作水平有了顯著的提高，這一時期的陶器，有許多摹仿中原器物的造型與花紋，夔紋的陶器明顯是仿製中原青銅器的紋飾，更重要的是燒製技術上革新，這從增城西瓜嶺戰國窯址的發

1　　邱立誠、黃觀禮：《廣東博羅出土一組青銅編鐘》，《廣東文物考古資料選輯》，1989年。

現得到證明。增城西瓜嶺的窯址是我國迄今發現最早的龍窯之一。所謂「龍窯」，是一種長形的窯道，它沿山而上，充分利用火焰的熱能，使陶件得到較高而均勻的熱力，使陶件在還原作用中燒出更好的質量。同時龍窯可裝存大批的陶件，使產量大大增加。廣東省博物館資料中記有「西瓜嶺的窯址，平面為長方形，斜坡式，窯門向東斜度為15度，殘長9.8米，殘高1.54米，窯室寬1.4米，窯壁用耐火磚燒製而成」。此外在博羅圓洲、博羅銀崗也發現有龍窯，這都說明龍窯的出現不只一處，它標誌著當時飲食器具的製作已有一定的規模。

　　這一時期飲食器具的重要創造是原始瓷。在廣東深圳大梅沙、增城西瓜嶺以及博羅等地都發現了原始瓷，原始瓷儘管還比較粗糙，但胎質已是瓷，瓷器遠要比陶器輕巧而精美。在中原地區原始瓷是十分珍貴的器物，但在嶺南卻是尋常物，博羅橫嶺山墓葬遺址中的原始瓷十分普遍，這也是嶺南飲食器具製作高水平的一個反映。

　　越人利用海貝製成絢麗多姿的酒杯，令從中原來的人感到驚奇。南方多竹，越族人利用竹子做食具是十分普遍的，如利用一種細而韌的越王竹做筷子，以較粗的竹竿製作食具酒杯，有的以竹筒做各種食具。

　　海南黎族人很早就懂得利用椰子殼加工成各種食具，以椰殼製作的碗具有一種獨特的椰香，傳說遇到有毒的物質椰殼會裂開，具有天然的防毒功能。黎族有一種傳統美食，是用新鮮竹筒裝著大米及味料，經烤熟而成的飯食，把天然的竹筒當作鍋來使用，使飯中帶有一股竹的清香。

　　嶺南地區的人民很早就利用燧石製作器具，它有甚強的保溫性能，加工成燒煮器，則是保溫鍋。東漢的楊孚《異物志》卷二記：「悅城北百餘里有山，中出燧石，每歲人採之琢為燒器，民亦賴之」。

　　先秦時期東南古越人這種適應自然、取之自然、用之於自然的原始自然觀念，是人與自然的一種平衡，是生活的智慧，體現了樸素的中國傳統飲食思想中「天人合一」的思想，一直延續至今。

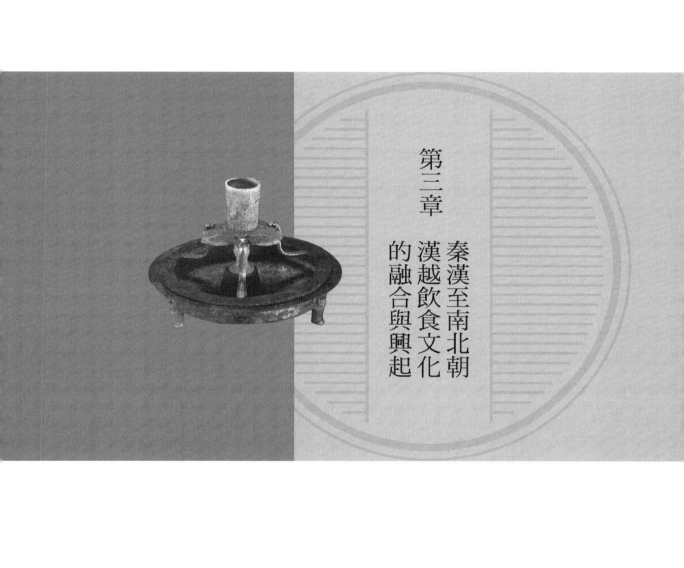

第三章

秦漢至南北朝

漢越飲食文化

的融合與興起

秦統一中國，使東南地區從原始的酋長部落社會進入封建社會，這是一個歷史性的大跨越。此後至魏晉南北朝，中國社會經歷了多次的移民浪潮，民族的大遷徙和大融合對東南地區經濟和文化的發展產生了重要影響。中原漢民族遷入東南，帶來了先進的生產工具、生產技術、良種作物和勞動人手等，使東南地區進入了早期開發的歷史階段，無論是農業生產、手工製造，還是精神面貌、觀念形態等都有了較大進步，加速了東南地區的文明進程。漢越經濟文化的融合促進了東南飲食文化的發展，它使本地區的食品製作、烹調技藝大為改觀，從而為飲食文化的發展開闢了光輝的前景。

第一節　中原移民與漢越文化的融合

民族遷徙與民族融合改變了區域人口的布局，打破了土生土長的傳統，注入了新的文化元素。自秦漢至六朝，漢越人民在共同的生產鬥爭和社會生活中密切交往，相互融合，使中原文化廣為傳播，從而使東南從一個蠻夷之地，演進為禮儀之邦，為東南飲食文化的新發展奠定了重要基礎。

一、秦漢移民與早期漢越文化的初步融合

西元前二二一年秦始皇統一六國，建立起中國歷史上第一個封建專制的中央集權國家，在剪滅六國的基礎上繼續南征，開始了統一東南的戰爭。最先進入嶺南的是屠睢，當時嶺南尚處於部落酋長的統治，力量薄弱。秦軍長驅直進，但北方將士不適應嶺南的氣候和地形，進軍困難。越人利用叢林戰，夜襲秦軍，主帥屠睢被殺，秦軍嚴遭重創，於是出現了「三年不解甲弛弩」的秦越對抗局面。此後秦軍由任囂（áo）和趙佗統領，很快扭轉戰局，擊殺西甌越君長譯籲宋。當時「百越之君，俯首繫頸，委命下吏」，秦終於完成了統一嶺南的大業。西元前二一四年，秦在嶺

南設置桂林、象郡、南海三郡，由中央直接委任官吏進行治理。秦末，趙佗割據自立為南越武王。南越國歷五帝，共93年，它雖然是一個獨立割據的王朝，但在傳播中原文化，推行封建制度，加強地方經濟建設方面起了重要的作用。

西元前一一一年，漢武帝平定了南越國，重新調整行政區，置南海、蒼梧、鬱林、合浦、交趾、九真、日南、儋耳、朱崖九郡。西元前一○六年，全國分為十三刺史部，嶺南置交州刺史總領各郡，從此郡縣制進一步完善。它使分散落後的越族人，逐步變為封建政府的編戶齊民，大大加快了東南地區的封建化過程。

閩地自古為越族分布之地，據《史記》記載，閩越王無諸、越東海王搖都是越王勾踐的後代。秦統一六國後，在甌閩地設置閩中郡（治今福建福州）。秦末農民起義爆發，被廢黜的越君無諸和搖也加入了反秦鬥爭的行列。漢高祖五年（西元前202年），漢朝廷以無諸助漢滅項羽有功，授其為閩越王，統治閩中故地，都東治（即今福建福州）。東甌之君搖也因助高帝有功，於惠帝三年（西元前192年），授之為東海王，都東甌（治今浙江溫州），俗稱東甌王。閩越雄霸一方，常挑釁鄰近的南越和東甌，武帝建元三年（西元前138年），閩越攻東甌，武帝遣莊助從會稽浮海救助，兵未至，閩越退兵。東甌求武帝，舉國遷徙中國，「乃舉眾來，處江淮之間」[1]。武帝元封元年（西元前110年），閩越反叛，漢出兵平亂，閩越諸將殺其王以降，於是閩越的民眾被移徙江淮之間，至此百越各部都統領在漢朝屬下，漢越民族的融合進一步加強。

秦漢時期，由於中央王朝鼓勵對邊區進行移民，遂有數以十萬計的中原漢人南遷，他們帶來了北方先進的生產技術和科學文化知識，這對改造東南的落後面貌，傳播先進的中原文化，促進漢越民族的融合起到了巨大的作用。

據《史記》載：「（秦始皇）三十三年，發諸嘗逋亡人、贅婿、賈人略取陸梁地。為桂林、象郡、南海，以適遣戍。」「三十四年，適治獄吏不直者，築長城及南越地。」秦軍將領趙佗任龍川令時曾向秦始皇上奏「求無夫家者，三萬人，以為

1　司馬遷：《史記》卷一一四《東越列傳》，中華書局，2006年。

士卒補衣，秦皇帝可其五千人」。秦代先後三次移民，連同南征留守百越之士，總人數應有十多萬。《漢書‧高帝紀》中文記，趙佗統治時期，他和集百越，並對越人的不良風習加以改造，使「粵人相攻擊之俗益止」。西漢武帝時，樓船十萬師來定南越國，征戰以後將士多留守嶺南，同時又移徙大批中原人到嶺南地區。

武帝平定南越國後，為開南疆發展經濟，推行「番禺以西至蜀南者置初郡十七，且以其故俗治，毋賦稅」[1]。各地的郡守縣令對後進的少數民族進行教化，傳播先進的生產技術，改造其落後的生產方式。此時，各地方官吏亦搜求玳瑁、珍珠、犀角、象牙、香料以及珍稀動植物進貢王朝，以滿足宮廷貴族奢侈生活的需要。

東南是鹽產地，漢武帝元封二年（西元前109年）置鹽官，凡二十八郡，南海郡番禺、蒼梧郡高要設鹽官，壟斷食鹽的生產和運銷。此外南海郡設「圃羞官」，負責把嶺南佳果和特產進獻王朝，中宿縣設「洭浦官」，在北江的關津連江口收取商稅。

東漢末年，中原戰亂，唯獨嶺南安寧，南遷人口增多。據《漢書‧地理志》和《後漢書‧郡國志》的統計，南海郡人口在西漢平帝元始二年（西元2年）有94253人，至東漢順帝永和五年（西元140年）人口則升至250282人，移民開發東南成為發展這一地區的重要途徑。

東漢時，東南地區不少循吏教化民眾，傳播文明，功不可沒。漢平帝時交趾太守錫光「教其耕稼」，推廣中原的生產技術。建武初年，九真太守任延教越民鑄造田器，推廣鐵農具和牛耕技術。桂陽太守衛颯，在耒陽把私營的煉鐵作坊改為官營，大鑄鐵器，以利生產。茨充任桂陽太守時，教山民種桑、養蠶、植麻、編履、織布，使山區民眾生活大為改觀。

秦漢時期東南的交通有了新的發展，秦統一嶺南時開鑿了靈渠水道，溝通了長江與珠江兩大水系，成為南北交通的大動脈，秦軍逾五嶺入粵，拓展了經過大庾嶺

1　司馬遷：《史記》卷三〇《平准書》，中華書局，2006年

的梅關道，經過騎田嶺下連江的桂陽道，經過萌渚嶺下賀江的桂嶺道。東漢建武二年（西元26年）衛颯整治粵北交通「鑿山通道五百餘裡」，使英德至曲江的交通大為改觀。[1]馬援南征，「為郡縣治城郭，穿渠灌溉，以利其民。」[2]開鑿通往九真的要道。東漢章帝建初八年（西元83年）鄭宏為大司農，奏開零陵桂陽嶠道，「至今遂為常路」[3]。漢靈帝時桂陽太守周昕修治了粵北武水六瀧的河道，使南北水道暢通，商業貿易繁榮，為漢文化向東南的傳播創造了條件。

二、六朝時期的移民浪潮與民族大融合

❶ · 戰亂中的北人南遷浪潮

六朝，一般指的是中國歷史上三國至隋統一前南方的六個朝代，即三國吳、東晉、南朝宋、南朝齊、南朝梁、南朝陳這六個朝代。六朝時期，是一個中國封建政權更替頻繁、社會動盪不安的時代。中原地區階級矛盾空前激化，戰爭頻仍；北方少數民族入主中原，殘酷的民族殺戮接連發生，生靈慘遭塗炭。人們紛紛避亂，尋求安寧的棲身之地，中國社會出現了民族大遷徙的浪潮。東南地區地廣人稀，政權穩定，故成為中原漢民南遷避亂的理想之地，中原漢人入遷嶺南，成為繼秦漢以後的第二次移民潮。

東漢末年已有不少漢人遷居東南，史載交趾太守士燮（xiè）「體器寬厚，謙虛下士，中國士人往依避難者以百數」[4]。孫權為圖發展，把嶺南作為東吳的後方，任命親信步騭（zhì）為交州刺史。東漢獻帝建安十五年（西元210年），步騭率領上千江東將士進入嶺南。東吳政權入粵，大批的江南人士駐守東南。中原不少學者也南

1 范曄：《後漢書‧循吏列傳第六十六》，中華書局，2007年。
2 范曄：《後漢書‧馬援列傳第十四》，中華書局，2007年。
3 范曄：《後漢書‧朱馮虞鄭周列傳第二十三》，中華書局，2007年。
4 陳壽：《三國志‧吳書‧士燮傳》，中華書局，2009年。

來避亂，如《三國志・吳書・薛綜傳》載：桓曄「浮南海投交趾」，薛綜「少依族人避地交州，從劉熙學」。

東晉是移民浪潮的高峰期，永嘉年間匈奴及羯族首領劉曜（yào）、石勒等殘酷屠殺漢人，洛陽被攻陷，整座城市化為灰燼。為求生存，北方的許多士族、大地主攜眷南逃，隨同他們逃難的還有宗族、部曲、賓客，並形成整個族群的大遷徙。這股移民潮主要流向長江下游地區，也有眾多的人口移向東南地區。

在戰亂頻擾的永嘉年間，嶺南地區卻顯得康樂太平。廣州地區出土的晉磚銘文記有「永嘉亂、九州荒，餘廣州，平且康。」「永嘉七年癸酉皆宜價市」等語，表明了當時的廣州地區社會穩定經濟發展，於是吸引了大批的北方移民。西晉愍（mǐn）帝建興三年（西元315年）「江揚二州經石冰、陳敏之亂，民多流入廣州，詔加存恤」。東晉末年爆發了孫恩、盧循起義，當時隨同起義軍進入東南地區的就有數萬人之多。《晉書・庾亮傳》載：「時東土多賦役，百姓乃從海道入廣州。」南朝梁末「侯景之亂」爆發，使長江流域遭受到空前的浩劫，江南豪族和民眾紛紛從海道和陸路流入東南。

南北朝時期遷入嶺南的人口達250萬[1]，這一時期東南地區的郡縣急遽增加，據《廣東省歷史地圖集》統計，劉宋新增郡6個，縣較東晉增設50個；南齊增置新郡5個，縣較之劉宋增加30個；南梁12州，郡增38個，縣146個；南陳42州，109郡，432縣。[2]郡縣的激增，反映了新移民的增多，此外政府為了加強對移民的管理，每州設立「流民督戶」，這都說明了南北朝期間東南地區形成了一股巨大的移民浪潮。

❷・北人南遷促進了東南農業的發展

南北朝時期民族的大遷移使東南的開發進入了一個新的時期。農業耕作技術已改變了落後的「水耕火耨」，向精耕細作的農業技術過渡。廣東連州、韶關、廣州黃埔妃塘等地都出土了陶質犁田模型。模型中有田埂，田的四周有排水用的漏斗，

1　劉希為、劉磐修：《六朝時期嶺南地區的開發》，《中國史研究》，1991年第1期。

2　廣東歷史地圖集編委會：《廣東省歷史地圖集》，廣東省地圖出版社，1995年。

以調節水位的高低，農耕中使用了一人一牛犁田和一人一牛耙田，耙帶六長齒，表明移民帶來的中原生產技術已廣泛推廣到東南各地。東晉初年，百姓從海道入廣州，刺史鄧岳大開鼓鑄，諸夷因此知造兵器，也普遍使用了鐵農具。發展至南北朝的梁代，嶺南已是一個重要的產糧區，梁末陳霸先出兵平定侯景之亂，靠的就是嶺南豐足的糧食，《陳書·武帝紀》載「時西軍乏食，高祖（陳霸先）先貯軍糧五十萬石，至是分三十萬以資之」。以後陳霸先攻取建康，建立陳朝政權。東南地區經濟的發展提升了本地區的政治地位，促進了中國政治格局的新轉變。

南北朝時民族融合進入了新的發展期，越人多被稱為俚僚，俚僚民族的漢化程度加深，不少人被編入封建政府的編戶，民族界限開始弱化。東南的民族融合經歷了兩種不同的途徑，一種是軍事征服，出兵平定俚僚的叛亂是常有之事。南朝劉宋時立越州和高州，目的是以此作鎮守俚僚的要地，西江和南江督護也是征撫俚僚的軍職。戰爭雖然殘酷，但在民族融合的過程中，它總是不可避免地被封建統治者所採用。另一種途徑是自然的融合，即漢越人民在共同的生產鬥爭和社會生活中加強團結，密切交往，消除種族偏見，它成為東南地區民族融合的主導形式。由於種種原因，漢人不斷地移入少數民族地區，俚僚不斷漢化，而異族的相互聯姻，則更有力地消除了民族間的隔閡。像梁朝洗夫人與高涼山馮寶的聯姻，就大大促進了漢俚民族間的融和。這為飲食文化的新發展奠定了重要的基礎。

第二節　民族融合下的飲食資源開發與飲食器具的革新

漢魏以來中原先進生產技術的傳入使東南的農業和手工業有了長足發展。水稻種植從火耕水耨走向了精耕細作，蔬菜得以廣泛種植，水果與甘蔗的栽培大有進展。蔗糖、海鹽、酒在國內已稍有名氣。隨著社會生產力水平的不斷提高，東南飲食漢化程度日深，飲食器具亦發生了革新。

一、糧食蔬菜的種植和畜禽的飼養

漢魏時期中原先進生產技術在東南傳播，使農業生產發生了質的飛躍，農業生產水平較高，其表現在多方面。鐵農具的使用是生產力的顯著進步，當時所使用的鐵農具有斧、鋤、鍤（chā）、鐮、鑊、犁、耙等鐵製農具。中原漢人的南移使東南農耕中廣泛使用了牛耕，這是耕作技術上的重大進步。漢魏之際東南地區的越族人民擺脫了原始落後的生產力，向封建社會的農業經濟過渡，這是一個劃時代的進步。

❶ · 水稻等糧食作物的種植

秦漢以前嶺南的水稻栽培是以刀耕火種的方式進行的，以後發展為火耕水耨，即燒荒地滅草，以火灰作肥，然後引水浸地，再直接撒種，任其自生自長，這是一種原始的耕作方法。

至漢代番禺的水稻栽培已採用了水田耕作法，廣州、佛山瀾石等地漢代墓葬出土有陶水田模型，如實地反映了當時的耕作水平。當時已墾闢出方整齊平的水田，田間有田埂連接，便於施肥或各種田間管理的操作。它主要靠人工水渠灌溉，在田埂上作水口調節水流，這與南方水源充足有很大關係。在佛山瀾石的水稻田陶模上，田地被中間十字形的田埂分為六塊，面積較大，體現了珠江三角洲平原的特色。此外模型田面上畫有縱橫成行的秧苗，說明當時的水稻栽培已注意到行距、株距的疏密。佛山瀾石水田模型上有泥傭作插秧狀，水田中留有秧苗痕跡，可以證明育秧移栽技術已在番禺推行。漢代嶺南的牛耕已採用了「一人一牛」的耕作法，佛山瀾石東漢墓出土的水田模型，作犁地狀的泥傭只有一人，前面沒有人牽牛，可推斷是「一人一犁」的耕作。牛耕的推廣對農業起了決定性的作用，它減輕了勞動強度，節省了大批勞力，提高了耕作的效率和質量。牛耕要比人工翻土提高6-7倍的功效，而且牛耕翻土平整均勻，深厚有度，使作物產量提高。利用牛耕還可以耙田、碎土、勻田、開壟、播種、開溝、興修水利，使深耕細作的農業技術得到推廣。

▶圖3-1　漢代陶製水田模型，
　　　　廣州出土（銖積寸
　　　　累——《廣州考古十
　　　　年出土文物選萃》，
　　　　文物出版社）

廣州漢墓出土的陶屋模型，大多數設有廁所和畜欄，其目的是收集糞便作肥料，以增加農作物的產量。佛山水田模型上有堆肥，說明人們已懂得以基肥增加地力，以求高產。人們在發展農業的同時還大力發展畜牧業，以積存廄肥，二者相得益彰。

嶺南在漢代已種上雙季稻。《齊民要術》引《異物志》云：「稻，交趾冬又熟，農者一歲再種。」佛山水田模型上有人犁田，有人播種，有人收割，反映的是夏收夏種的情景。有的地方甚至出現了三季稻，《初學記》卷八《嶺南道條》引郭義恭《廣志》曰，「南方地氣暑熱，一歲田三熟，冬種春熟，春種夏熟，秋種冬熟。」並稱之為「三田」。兩熟稻和三熟稻的出現，表明當時的東南人已經懂得如何充分利用有限的土地來連續種植同一種糧食了，由此大大利用了地力，提高了複種指數，增加了糧食產量。

漢代的嶺南糧食品種也有了增加，當地的水稻已有粳稻、秈稻等品種，而廣州漢墓的稻穀發現又進一步說明了本地區的水稻與北方屬同一稻種。廣州東漢前期墓葬出土的水稻存放於陶倉內，雖已炭化，但經廣東糧食作物研究所鑑定：「粒長約6-7毫米，寬約2.83毫米，稃（fū）面有整齊格子形中的顆粒突起，能區別內外穎及護穎，稃棱和稃面上的茸毛尚可見痕跡；個別籽粒的穎尖還可見芒的斷痕，與我國

◀圖3-2 漢代干欄式陶屋模型，廣州出土

普遍栽培的稻種（oryzasatival·）同屬一種」[1]。到南北朝時期，東南又增加了糯稻，《南方草木狀》記載以草麴「合糯為酒」。糯米酒的釀造表明當時已經有了糯稻品種。

從漢至魏晉的這一時期，東南地區的糧食生產有了較大的發展，北方許多新的農作物品種在東南引種，如黍、粟、高粱，這些本是中原一帶的傳統糧食作物，漢代時番禺已栽種。廣州漢墓中有高粱、黍的遺物，《漢書·南粵傳》記：漢武平定南越國，漢軍「先陷尋陜、破石門，得粵船粟」。顯然粟在當時也是主要的糧食。

❷·蔬菜作物的栽培

嶺南的蔬菜栽培起源較早，但各種蔬菜的品種到漢代才有了較明確的記載。漢代文獻記錄，當時嶺南的蔬菜有薯蕷（大薯）、芋、薑、韭菜、蓮藕、石發（海藻類）、茄子、綽菜（葉如慈姑，根如藕條）、慈姑、竹筍、芡實、薏米、菱角等種類。

薯在嶺南很普遍，這種根葉如芋的植物，既起補充糧食之用，又可作一般蔬菜，在當地用途很大。《齊民要術》引《異物志》說：「甘藷似芋，亦有巨魁，肌肉正白如脂肪，南人專食，以當米穀，蒸炙皆香美，賓客酒食施設，有如果實也。」在海南島「舊珠崖之地，海中之人皆不業耕稼，惟掘地種甘藷。秋熟收之，蒸曬切

1　廣州市文物管理委員會：《廣州漢墓》，文物出版社，1981年，第358頁。

如米粒，倉囷（chuán）貯之，以充糧糒，是名薯糧」。

嶺南是水鄉澤國，水生植物豐茂繁盛，越族人很早就懂得將野生水生植物進行人工栽培。如菰、菱角、芡實等。這些食物味道鮮美，營養豐富，含較多的澱粉質，不但可作佳餚，也可用作充飢。《齊民要術》引《廣志》記：「菰可食。以作席，溫於蒲。生南方。」《廣志》成書於晉末，說明那時東南人已把菰作為蔬菜了。《漢書·馬援傳》記馬援到嶺南看到芡實，認為這是有用之物，既可利水，又可輕身，回洛陽時還特意把一車的薏苡運回中原。可以說人工栽培野生水生植物作蔬菜是南方人民的出色創造。此外東南人還懂得利用海生的藻類作佐食料，使其成為一種珍貴的副食品。《太平御覽》引《異物志》記：「石髮，海草，在海中石上叢生，長尺餘，大小如韭，葉似席莞，而株莖無枝。以肉雜而蒸之，味極美，食之近不知足。」可見漢代嶺南人已不侷限在田地上栽培蔬菜，他們還向山地、池塘、水澤地、海洋取食，從中栽培出珍奇的食物原料品種。

枸（jǔ）醬又作蒟（jǔ）醬，是一種現已消失的古代珍貴食品，《史記·西南夷列傳》載，「漢武帝建元六年（西元前135年），唐蒙出使南越，食蜀枸醬，問其所從來，曰：『道西北牂（zāng）柯，牂柯江廣數里，出番禺城下。』蒙歸至長安，問蜀賈人。賈人曰：『獨蜀山枸醬，多持竊出市夜郎。夜郎者，臨牂柯江，江廣百餘步，足以行船。南越以財物役屬夜郎，西至同師。』」這段材料說明了枸醬出自西南，但嶺南人也能吃上，這是商人從夜郎沿柯（西）江販賣而傳至的結果，至於枸醬的製作手法並沒有闡述，所以後世對其製法爭論很多。根據《南方草木狀》記載，當時嶺南已有，「蒟醬，蓽茇也。生於蕃國者，大而紫謂之蓽茇；生於番禺者，小而青，謂之蒟焉，可以為食，故謂之醬焉。交趾、九真人家多種，蔓生。」西晉人左思《蜀都賦》亦云：「邛杖傳節於大夏之邑，蒟醬流味於番禺之鄉。」從這些材料可知，晉代嶺南的「蒟醬」應該是一種以蒟為原料製成的醬，是一種食物作料或調味品，那麼「蒟」到底是什麼植物？

明朝李時珍考證後認為是胡椒科胡椒屬的蔞葉，現在已成為中醫學的基本共識。但是在植物學界、農學界和歷史學界，有人認為是蓽撥，也有人認為是枳椇

或枸杞，也有人認為是魔芋。宋人認為蒟是一種南方人稱為「浮留」的植物，宋祁《益部方物略記・蒟醬贊》云：「蔓附木生，實若椹累，或曰浮留，南人謂之，和以為醬一，五味告宜。」清朝訓詁學的代表之一倪濤在《六藝之一錄》中提出：「蒟蒻（ruò）：蒟可為醬，亦名扶留，即今之蘆（蔞）子。蒻根如芋，餘於蜀中見之。二物不同，《文選》注亦作兩物，《字彙》混而為一，誤。」「浮」可通「扶」，況且清朝訓詁學是非常講究古字詞的嚴格考證的，故此我們也認為，「蒟」即扶留，亦即中醫所說的蔞葉。

❸·禽畜的飼養

秦末漢初，東南的畜牧業十分落後，馬、牛、羊也依賴北方輸入，自西漢中後期起農業發展，大量需要畜力和廄肥，從而刺激了畜牧業的興起。不少後進的少數民族從採集和狩獵經濟轉向農耕生產和禽畜飼養，更促進了家禽的興旺繁殖。在這一時期墓葬的出土器物中，陶屋模型都有餵養禽畜的處所，飼養禽畜成為每個家庭必不可少的副業生產，所以各種泥塑的豬、牛、羊、雞、鴨、鵝等在東南的漢墓中比比皆是。

豬的飼養最廣泛，無論是土著的越人還是南遷的漢人，都以此作為主要的肉食來源。考古發現的豬骨和以豬為模型的刻像甚多。例如一九八四年在廣西桂林東郊發現的三座南朝墓中出土了兩件滑石豬[1]；一九七四年在恭城新街長茶地的三座南朝墓中出土滑石豬、馬等刻像十一件[2]；而廣州象岡有豬骨出土，廣州等地漢墓有陶豬出土。從陶豬的造型看，當時已經育出耳小、身肥、頭短品質優良的華南豬型。

牛的飼養在當時最受重視，廣州漢墓中雕塑得栩栩如生的黃牛，以牛拉車的泥塑，都說明耕牛在當時是最重要的牲口。馬是重要的交通工具，在當時也大力繁殖，漢墓中有不少騎馬的木俑。《三國志・吳書・士燮傳》記士燮為附和孫權，每年向吳地進貢珍奇異物，其中「壹時貢馬凡數百匹」，可知嶺南馬匹的繁殖頗盛。

1　桂林市文物工作隊：《桂林市東郊南朝墓清理簡報》，《考古》，1988年第5期。
2　廣西壯族自治區文物工作隊：《廣西恭城新街長茶地南朝墓》，《考古》，1979年第2期。

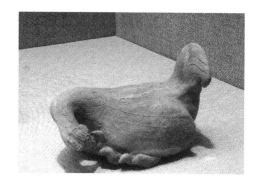

▲圖3-3 東漢陶豬，廣東佛山瀾石出土　　　　　　　▲圖3-4 東漢紅陶母雞，廣東佛山瀾石出土

《水經注‧浪水》記載番禺一帶「負山帶海，博敞沙目，高則桑土，下則沃衍。」說明廣州城外，滿佈沃野肥田。從珠江三角洲出土大量的陶倉廩模型、酒器，牛、馬、羊、雞、犬、豕陶塑，以及各種稻、粟、高粱、水果、瓜的實物，充分展示了當時五穀豐登、六畜興旺的景象。

二、水果、甘蔗的栽培與蔗糖的出現

東南是我國水果豐產地，水果栽培有著悠久的歷史。在長期的生產過程中，東南人民積累了豐富的果樹栽培經驗。東漢楊孚的《異物志》和西晉嵇含的《南方草木狀》都對南方果樹做了詳盡的敘述。當時東南人已經掌握了果樹剪枝的方法，通過剪除老枝促使果樹發育，提高結果率，這說明育苗技術已有一定的水平。秦漢以後，東南要經常向中央王朝進貢大批南方佳果。貢物源源不斷地外輸，促使東南諸地不斷地發展水果生產，精進栽培技術，於是果樹栽培成為東南地區的生產特色。

❶‧東南的「四大佳果」

東南水果種類繁多，尤以荔枝、龍眼、香蕉、柑橘最為馳名，被譽為「四大佳果」。檳榔、椰子亦是本地的名產。此外，枸櫞（jǔyuán，佛手）、柚子、橄欖、烏欖、楊梅、桃、李、人面子、酸棗等都是人們喜愛的果品。在廣州漢墓、南越王墓

中都有不少上述的果核遺存。

荔枝是嶺南著名的佳果，《齊民要術》引東漢楊孚在《異物志》中關於荔枝的最早記載：「荔枝為異多汁，味甘絕口；又小酸，所以成其味。可飽食，不可使厭。生時大如雞子，其膚光澤，皮中食。乾則焦小，則肌核不如生時奇。四月始熟也。」從中可見，荔枝是當地最美味的水果。漢代，南海的荔枝、龍眼成為進獻給封建帝王的貢品，只有皇室貴族才能品嚐。

龍眼是僅次於荔枝的東南又一名果，曬乾的龍眼稱桂圓肉，是珍貴的滋補藥材，故其經濟價值甚大。由於《異物志》失存，至今未能在輯本中找到有關最早的記載，但《後漢書》卷四《和帝紀》中記有：「舊南海獻龍眼、荔枝，十里一置，五里一候，奔騰阻險，死者繼路。」這一段對龍眼、荔枝長途運送的記述，說明中央王朝對嶺南龍眼的珍視，龍眼很早就已成為聞名國內的佳果。

香蕉的栽培很普遍。《太平御覽·果部》載楊孚《異物志》記：「剝其皮，食其肉如蜜，甚美，食之四五枚可飽，而餘滋味猶在齒牙間，一名甘蕉」。

柑橘也是東南的名產，《南方草木狀》曰：「自漢武帝，交趾有橘官長一人，秩二百石，主貢御橘。吳黃武中，交趾太守士燮，獻橘十七實同一蒂，以為瑞異，群臣畢賀。」反映了柑橘品種的多樣，並能育出異果奇珍。

❷·南果北移的嘗試

東南水果的聞名促使本地的優良品種在漢代即向北方移植。漢武帝元鼎六年（西元前111年）破南越建扶荔宮，把大批的東南植物移遷長安。《三輔黃圖》載：「所得奇草異木，菖蒲百本，山薑十本，甘蔗十二本，留求子十本，桂百本，密香指甲花百本，龍眼、荔枝、檳榔、橄欖、千歲子、柑橘皆百餘本。」然而由於水土不服，不少果木很難成活。如《三輔黃圖》載，漢武帝曾經從交趾移植百株荔枝於扶荔宮，但無一生存。「一旦萎死，守吏坐誅者數十人。」反而為此製造了相當多的冤屈。關中荔枝種植不成，於是封建帝王只有每年令人傳送荔枝到皇宮，不少人疲斃喪命，「極為生民之患」。儘管如此，這次植物移植，卻開創了南方果木向中原地

區培植的先例。

❸·東南甘蔗品質優良

東南地區高溫多雨、陽光豐沛、終年無霜，具備栽培甘蔗得天獨厚的自然條件。《齊民要術》引《異物志》曰：「甘蔗遠近皆有，交趾所產甘蔗特醇好，本末無薄厚，其味至均，圍數寸，長丈餘，頗似竹，斬而食之既甘。」《太平御覽·果部十一》卷九七四引《吳錄地理志》云：「交趾句漏肥，甘蔗大數寸，其味醇美，異於他處。」可見嶺南地區生產的甘蔗是十分有名的。

❹·以蔗製糖的出現

在長期的生產過程中，東南人開始懂得了用蔗造糖，漢代的文獻已記有嶺南地區的食糖生產。《齊民要術》載《異物志》曰：甘蔗，「連取汁如飴餳（xíng），名之曰糖，益復珍也。又煎而曝之，既凝而冰，破如磚，其食之入口消釋，時入謂之石蜜者也」。把甘蔗榨汁稱為柘漿（又名甘蔗餳），是珍貴的食品；柘漿再經過煎煮曬製，凝結成固體磚形，稱之為「石蜜」。這樣製造出來的「石蜜」還比較粗糙，後人稱為粗砂糖。在蔗糖問世之前，人們普遍食用飴糖，飴糖是以稻粟黍麥之類糧種浸濕生芽暴乾並煎煉調化而成，民間流傳十分廣泛。蔗糖的出現與普及使它逐漸取代飴糖成為人們的主要甜味食品，進而推動了東南烹飪的發展和菜品味型的改進。《楚辭·招魂》中已經講到「胹（ér，煮）鱉炮羔，有柘漿些」，意思是人們在烹煮鱉魚和煎炸羊羔這些美味食品的時候，還要淋上一些「柘漿」調味，顯然南方很早就把糖作為烹調的重要用品。西漢中期，人們不但把甘蔗汁作為一種常用的調味食品，還往往用來作解酒之用。《漢書·禮樂志》引《郊祀歌》有「泰尊柘漿析朝酲（chéng）」之句，意思是用甘蔗汁可以解去貴人們早上猶未退去的宿酒。

甘蔗作為南方植物，適宜種在熱帶、亞熱帶肥沃之地，北方不產，故古時中原人每以甘蔗為稀罕之物，至於由甘蔗製成的液體和固體糖更被認為是非常珍貴的食品，因此長期以來蔗糖便成為進貢中原王朝的珍貴美食。三國時吳國的蔗糖仍由交趾進貢就是一個例證，《三國志·吳孫亮傳》注引《江表傳》載：「吳孫亮使黃門以

銀碗並蓋，就中藏吏取交州所獻甘錫。」蔗糖輸入內地也是一項食品貿易，但當時只有王公貴族才能享用。趙佗時，「嘗使貢石蜜五斛，蜜燭二百枚、白鷳（xián）各二。」這裡講的石蜜就是甘蔗汁經過太陽暴曬後而成的固體原始蔗糖。

三、油料與茶葉的生產

先秦時期嶺南地區尚處在部落酋長的統治時期，南越族的先民通過狩獵和原始畜牧業獲取肉食，使用各種動物的脂肪進行飲食烹調。嶺南地區食用植物油的習慣是中原人傳入的，植物油不膩而油潤，口感好，利於養分的吸收，尤其在天氣炎熱的嶺南地區，對腸胃適應性好，成為必不可少的飲食用油。我國什麼時候開始食用植物油有待進一步探索，但早在秦漢時期我國已開始栽培油菜，江陵鳳凰山167號墓就出土有大量油菜籽，東漢崔寔（shí）《四民月令》記載了植物芝麻。秦漢時期，大量的中原移民入主嶺南，食用植物油的習慣也自然在嶺南傳播。

茶樹產於南方，一般認為「巴蜀是中國茶業或茶文化的搖籃」。其實東南也是茶樹的產地之一，只是品種和飲用方式各有區別而已。位於湖南南部與廣東毗鄰的茶陵即是古代產茶的地方，《唐韻正·九麻·茶》：「《路史》引《衡州圖經》曰：『茶陵者，所謂山谷生茶茗也。』」即以其地出茶而命名的。此外，《三國志·吳志》記載了孫皓讓韋曜以茶代酒的故事，也表明漢魏之際東南地區已有飲茶風習。嶺南地區的茶樹栽培源自本土，古越族人很早就懂得利用野生茶樹，進而人工栽培茶樹，被中原人稱為「蠻茶」。由於南方炎熱潮濕，越人的飲茶，充分發掘了本土植物資源，用料獨特，注重驅暑、解渴、治病的功效。像以皋蘆（苦丁）作茶葉就是南越人的一大創造。苦丁茶極苦，但苦中有甘味，極止渴，能治咽喉之病。唐代詩人皮日休《吳中苦雨因書一百韻寄魯望》有「十分煎皋蘆，半檻挽醽醁（línglù，美酒名）」句，反映了「蠻茶」亦頗受中原人士青睞。

秦漢以來中原人入遷，良種茶樹的引種和技術傳播，使嶺南地區的茶葉園藝技術有了很大的提高。佛教傳播使嶺南獲得了不少良種茶樹。僧人常在佛寺的周圍種

茶，以茶奉香客，故寺門的山地常成為茶樹的栽種地。東莞《茶山鄉志》記，南朝梁武帝時代，東莞人於鐵爐嶺創建雁塔寺，寺僧沿山種茶，茶山鄉因而得名。

四、海鹽的生產與發展

東南地區瀕臨南海，有著全國最寬廣的海岸線，南海海水含鹽量大，加上地處熱帶、亞熱帶氣候，日照時間長，故鹽業生產有著得天獨厚的條件。東南最早產鹽於何時，由於考古材料的不足，這一問題有待進一步考究。

鹽，除了食品調味，還有許多其他用途，是人們生活中不可缺少的物質。東南地區氣溫高，人們出汗多，容易睏乏，尤其要補充鹽分；溫度濕度高，則食物容易腐敗，鹽常用來防腐，故鹽的生產顯得十分重要。東南瀕海以盛產海鹽著名，生長在大海之濱的古越族人，很早就懂得從海水中取鹽，以改善他們常年食用魚蝦等水生動物的腥臊之味。特別是鹽的食用能和胃酸結合加速對肉類的消化和吸收，有利於人類的成長。先秦時代的東南地區尚處在比較落後的酋長部落的原始社會，但食用鹽已出現，因為早在新石器時代粵北馬壩石峽文化遺址已經有比較完善的各種食具，食具的完善，是追求味道的表徵，也標誌著烹調的發展已達到一定水平，特別是東南沿海是產鹽之地，故先秦東南已食用鹽應該是可信的。

《周禮‧天官‧冢宰》說：「鹽人掌鹽之政令，以共百事之鹽。祭祀共其苦鹽、散鹽，賓客共其形鹽、散鹽。王之膳羞，共飴鹽，後及世子亦如之。凡齊事（和五味之事），鬻鹽（yùgǔ）（鬻，同煮；鹽，粗鹽；鬻鹽，煉製粗鹽）以待戒令。」說明周代食鹽的生產和管理已有專官。鹽的種類有苦鹽、散鹽、形鹽、飴鹽等不同的品種，可見周代的鹽產已發展到了一定規模。嶺南所產的鹽會作為南蠻的貢物進獻到中原。《淮南子‧人間訓》說秦始皇利越之犀角、象齒、翡翠使屠睢發卒五十萬，展開了征服嶺南的戰爭，其實嶺南還有更重要的物產，這就是食鹽。《漢書‧地理志》明確記載，西漢時番禺（廣州）、蒼梧（梧州）設有鹽官，中央設鹽官於嶺南

目的是要控制這裡豐富的鹽產。可見嶺南沿海一帶產鹽已有著悠久的歷史。有關古代嶺南的鹽業生產，文獻上缺乏記載，目前最早的記載是南朝初裴淵所撰的《廣州記》。《太平御覽》：「裴淵《廣州記》曰，『東官郡煮鹽，織竹為釜，以牡蠣屑泥之，燒用七夕一易』。」從中可見，古代嶺南是以煮鹽方式進行生產的。鹽場設在東莞沿海一帶（南朝時稱東官）煮鹽用的工具是用竹織成的釜，上塗牡蠣泥灰，這種煮鹽的竹鍋只能用七天。

五、酒的發明與釀造

東南的酒是怎樣發明的呢？原始社會時期的東南是一個原始森林覆蓋的地區，果木豐碩，繁花似錦。野生果子成熟以後掉落地中，當遇到酵母菌介入，就會自然發酵成酒，這種天然的果酒香味誘人，自然就啟迪了東南的先民利用水果釀酒。有了糧食的生產和熟食的炊煮，進而就會有利用糧食釀酒。因為當酵母菌進入煮熟的飯中，自然會發酵成米酒。粵北石峽文化新石器遺址中發現了人工培植的水稻和各種生產工具，表明當時的鋤耕農業已經出現，特別是各種圈足鏤孔陶酒杯的出土，可證實當時已經有了酒的生產。釀酒的發明是飲食文化的重大成就，它極大地豐富了飲食飲食文化的內涵。

商周時代的東南雖釀酒技術不及中原，但當時的許多陶器的造型和紋飾，已出現了明顯仿中原青銅器的特徵，其中也包括了對酒器的仿造。商朝飲酒成風，商的滅亡正是和酗酒有關，這正如《尚書·酒誥》所載：「惟荒腆於酒……故天降喪於殷。」商代出土的酒器種類繁多，飲酒器有爵、角、觚（gū）、觶（zhì）、觥（gōng）、杯等，盛酒器有盉、樽、壺、卣、鋏等。周代已經有較成熟的釀酒經驗，據《禮記·月令》所載：「乃命大酋，秫稻必齊，麴蘗（niè）必時，湛熾必潔，水泉必香，陶器必良，火齊必得。兼用六物，大酋監之，毋有差貸。」這是釀酒最關鍵的六個大問題：選料精良，酒麴合時，工藝操作潔淨，水泉甘香，陶器具精良，發酵火候調理得宜。掌握好這六個規程必能釀出佳釀。廣東在西江流域一帶出土有

較多春秋戰國時的青銅器酒具，其中不少和北方的青銅器相似，這說明中原和嶺南地區必然有著交往。戰國後期楚滅了位於長江流域的越國，越國的遺民從東南沿海入徙福建，長江流域的先進釀酒技術自然傳入了閩地。

秦漢之際，中原移民大量來到嶺南，受中原文明的影響，嶺南的釀酒技術不斷地提高。兩廣漢墓出土有不少的酒杯，其中有玉器杯、青銅酒杯、漆器杯，說明嶺南地區的酒業生產在漢代已有規模。另外，廣州出土的東漢陶提筒上有「藏酒十石，令興壽至三萬歲」的墨書題字，陶提筒出土時，筒內存有炭化高粱，說明當時已有高粱釀酒。嶺南出土的漢代文物中有不少溫酒壺，以及各種飲酒用的漆耳杯、陶酒杯，可見越人嗜酒之風習。

魏晉時期嶺南酒的釀製有了較大進步，由於嶺南地多瘴氣，人們認為飲酒可以驅瘴疾。中央王朝對釀酒不加限制，酒榷也沒有在嶺南推行，這使得嶺南的釀酒大大發展。史籍記載了嶺南地區的有關釀酒技術，西晉嵇含的《南方草木狀》載：「南海多美酒，不用麴糵，但杵米粉，雜以眾草葉，冶葛汁滌漉之，大如卵，置蓬蒿中蔭蔽之，經月而成。用此合糯為酒。」可見古越族人傳統的方法是以米粉和草藥作麴，草麴除了起發酵作用，還起香料和防腐作用，這種方法一直沿襲下來。這裡所記的越人釀酒法與中原地區有別，這種配方製作簡單，

▶圖3-5　西晉陶蒸酒器，廣東連平出土

卻能有效促進酒料的糖化過程和酒化過程。著名的酒有「女酒」，專用於嫁女之用，《南方草木狀》卷上記載「南人有女，數歲，即大釀酒。即漉，候冬陂池竭時，填酒罌中，密固其上，瘞（yì，埋藏）陂中。至春，瀦（zhū）水滿，亦不復發矣。女將嫁，乃發陂取酒，以供賀客，謂之女酒，其味絕美。」女酒是一種陳釀，存儲時間達十多年之久，通過封存，特別是水下的封存，減少蒸發，產生濃郁的酒香，這確實是嶺南人獨特的創造。另一個創造是採用草料提高酒的芳香，有文草製酒，人們「用金買草而不言貴」，還有以鬱金香用做香酒的製作，使酒味芳香。

一九六四年，廣東省博物館清理粵北連州龍口的一座晉墓，出土有甑、壇二器，這是廣東舊式燒酒蒸餾器具中的兩個主要部件。其製法是把釀製好的甜酒放入壇中加熱炊煮，讓酒蒸汽化，當蒸汽在甑蓋上冷卻，還原成酒，把它收集起來，便是經過提純的燒酒了。這一重要文物的出土有力地證明，嶺南地區燒酒製作早在晉代已經出現。燒酒的製作大大提高了酒精的濃度，便於酒的保存，這對於氣候炎熱的嶺南地區更為重要。

六、炊餐用具的革新

豐富的飲食原料與人們對美食的追求，促進了炊餐用具的發展，使其不斷出新。漢代東南地區炊餐用具的革新主要體現在炊具和食具兩方面，尤其是瓷器食具的出現。嶺南地區的飲食特點是「飯稻羹魚」，因此嶺南炊具是以煮飯、煮粥和烹魚煮菜的炊具為主。漢代厚葬之風，使我們從墓葬和遺址中找到許多冥器和遺物、窺見嶺南炊具的風貌。

❶·炊具的漢化與精巧設計

漢代是移民遷入嶺南的一個高潮期，中原人帶來了中原炊具，使嶺南出現了一個飲食漢化的過程。漢代墓葬炊具的大量出土，表明了嶺南飲食水平有很大的提

▲圖3-6　漢代陶灶模型，廣州出土（《銖積寸累——廣州考古十年出土文物選萃》，文物出版社）

▲圖3-7　漢代陶灶模型，廣州出土（《銖積寸累——廣州考古十年出土文物選萃》，文物出版社）

高。兩廣地區的漢代炊煮器具，其功能進一步細化，同時也更講究器具的配套使用。如出土的釜和甑即是配套使用的炊器，釜在下，甑在下。釜是煮水的炊器，甑下有箅（bì）孔，頂部有蓋，可煮可蒸。釜和甑的配合使用是蒸汽利用技術進一步的發展。

　　這一時期炊具的製作趨向精巧，廣東漢墓出土的陶製「越式鼎」就別出心裁，在鼎口的邊沿上有特意製作的一條唇形水溝，它能使沸騰的液體不至溢出。而且，當唇溝裡灌進水時，蟲蟻等則爬不進鼎內，這是相當合理的設計。再如有一種越式銅鼎是撇口狀，這種外撇的口形也是為防止粥湯外溢而設置的。常用炊煮器有銅鍪（móu）、釜、鼎，但具體的功用不一，鼎是熬煮器，宜於熬煮食物，它不能用於灶台。灶台只宜燒草類的燃料，能置放灶眼的是釜、鍪，但也有區別，鍪是短頸深腹的環底鍋，頸腹間有兩耳環，這就可以提取到案上作食具。釜則不同，它可作多種用途，但與甑結合蒸東西則是鍪所不能替代的。

　　漢代嶺南灶具的改革最為典型，早期灶具煙突短，灶身短，灶台上大多只列兩個灶眼，灶門寬大敞開。中期的灶具灶身增長，灶眼增多，蒸食、煮飯、煮水可以同時進行。灶門縮小，以利扯風，煙突增長，以利灶膛進風。灶門還加砌了灶額，形成擋火牆，以阻擋煙灰飛上灶台。晚期的灶，更注意利用熱能，在灶的兩旁嵌有兩排水缸，只要燒灶就能有大量熱水供應。

▲圖3-8　東晉青釉碗，廣東韶關出土

❷·瓷器食具的出現

漢代青瓷食具的出現，是東南飲食文化的一個重要標誌。在廣州漢墓中的東漢後期墓葬中，出土有部分陶器，「胎質堅硬，掛釉勻薄，呈黃白色，釉色瑩潤，有細碎的開片，已接近瓷器。」[1]在廣西梧州和貴縣（今貴港市）的東漢後期墓葬中，出土有不少的青瓷，其中有四耳罐和碗等物，這些青瓷器灰白胎，青釉。廣東省博物館館藏的漢代早期青瓷胎料非常勻細，釉層明亮，釉色有青綠、黃綠、暗灰等顏色。這些新產品的出現，標誌著東南的瓷器生產已開始萌芽，這是飲食文化的重大進步。

在兩晉南北朝時，東南瓷器製作有較大的發展，這一時期瓷器製作成熟，完成了原始瓷向瓷器的過渡。較之陶器，瓷器更為精美，製作技術也更高。隨著生產技術的發展和人們要求的提高，青瓷用品逐漸增多。東南的南北朝墓葬均有青瓷出土，釉色晶瑩，一般以青釉和黃釉為多。和飲食有關的青瓷主要有碗、盤、罐、豆、盆、杯、雞首壺等。雞首壺是這一時期獨特的酒器，它本是越窯、甌窯的產品，雞頭為壺首，雞尾為執柄，造型別緻，以後在東南很流行。這和魏晉時期北方人口大量南遷有重大關係，北方的先進製瓷技術影響了南方。韶關南郊出土有蓮花紋洗，這是印度佛教藝術的圖案，說明了飲食器具的製作，已經從更廣的領域中吸

1　廣州市文物管理委員會、廣州市博物館：《廣州漢墓》，文物出版社，1981年，第395頁。

取經驗。

❸ · 漆器食具的出現

嶺南漆器在漢代能發展起來有兩個有利條件，首先是漆樹較多，這為漆器的製造業提供了豐富的資源；其次是地近楚境，便於吸收楚國最先進的工藝技術。南越國建立後，官營漆器作坊已生產大批漆器，這從南越王墓中的大批漆器殘件可以得到證明。但漆器的真正發展，是在打破了南越國割據自守的狀態之後才形成的。嶺南在漢代有兩個漆器製造中心：廣州和廣西貴縣。廣州西村石頭崗一號墓中曾出土有西漢漆盒，上蓋「番禺」的烙印；廣西貴縣羅泊灣一號墓中也出土了大批漆器，其中耳杯上烙有「布山」字樣。以產地名做烙印，可以推知當時地區性的漆器製造業已在嶺南形成。隨嶺南漆器技術的發展，漆器食具也開始大量出現。嶺南漢墓出土的漆器食具，其彩繪精美華貴，富麗堂皇，花紋明亮，顏色鮮明，圖案的線條流走飛動，飛禽走獸栩栩如生，構圖充滿動感，堪稱上品。

第三節　東南社會各階層的飲食生活

在飲食生活中向來存在著平民飲食和貴族飲食兩個不同的層面，由於南越國的建立，帝王的宮廷飲食首次亮相東南，它大大豐富了東南飲食文化的內涵。不同階層的飲食並非是不可跨越的，它們之間有著對立的一面（奢華與窮困），但亦有著共存的一面（美食人皆好之）。正是各個不同層次的互動和兼收，推動著東南飲食文化的發展。

一、鐘鳴鼎食的帝王飲食

❶ · 南越帝王的珍肴及宮廷飲食管理

漢高祖元年（西元前206年），趙佗建立南越國，自稱南越武王，南越國共經歷了五主，存在93年，對開拓嶺南作出了重要的貢獻。由於南越國的建立，帝王的宮殿在番禺聳起，宮廷的宴會也在南國土地上誕生，這對東南飲食文化的發展無疑是一次歷史的機遇。南越王墓的發掘，使我們看到了昔日帝王飲食的奢華景觀，以及民間少見的飲食珍奇。象崗南越王墓發現有大量的豬、牛、羊、雞等家禽家畜的骨頭，它們是宮廷廚房中不可缺少的肉食。在南越王墓中出土了14種水產品，內有：耳狀耳螺、溝紋筍光螺、青蚶、楔形斧蛤、河蜆、龜足、笠藤壺、真蝦、大黃魚、廣東魴、鯉魚、真骨魚類（未定屬種）、中華花龜等。[1]這說明海產河鮮是南越宮廷宴席上的必備佳餚。還出土有黃胸鵐（俗稱禾花雀）200多只，這些禾花雀都被切掉了頭和爪，即經過御廚的加工才入葬，顯然墓主生前愛吃禾花雀。可見，廣東名菜「香焗禾花雀」早在兩千多年前已是南越宮廷的一道名菜。總之，從六畜到水產，從野味到山珍，還有品種豐富的嶺南佳果，構成了宮廷飲食生活的豐富內涵。

南越國的宮廷中，飲食生活有著嚴密的管理制度。從廣州市1120號、1121號漢墓中出土的三件陶罐及兩件陶甕上均有「大廚」戳印。[2]在廣西貴縣羅泊灣1號漢墓出土的漆器上，有「廚官」銘文，南越王墓西側陶罐內出土有「廚丞之印」的封泥三枚。[3]這證實了南越國設廚官署掌管宮廷的飲食，飲食用器都打有戳印確定某個官員主管；而「大廚」陶器的發現很可能和至今廣州話中的「大廚」一詞有著密切聯繫，據此推斷，「大廚」源自南越國王室屬官，他們親掌帝王的烹調，是南越國宮廷飲食的高級官員。當然，這種說法還有待我們進一步考證。

1　廣州市文物管理委員會編：《西漢南越王墓》，文物出版社，1991年，第463-465頁。
2　張蓉芳、黃淼章：《南越國史》，廣東人民出版社，1995年，第124-125頁。
3　廣州市文化局編：《考古南越璽印與陶文》，廣州博物館，2005年，第73頁。

▲圖3-9　南越王承露盤，廣州出土（南越王博物館提供）　　▲圖3-10　南越王玉雕角形杯，廣州出土（《西漢南越王墓》，文物出版社）

❷ · 奢華的餐具與長生丹藥

　　南越王墓的出土，使宮廷飲食中的奢華餐具和一些珍奇之物得以披露，僅舉幾例，就可窺見帝王飲食的奢華。

　　承露盤。古代帝王迷信，認為飲食天上的露漿能長生不老，故以承露盤去承接天露。這些類似神話的故事，過去人們只能在古籍中猜測，南越王墓的承露盤出土，解開了千古之謎。承露外盤是銅器，在銅盤的口沿上伸出三條銀身金頭的蛇，三個蛇頭銜著一個環，中間放一個玉杯，玉杯承接天露。這個盤上金、銀、銅三種金屬銲接得天衣無縫。其工藝神奇，華貴而詭秘，造型獨特，全國僅此一物，它揭開了帝王飲食天露的真相。

　　玉雕角形杯。這是南越王墓中的玉飲杯，色青綠，半透明，光亮晶瑩，形狀仿犀角，杯面雕有三層紋飾，以卷雲紋環繞全杯，表現了夔龍游太空的生動形象，同時運用了圓雕、浮雕、線雕三種雕刻手法，其造型和紋飾渾然一體，是漢代玉雕的珍品，堪稱中國漢代第一杯。

　　烤燒爐。南越王墓出土的銅烤爐有三個，還配以鐵叉、鐵條等物。銅爐表面鑄有紋飾，爐腔平而深，四角翹起，使燒烤時的鐵串不會掉落爐外，又使炭火集中在爐中心。大的爐子下面還有四個輪子，以便於移動，四角配有小環，以方便吊走。

叉燒、燒乳豬、串燒類等食物就在這種烤爐中燒成。

五色石散。南越王墓中有供帝王服食的五色藥散，古代帝王希望長生不老，常服食術士開出的丹藥，五色藥石便是其中的一種。這些藥物有：紫水晶、雄黃、綠松石、赤石、硫磺，與藥物同時出土的還有銅杵臼。帝王的飲食不僅是山珍與海味，更有長生不老的丹藥。秦漢時期崇尚神仙之說，認為通過吃丹藥、飲天露或修練便可以成仙，當時方士眾多，已開始了尋求延年益壽的靈丹妙藥，秦始皇曾派遣徐福往東海尋長生不老之藥，越王亦希圖通過丹藥去強身健體，延年益壽，這種理念後來發展成為道教的一種追求。嶺南盛產丹砂，故晉代的葛洪在廣東羅浮山煉丹，道教丹鼎派即起源於嶺南。秦漢之際東南地區的貴族服食丹藥，以期達到興奮舒適，飄飄欲仙之感，其實它是有害身體的，類似於當代的吸毒行為。古代丹藥究屬何物，人們難見其實，南越王墓的五色藥散，為當時方士的丹藥找到了實物證據。

帝王是鐘鳴鼎食之家，南越王墓有陪葬的樂師，有大型的編鐘、石磬、琴、瑟等樂器，帝王在飲食進膳之中，都伴有宮廷樂隊的演奏。南越王墓西側室埋葬了7個殉葬的庖廚隸役，墓主室北面是貯放御膳珍饈及各種飲器的庫房。出土的鼎、編鐘、提桶、漆器都表明了帝王之家飲食場面的壯觀與奢華。

二、華貴奢侈的貴族飲食

中國飲食從來存在著貴族與平民兩個等級的不同，東南地區的貴族飲食崇尚華貴奢侈，講究食具，重視菜餚品質。根據兩廣漢墓出土的物品分析，我們可以總結出東南貴族飲食生活有如下特點。

❶·葷菜為主，亦重蔬果

東南漢墓出土有一些較大的陶層房屋模型，這些貴族的住房中多有上下兩層，下層是養豬的豬舍，這說明豬肉已是貴族生活不可缺少的肉品。在墓葬中還藏有

雞、鵝、鴨、牛、羊等陶型器物，能把雞、鵝、鴨、羊等作為日常飲食的常饌，只有貴族之家才能實現。

嶺南地區的大型漢墓中還出土有不少瓜果食物，主要有柑橘、桃李、荔枝、橄欖、烏欖、人面子、甜瓜、黃瓜、木瓜、葫蘆、薑、花椒、梅、楊梅、酸棗等，品種豐富，反映了嶺南貴族飲食亦頗重蔬果，這一飲食傳統一直延續到今天。

❷．湯羹伴食，品種豐富

湯羹伴食為每頓必不可少。漢墓出土的陶鈁、陶瓿（bù），則是專門用來盛裝湯羹的陶器。

《廣西貴縣羅泊灣漢墓》1號墓出土記錄陪葬物的《叢器志》本牘本，有「中土瓿卅」「中土食物五笥」的記載，這是指來自中原的陶瓿三十個和中原的食物五籠筐。此外，蜀地產的枸醬，通過夜郎也可轉輸南越，這都說明東南貴族為滿足奢侈生活，常常從各地輸入食品。東南漆器中常見的果盤盒內有多樣間格，它是用來分別裝盛果脯、蜜餞類食物的間隔。嶺南佳果甲天下，貴族們追求多種零食，作進餐前後的消閒果品。

❸．食具豪華，美食美器

南越貴族十分講究餐具的陳設和佈置，在精美几案上有序地布列不同的器皿，並根據菜式的不同，配以不同的餐具。說明嶺南貴族進食不但追求食物的美味，同時重視進餐的雅緻和精美，以及布局的和諧統一。

漢代東南貴族飲食的豪華還表現在漆器食具的普遍使用。漆器的生產和使用儘管有著悠久的歷史，但製作繁難，造價高昂，當時與尋常百姓是無緣的。嶺南出土的漆器，多出現在帝王貴族的墓葬中，這說明漆器是珍貴的用器。《鹽鐵論》說「一文杯得銅杯十」，這絕不是平民所能用上的器物。廣州漢墓的漆器中有「高樂」等字，這顯然是貴族官僚的名字。廣西羅泊灣漆器中有「胡」「廚」「杯」「土」的銘文。「胡」是人名之器，「廚」是指廚房所用之器，「杯」表示器用物，有如此細緻的管理和分類，更說明豪門貴族之家的飲食器具多用漆器。嶺南飲食漆器種類有

◀圖3-11 南越王銅框玉蓋杯，廣州出土（《西漢
南越王墓》，文物出版社）

杯、盒、盆、豆、盤、案、方盤、匏（páo）形器等。廣西羅泊灣一號墓的漆器中，僅耳杯殘件就有700多件。[1]這些耳杯是專用的飲食器具，從中可以想見當時飲宴的場面是如此之浩大和壯觀。

❹ · 酒器眾多，嗜酒成風

東南貴族的日常飲食必有酒飲，廣州東漢初期墓葬中出土有釉陶提筒，內盛高粱，器蓋上有墨書，「藏酒十石，令興壽至三百歲」，這表明當時的富室貴族嗜酒成風。飲酒自然酒杯之器不可少，兩廣漢墓出土有不少的酒杯，其中有玉器杯、青銅酒杯、漆器杯，像匏型器就是專門用來盛酒的。在冬季還特設溫酒的器具。在廣州河頂出土的東漢後期的銅溫酒樽高29.8釐米，口徑18釐米，是一件造型優美的飲食器具，器具上刻有鳥獸圖紋，並鑲嵌著各種小金屬薄片，上蓋以一精巧的孔雀為紐，做工十分精緻。這表明漢代嶺南飲酒已極為講究，冬季要溫酒而後飲，為了飲酒而製造出精美的酒具，又進一步說明了飲酒在貴族生活中的重要地位。

1　廣西壯族自治區文物工作隊：《平樂銀山嶺戰國墓》，《考古學報》，1978年第9期。

三、「飯稻羹魚」的平民飲食

《史記・貨殖列傳》載:「楚越之地,地廣人稀,飯稻羹魚,或火耕而水耨,果隋羸蛤,不待賈而足,地勢饒食,無饑饉之患,以故呰窳(zǐyǔ)偷生,無積聚而多貧,是故江淮以南無凍餓之人,亦無千金之家。」司馬遷所記可以說明「飯稻羹魚」是東南地區民眾飲食的最大特色,這取決於東南地區是魚米之鄉,水稻是當地農業生產的主產。

❶・日常飲食,「飯稻羹魚」

在廣州漢墓中和佛山瀾石東漢墓中都發現有水田模型和稻穀糧食模型的冥器,這說明飯稻是他們生活中最重要的依賴,而地處江河和濱海地帶的生態環境,有取之不盡的水產資源,在他們的生活食譜中魚是居於第一位的肉類食品,這是自然對東南飲食的厚賜。東南地區天氣炎熱,使他們的飲食中離不開羹湯,因而以魚做鮮美的魚湯已習以為常,也就是說米飯、鮮魚、羹湯是他們日常飲食不可缺少之物。

❷・果木、水產資源豐富

東南地區四時佳果豐足,大自然的恩賜給民眾飲食生活帶來實惠,園圃的栽種,固然培植了各種佳果,而野生果木如龍眼、荔枝、柑橘、梅子等果子也是取之不盡,故說「不待賈而足」。廣州西漢中期的墓葬中出土有不少橄欖,其中有青欖和烏欖。這些果物的出土,證實橄欖為本地的土產果品之一,而且當時的人們已掌握了醃製烏欖的技術,橄欖入饌自秦漢以來就是尋常百姓家的一道美食,此亦說明兩千年前嶺南的飲食已注重開發本土的果木資源。東南地區的水產資源特別豐富,養成了東南人嗜食螺、蜆、蛤蚧、蚌、蚶的習慣,形成富於地方特色的風味飲食。

❸・以陶器為主的飲食器具

與貴族不同,平民的飲食器具大多數是陶器,秦漢時期的陶製廚餐具主要有

▲圖3-12 東漢醬黃釉劃花陶溫壺，廣東佛山瀾　　　▲圖3-13 南越國時期的陶鼎，廣州出土
　　　石出土

甕、罐、鈁、壺、鼎、合、多聯罐、匏壺、釜、甑、匏、簋、罍、杯、碗、耳杯、豆等。這些器物，既有仿青銅器的製品，又有創新的器型，多式多樣的產品表明了製陶工藝分工趨向細緻。

❹・日常勞作風貌

嶺南地區的漢墓出土了不少人物泥塑和冥器模型。水田模型是當時田園勞動的立體圖畫，各種冥器陶屋、陶倉、廩、船台、灶器、井、樓宇等，再現了當時人們的生活風貌。栩栩如生的牛、馬、羊、雞、犬、豕反映了六畜飼養的情況。這些陶塑富於生活氣息，手法自然樸實，不加華飾，用簡樸的線條和藝術造型，直觀地反映出嶺南民眾的飲食風貌。

❺・民族文化融合的積極影響

秦漢時代的東南地區，進入了一個民族融合的新時期，考古發現，東南漢代墓葬融合了中原文化、楚文化、嶺南文化的要素，東南地區從過去的原生型文化變為複合型文化。漢族先進文化的浸潤，改造了東南本土的飲食生活，雖然具體的烹煮細節難尋，但不難想像，中原的調味品、烹調方法以及先進炊具的南傳，自然使東南人的傳統飲食有了新的改革，考古文物為我們提供了豐富的證據。「陶五聯罐」

▶圖3-14 漢代陶井，廣州出土

是嶺南漢墓出土中最具特色的飲食器具，它以五個三足小罐連綴組成，輕巧別緻，用作盛乾果或調味料。如果是用作盛調味料的，推想常用的烹調用料至少有五種之多，這與「五味」相應，標誌著漢代東南普通民眾的飲食生活有了重大的進步，亦體現了中華飲食文化中「和」的思想。

第四節　海上絲綢之路與中外文化交流

一、海上絲綢之路的開通

漢初，中國封建社會進入了一個經濟全面發展的時期。當時寬鬆的經濟政策也為東南商業的發展提供了有利條件。《史記‧貨殖列傳》載，「漢興，海內為一，開關梁，弛山澤之禁，是以富商大賈周流天下，交易之物莫不通，得其所欲。」作為南方一大都會的番禺（廣州），已是國際商貿的中心，《漢書‧地理志》載，「近海處，多犀、象、毒冒（玳瑁）、珠璣、銀、銅、果、布之湊，中國往商賈者，多取富焉。番禺，其一都會也。」

◀圖3-15 漢代陶五聯罐，廣州出土（《銖積寸累——廣州考古十年出土文物選萃》，文物出版社）

　　漢武帝推行開放性的經濟政策，重視對沿海港市的建設，於是徐聞、合浦、交趾、日南等港口城市相繼發展起來。武帝年間，政府組織的遠航印度洋的貿易活動是漢代對外貿易的一大壯舉。當時船隊從大都會番禺起航，經徐聞、合浦、日南等港口遠赴外洋。漢朝使者沿途受到各國人民的熱烈歡迎，對外貿易中，中國輸出的物品主要是絲綢、黃金。中國絲綢以印度沿岸為中轉站，由波斯、阿拉伯、羅馬商人轉運至阿拉伯、埃及，經亞歷山大港，由地中海轉運到羅馬。在途中幾易買主，每過一站，身價倍增，「絲至羅馬，價等黃金，然用之者眾，故金銀乃如水東流」[1]。

　　關於漢代對外貿易的海上交通路線，《漢書・地理志》有記載：「自日南障塞，徐聞、合浦，船行可五月，有都元國，又船行可四月，有邑盧沒國，又船行可二十餘日，有湛離國，步行可十餘日，有夫甘都盧國，自夫甘都盧國船行可二月餘，有黃支國……黃支之南，有已不程國。」專家學者對這條海上絲綢之路作過考釋，基本定為：從徐聞、合浦出發，過北部灣，途經交趾、日南，沿著越南海岸，繞過印度支那半島南端入暹羅灣，順馬來半島過馬六甲海峽到達都元國（在馬來半島），再沿馬來半島西岸北上，到達緬甸的莫塔馬灣沿岸的邑盧沒國（今緬甸勃固一帶），後沿緬甸南岸駛向伊洛瓦底江口的堪離國（今緬甸伊洛瓦底江底三角洲）登岸，經

1　威爾斯：《世界史綱》，商務印書館，1927年，第393頁。

十多日的步行，到達夫甘都盧國（今緬甸卑謬附近），然後坐船沿伊洛瓦底江南下，轉入孟加拉灣，沿著印度半島東岸南行，到達黃支國（今印度馬德拉西南），最後抵達印度半島南部的已程不國（今斯里蘭卡島），然後回航。隨著國際交往的發展，一條國際商業航道被打通了，這就是舉世聞名的海上絲綢之路。

自漢武帝重劃州郡，設交趾刺史部以來，政治中心的西移使經濟布局也發生了變化，合浦、徐聞成為重要的外貿港市。於是番禺—徐聞—合浦—交趾—日南這一東南航線的經濟貿易頻繁。這一商路的開通意義十分重大，它連接了海上絲綢之路，成為中國與東南亞貿易的重要交通線。《梁書‧諸夷傳》記：「漢元鼎中，遣伏波將軍路博德開百越，置日南郡，其徼外諸國，自武帝以來皆朝貢。後漢桓帝世，大秦、天竺皆由此道遣使貢獻」。

從交趾向南也有一條通向印支半島的陸路，這條路自交趾龍編（今越南河內）為起點，南通九真、日南（西卷）直達西漢最南邊極地區象林（今越南廣南維川南茶轎地方），然後延伸至印支半島上的各國。這條道路最早由馬援所開闢，《水經

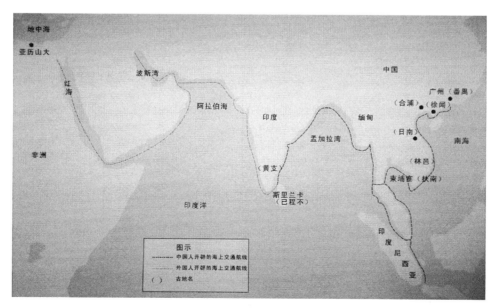

▲圖3-16　漢代海上交通圖（《南海神廟古遺址古碼頭》，廣州出版社）

注・溫水》：「《交州記》曰：鑿南塘者，九真路之所經也，去州五百里，建武十九年馬援所開」。交趾至象林道的開闢，增進了漢朝與東南亞各國人民的友好往來和經濟貿易，是一條十分重要的國際貿易商道。

海外交通在南北朝時有了很大的發展，隨著交廣分治，廣州成為重要的政治中心，同時也上升為南北朝時期重要的對外貿易港口。由於航海事業的發展，中外海舶多取道海南島東岸而直航廣州，使徐聞、合浦的貿易地位衰落，交趾龍編在漢代是嶺南的重要貿易港，至南北朝時已讓位於廣州。廣州對外交往日益頻繁，每年外國進入廣州港貿易的海舶，少則三四艘，多則十幾艘。《梁書・王僧孺傳》曰：「舊時州群以半價就市，又買而即賣，其利數倍，歷政以為常。」《晉書・吳隱之傳》有「廣州包山帶海，珍異所出，一篋之寶，可資數世……」的美談。不少外國商人也紛紛前來東南經商，一九六〇年七月，廣東省文管會在英德洸洸鎮郊石礦嶺發掘到波斯薩珊銀幣三枚；一九七三年，在曲江南華寺東南山坡的南朝古墓中發現九片剪開的波斯銀幣；一九八四年九月，在廣東省遂溪附城區邊灣村也發掘出南朝窖藏的波斯銀幣。這正是東南地區海外交通發展、海外貿易頻繁的重要證物。

二、中外文化交流對東南飲食文化的影響

海上絲綢之路的開拓與發展，使東西方的物品源源不斷地互傳至對方。當時，中國著名的絲織品、黃金、漆器等物像磁石般吸引著西方商人，進口的商品則主要是香料、珠璣、翠羽、犀角、象牙、玳瑁、琉璃、琥珀、瑪瑙、玻璃，以及歐亞地區的一些手工藝品。這些物品小部分來自歐洲、阿拉伯和印度，大部分來自東南亞。中西方貿易的興起使東西方文化有了初步交流，增進了雙方的瞭解，而不少與飲食有關的物品輸入，在一定程度上又促進了東南地區飲食文化的發展。

❶・茉莉花的引進

《南方草木狀》記：「耶悉茗花、茉莉花，皆胡人自西國移植於南海，南海人憐

其芳香，競植之。」這些花早在陸賈（約西元前240-前170年，西漢思想家、政治家）出使南越國時即已見到。茉莉花味辛、甘，性平，能化濕和中，理氣解鬱，可泡茶或煎湯服，且有很好的食療作用。茉莉花大量移植東南，對本地區以後茉莉花茶的興起與發展起到了奠基作用。

❷·香藥的引進

香，在中國的使用歷史悠久，早在遠古時期，先民已懂得在祭祀中燔木升煙，告祭天地諸神，這是後世祭祀用香的先聲。西周春秋時期，燃「蕭」（即香蒿，香氣明顯的蒿）已廣泛用於祭祀之中，「蘭」（多指蘭草）「艾」「蕙」「芷」「桂」「柏（松）」等芳香植物也備受推崇，《詩經·大雅·生民》載：「取蕭祭脂，取羝（dī）以軷（bá）」。此時期，香開始走進百姓日常生活中，佩戴香囊、沐浴香湯等開始出現，至戰國已在一定範圍內流行開來。香囊、香草既有美飾、香身之用，又起辟穢防病之效，在潮濕炎熱、瘴癘盛行的南方此風尤盛，如屈原《離騷》有云：「扈江離與辟芷兮，紉秋蘭以為佩」。同時，香也開始作為藥材用於中醫之中，灸火芮、燔燒、浸浴、燻蒸等芳香療法興起。戰國時期熏爐的出現促進了生活用香範圍的擴大，西漢生活用香有了躍進式的發展，薰香在各地王公貴族中已廣泛流行。香在貴族階層的盛行進一步推動香的普及與發展，自此，「香」氣逼人，兩千多年長盛不衰。

東南地區自古產香，《齊民要術》引《異物志》即有沉香（木蜜）的記載，漢武帝時本地區沉香已進入中原。漢代以來香的大量使用促使了香的需求增大，然由於本地香的種類與數量的不足，遂使海外（東南亞、中東等）香藥大批販至東南，如丁香（雞舌香）、青木香、藿香、艾納香、蘇合香、楓香、迷迭香等。《南州異物志》載，雞舌香「出杜薄州」。受中原文化的影響和海外香料的大量傳入，此時期東南地區生活用香的習俗也得到很大推廣，居室薰香、衣被薰香、宴飲用香等，廣州漢墓出土的眾多熏爐進一步說明了香的廣泛使用。不僅如此，香還開始用作香酒、食物香料，並常將香藥用於醫療。隱於廣東羅浮山的魏晉道士、著名醫學家葛

洪非常重視本地區和海外傳入的香料，以及用香藥治病的藥方，如用「青木香、附子、石灰」製成粉末外敷以治療狐臭，用「蘇合香、水銀、白粉」等製成蜜丸內服以治療腹水。嶺南濕熱蚊子多，當地百姓易生瘧疾，葛洪還提出用香草「青蒿」來治療。根據古代醫家的處方，我國科學家於二十世紀七〇年代成功地從青蒿（現稱黃花蒿）中提取出治療瘧疾的特效藥「青蒿素」，現在它已成為國際上最重要的控瘧疾藥之一。

❸ · 珠玉、玻璃的引進

廣州漢墓有較多的串珠出土，這些串珠包括瑪瑙、雞血石、石榴石、煤精、水晶、硬玉、琥珀、玻璃等不同質料，還有迭嵌眼圈式玻璃珠，藍色玻璃碗，綠色玻璃帶鉤和壁（還有黃白色的）。這一時期玻璃的大量進口，對本地區的飲食用具有一定影響。玻璃當時主要用作裝飾，廣州南越王墓中出土的一塊平板玻璃與現代的玻璃幾乎一樣。據瑤家安先生《中國早期玻璃器檢驗報告》：「廣州橫枝岡西漢中期墓（M2061）出土的三件玻璃碗，很有可能是我國出土的最早羅馬玻璃器皿。」同時，進口的玻璃也開始用作飲食器具，「貴縣出土的東漢玻璃碗……與羅馬玻璃成分相符，此外廣西東漢墓葬中多次出土的玻璃，如玻璃碗、玻璃托盞，可能也是羅馬玻璃」。這也說明當時羅馬的玻璃產品，尤其是玻璃飲食器具在漢代東南市場上銷路甚廣。

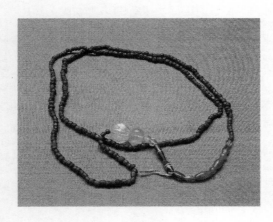

▲圖3-17 漢代玻璃瑪瑙水晶串珠，廣州出土

❹ · 佛教的傳入

西漢末年佛教傳入嶺南，三國吳太平元年（西元256年）外國沙門支強梁接於交州譯《法華三昧》六卷，外國沙門強梁婁至（中國俗稱真喜）在廣州翻譯《十二游經》一卷，這是最早來粵的印度僧人。以後到達東南地區的印度僧人不斷增多，其中影響最大的是梁武帝普通七年（西元526年）天竺國王子菩提達摩浮海到廣州，創建西來庵，廣州至今有「西來初地」的地名為證。以後達摩成為中國禪宗的始祖，對中國化佛教的形成有深遠的影響。佛教傳入東南地區不但帶來了新的哲學思想、文化藝術，也為以後素菜在本地的流行提供了肥沃的文化土壤。

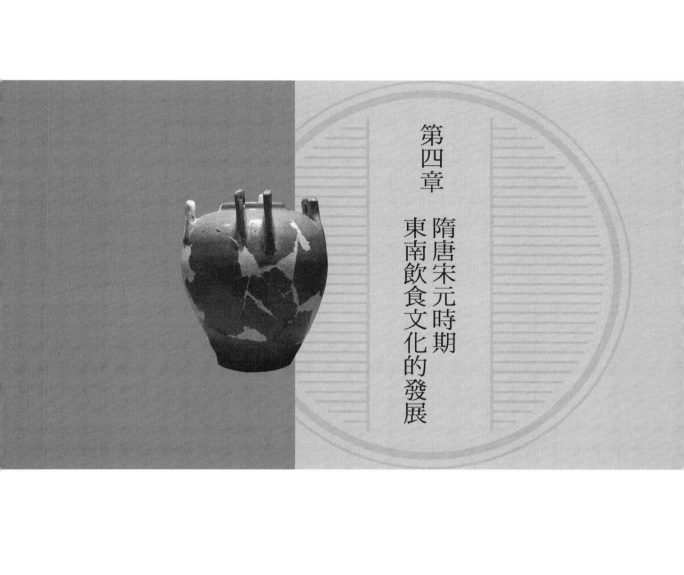

第四章

隋唐宋元時期

東南飲食文化的發展

隨唐以前，東南地區經濟發展落後於中原地區。隨唐時期東南經濟開始有了初步發展，至兩宋，東南經濟文化得到長足的發展，尤其在福建地區。東南經濟文化的發展帶動了本地區飲食文化的興旺。果蔬業、漁業的發展豐富了東南飲食資源，南北農作物的交流改善了東南人民的飲食結構，北方飲食原料與食品的傳入帶動了東南菜系的發展。福建茶樹的廣泛種植和茶葉的精細加工使福建茶盛名遠颺。廣州、泉州兩大國際貿易港的崛起促進了城市飲食業的興旺，與此同時，中外飲食文化的頻繁交流又進一步豐富了東南飲食文化，也對海外飲食風俗產生了深遠的影響。在漫長的歷史發展過程中，兩宋閩粵地區多個漢族民系已經形成，並開始形成自己民系的飲食習俗，而作為廣西人口最多的少數民族壯族初步形成，其飲食文化也別具特色。

第一節　經濟重心的南移促進了東南經濟的發展

秦漢以前，中國的經濟重心在關中地區。西漢時期，齊魯、巴蜀、河南的經濟有了長足發展，江淮、長江以南地區的經濟還相當落後，東南的江西、浙江、福建、廣東、臺灣等地區經濟則更為落後。魏晉南北朝時期，北方戰亂，北方人口大量南遷，有力地推動了江南的經濟發展，中國的經濟重心開始南移。至隨唐，江南經濟繼續迅速發展，唐後期，國家財政已主要依賴江南，所謂「當今賦出於天下，江南居十九」[1]。發展至兩宋時期，中國經濟重心已移到了江蘇、浙江、江西、福建等地區。這一中國經濟的新格局影響著東南地區的經濟發展，飲食文化也隨著經濟的發展局面趨向繁榮。

1　韓愈：《韓昌黎全集》卷十九《送陸歙州詩序》，北京燕山出版社，1996年。

▶圖4-1　南漢時期的青釉夾梁罐，廣州出土

一、唐宋移民浪潮和珠江三角洲的圍墾開發

❶ · 中原移民南遷，於宋至盛

　　安史之亂以後，藩鎮之禍愈演愈烈，中原地區人民為逃避戰火紛紛南徙，形成兩晉以來又一次規模較大的移民潮，特別是黃巢起義後，「天下已亂，中原人士以嶺外最遠，可以避地，多游焉」[1]。北宋末年和南宋末年的金人與蒙古人相繼南侵，又導致了大量中原人民向南遷徙，流散到相對穩定的嶺南。這幾次移民人數多、規模大、時間長、分布廣，對嶺南社會經濟和文化的發展產生了重要而深遠的影響。據王存《元豐九域志》統計，北宋初廣東客戶僅占總戶數13%，北宋後期廣東境內的客戶已占31%。

　　自張九齡在唐初開鑿新道後，大庾嶺成為入粵的主要通道。在向嶺南遷徙的過程中，地處要沖的南雄州保昌縣（今廣東南雄），成為各地士民南下的一個重要中轉站，而珠璣巷在這其中更是起了重要作用。清代大學者屈大均自謂「吾廣故家望族，其先多從南雄珠璣巷而來」[2]。

1　歐陽修：《新五代史·南漢世家》，中華書局，1974年。
2　屈大均：《廣東新語》卷二《地語》，中華書局，1985年。

在嶺南移民史上，中原江南移民的南遷，肇始於秦漢、東晉，興盛於兩宋、明末，而以南宋至為重要。宋室南渡，中原社會經濟和文化重心隨之南移。南宋時期的嶺南地區，正處於一個重大的轉折期。珠璣巷移民的遷入，為嶺南社會經濟的開發和文化的發展提供了主要的推動力。

❷·珠江三角洲的圍墾開發

珠江三角洲是廣東面積最大的平原，它是由西江、北江、東江三江所攜帶的泥沙長期沖積而成的，一般指今三水思賢滘以下、東莞石龍以下的地區，其瀕臨南海，地處亞熱帶，氣溫潮濕，雨量潮充沛，地勢平坦，土地肥沃，水道河汊縱橫。宋代以前，珠江三角洲仍是「煙瘴地面，土廣人稀」之處，開發很少。南漢以後，由於西北江改道，加快了出海口的堆積，海岸逐漸推移到（新會）鯉魚沖、西安、（香山）港口、黃角以及（東莞）漳澎、道滘一線，大大擴展了可耕之地。至宋元時期，三角洲淤積面積大為擴大，許多河流迅速淤淺，造成大片沙田，這為農業的發展提供了大量土地。這一時期中原人口大量南移，他們攜家帶口遷移至人口較少的山區和沿海荒地，既為各地提供了較多的勞動力，也帶來了中原先進的農業技術和大量的資金，對改變廣東人口的布局和地區經濟發展的不平衡狀況，特別是對加快珠江三角洲的開發具有重要意義。

宋元時期珠江三角洲的開發模式主要是築堤圍墾。築堤使河床得以固定，水勢順流，減少泥沙在河床沉積，利於三角洲平原發育，為圍墾提供了更多土地。史

載，北宋至道二年（西元996年），珠江三角洲開始修築堤圍，有先墾後圍，稱為圍田；有不圍而造田，稱為沙田；還有先圍後墾，稱為造田，而其中「圍田」成為平原低地土地利用的重要方式。圍田起初是單個地進行，所築堤圍稱為「私基」，後來為了共同的利益，發展到聯合圍墾，修築的堤圍稱為「公基」，進而又把分散的「公基」連接起來而成大圍。宋代珠江三角洲大規模圍墾河汊、海濱、灘塗和浮露沙灘而成的圍田數量相當多。據佛山地區編《珠江三角洲農業志》的統計：兩宋的三二〇年間，在今珠江三角洲十縣（高要、南海、東莞、三水、順德、中山、博羅、番禺、高鶴、珠海）築堤二十八條，總長66024.7丈（220千米），捍田共24322.41頃。這些堤圍主要分布在西江、北江、東江幹流兩岸，如高要的長利圍、赤項圍、香山圍、竹洞圍等，又如南海的羅格圍、桑圓圍，東莞的東江堤、西湖堤等。在珠江三角洲的前緣還築成了鹹潮堤以防禦海潮。如崇禎《東莞縣志》載，北宋元祐四年（西元1089年），李岩在東莞主持修築了多達十二條的鹹堤，「一障給予之衞惡，一護鹹潮之入侵」，從而使東莞「獲得鹹田千萬頃，至今村落慶豐年」。元代統治者亦較重視農業，尤其注意在廣東沿海修築堤圍，這些堤圍多是在宋代修築的堤圍基礎上加以鞏固和擴大，例如在南海桑園圍之上修築的大路圍，即是使原來分散的堤圍連接起來，提高了工程效益。

這一時期，平原地區耕地開發有了新的突破，葑田在珠江三角洲一帶更加普遍。《太平廣記·番禺》中指出：番禺「海之淺水中有藻荇（xìng）之屬，被風吹，沙與藻荇相雜，其根既浮，其沙或厚三五尺處，可以耕墾，或灌或圍故也，……若桴箋之乘流也，以是植蔬者，海上往往有之」。與唐代不同的是，葑田不僅被闢為菜蔬園田，而且還可以種植水稻，說明耕作技術比前代更為合理。

宋元時期東南地區的築堤墾闢，不僅使海邊新生沙灘多成耕地，就連沿海島丘也有所改觀。北宋時劃為下縣的新會，到南宋已經是「海有膏田沃壤，倉廩舟楫多取給」[1]，從而大大促進了珠江三角洲糧食產量的增長。當時廣州已經成為一個全國

1　謝縉：《永樂大典·廣州府·廣州新圖經》，中華書局，2012年。

性的大米市，宋真宗曾在廣州設置平抑穀價的「常平倉」。從此，珠江三角洲的大米通過海船大量運往閩浙等地，《宋史・辛棄疾傳》曰：「閩中土狹民稠，歲儉則糴於廣」。

二、製糖技術的進步與果蔬業、漁業的發展

在隋唐到宋元這一時間跨度較大的歷史階段，東南地區的經濟獲得了長足的發展，憑藉東南地區特有的生態環境，一些地域特色鮮明的行業如製糖業、果蔬業以及漁業，獲得了迅速發展，進一步豐富了東南的飲食資源。

❶ · 製糖技術水平大幅提高

甘蔗的種植和利用在閩粵有著悠久的歷史。閩粵地區夏秋高溫多雨，光照強，十分適合甘蔗的生長和糖分的積累。唐代，漳州的甘蔗種植頗具規模，及至北宋，開始向泉州、福州推廣，沿海河谷平原種蔗業發達。而廣東的種蔗範圍也很廣，珠江三角洲和潮汕平原是甘蔗的集中產地和高產地區，東江中下游兩岸低田地，多為沖積泥田和沙泥田，也適宜種蔗。元代，珠江三角洲各地幾乎都栽種甘蔗。

唐代，甘蔗種植面積大為擴大，甜味用糖已廣泛普及，原來採用日光暴曬而生產出來的蔗糖質量一般，耗時長，遠不能滿足社會的需求。為此，唐太宗時期政府專門引進摩揭陀國的熬糖法，並選在揚州推廣，[1]受揚州管轄的嶺南東西道生產的甘蔗味甜而多汁，其質量遠比西域摩揭陀國的好。用熬糖法生產出來的蔗糖，人們稱之為「沙糖」（後人又稱為「砂糖」）。其實「沙糖」一詞很早就出現了，東晉大學者陶弘景著《名醫別錄》中有這樣的記載：「蔗出江東為勝，廬陵也有好者。廣州一種數年生，皆大如竹，長丈餘，取汁為沙糖，甚益人。」不過那時由於沙糖還很珍貴，故而這個稱呼並沒有得到廣泛的認可，而是沿稱「石蜜」。沙糖由於其外表

1　《新唐書》云：貞觀二十一年（西元647年），摩揭陀國（印度屬國）「始遣使者自通於天子，獻波羅樹，樹類白楊。太宗遣使取熬糖法，即招揚州上諸蔗，拃（zhǎ）沈如其劑，色味愈西域遠甚」。

為白色霜狀物，因而當時又被稱為「霜糖」。

熬糖法的引進大大改進了中國的沙糖製作技術，提高了沙糖質量，使中國的沙糖生產得到了大幅度的提升。宋元時期，東南地區生產沙糖最為普遍，鄉間紛紛煎汁製作沙糖。福建興化「土人搗以為糖，風亭者為最」[1]。宋梁克家《淳熙三山志》則記載：「糖，取竹蔗搗蒸。」從中我們還可以看出製造沙糖至少需要兩道工序，一是「搗」，二是「蒸」。「搗」是將甘蔗切成小段後放入水碓中搗爛，「蒸」是將搗爛的甘蔗蒸熟，使糖汁流出。這些工序說來容易，實際上很費人工。隨著蔗糖工藝技術的進步和糖類產品的大量生產，及至宋元時期東南蔗糖已不再是貴族富商的專用品，而成為尋常百姓的日常甜味食品。

糖霜又名糖冰，今為冰糖，採用比製作沙糖（霜糖）更高的結晶蔗糖技術而製成。糖霜因製作技術要求更高，因而價格較貴，時人與琥珀、水晶媲美，南宋初年仍為稀奇之物。《糖霜譜》云：「糖霜一名糖冰。福唐、四明、番禺、廣漢、遂寧有之。」福唐即福州的別稱，番禺實指廣州。元代，福建的糖冰製作技術有了很大提高，興化糖冰質量上佳，成為當時人們解暑醒酒的喜好之物。[2]至今，莆田（史稱興化）仍然是中國冰糖的主要產地。

東南地區的白沙糖製作始於福建。《太平寰宇記》載：宋太宗太平興國年間福州貢「乾白沙糖」。這說明白沙糖不僅是當地的特產，而且還是中國最早有歷史記載的固體白沙糖。元時福建南安縣（今屬泉州）老農發明了「黃泥脫色法」來製造白糖，即將黃土覆蓋沙糖，沙糖在黃土的作用下脫色為白糖。[3]黃泥脫色法是一種簡單有效的實用技術，後人不斷效仿，明代工匠在實踐過程中又改進為用黃泥漿的辦法，這使得糖的脫色效果更佳，也大大提高了製糖的效率。

元朝時，由於引進了巴比倫的製糖術，福建蔗農解決了成品糖的凝結問題，使

1　黃岩孫纂，田九嘉重修，黃仲重訂：《寶佑仙溪志》。「蜂糖：土人為之。蜜有三種：石蜜、土蜜、木蜜。」「沙糖，搗蔗為之。」「甘蔗：赤者曰崑崙蔗，白者曰荻蔗，土人搗以為糖，風亭者為最」。
2　洪希文：《續軒渠集》卷六《糖霜》，四庫珍本。
3　何喬遠：《閩書・南產志》，福建人民出版社，1994年。

生產出來的蔗糖不再是稀薄的糖水，而是固體糖塊，從而為糖的輸出帶來了極大的便利。據《太平寰宇記》第一百卷記載：福州土產中有「乾白沙糖」一種，這可說是中國最早有歷史記載的固體白沙糖。但是，當時白沙糖的產量不多。[1]

❷．果蔬業繁榮

東南地區有著天然的氣候優勢，果蔬業繁榮發展。特別是一些具有鮮明地域特色的水果，如荔枝、龍眼、閩橘、檳榔等更是名滿天下。

荔枝，《證類本草》曰：荔枝生長於「嶺南及巴中，今泉、福、漳、嘉、蜀、渝、涪州、興化郡，及二廣州郡皆有之。」就其質量而言，「閩中第一，蜀川次之，嶺南為下」[2]。唐代鄭熊《番禺雜記》記載，廣州南部「荔枝熟時百鳥肥。其名上曰焦核小，次曰春花，次曰胡偈，此三種為美」。「焦核小」「春花」「胡偈」，此三種為上等荔枝，次等荔枝則「似鷩卵，大而酸，以為醢（hǎi）和，率生稻田間」。這說明唐代東南地區已在田間種植荔枝並育出了優良的品種。嶺南荔枝的盛名，引出了一段帝王寵幸妃子的佳話。唐代，楊貴妃嗜好新鮮荔枝，唐玄宗命人日夜兼程從嶺南呈送荔枝進宮，「比至長安，色味不變」，留下「一騎紅塵妃子笑，無人知是荔枝來」的詩句。唐末產於福州、莆仙的荔枝被列為貢品。

作為營養價值較高的荔枝，北宋時已是「閩粵荔枝食天下，其餘被於四夷」，遠銷海內外。當時廣州城東北二十里，漫山遍野皆是荔枝，增城、南海境內荔枝品種更是名聲在外。福州的荔枝種植更加普遍，有的人家充分利用原野或池塘邊的荒地植荔萬株。荔枝成熟後販運至京師、遼國、西夏，於海路則至新羅、日本、琉球、大食等地。元代福州路每年要向朝廷進貢「錦荔枝二十萬顆」[3]。由於獲利頗豐，大大激發了東南人民種植荔枝的熱情，荔枝生產大為發展，「鄉人種益多，一

1　徐曉望：《福建古代的製糖術和製糖業》，《海交史研究》，1992年第1期。
2　唐慎微：《重修政和經史證類備用本草》卷二三，中醫古籍出版社，2010年。
3　黃仲昭：《八閩通志·土貢》，福建人民出版社，2006年。

歲之出，不知幾千萬億」[1]。

龍眼，東南地區的又一名產，「過荔枝後始熟」，又稱「荔枝奴」，果實大小和糖分不如荔枝，但「有大如錢者，人亦珍之。曝乾寄遠，亞於荔枝」[2]。

李、柑、橘、橙、香蕉、枇杷、橄欖、檳榔等東南佳果，不但品種多，而且產量大。梁克家《三山志》記載了宋代福建有35種果品，荔枝有28個品種，柑橘有朱柑、乳柑等23個品種，其中福州的紅橘最為有名，「閩江橘紅」已成為福州一景；至於李，人們多製成李乾銷售，成為福建主要的出口果品之一。橄欖是閩中的又一特產，元朝貢師泰在《玩齋集・興化道中》詠道：「空庭橄欖樹，直桿上參天。時時風撼動，青子落階前。」民間房前栽種橄欖充分說明了元代橄欖已成為當地很普及的佳果。

此外，嶺南人嗜食檳榔，種植亦普遍，海南島是「漫山悉檳榔」[3]，宋代作為商品大量生產輸出境外。

東南地區民間多種蔬菜，種類豐富，多供本地消費。劉屏山有「園蔬十詠」一詩，他所詠及的十種蔬菜是：茭白、芋、韭、瓠、芥、菘、波淩、子薑、蘿蔔、苦益。《三山志》記載宋代福州的蔬菜有37種，其中芋類、甕菜等大眾菜在宋代已很流行，而海藻、紫菜等海洋植物也被列入蔬菜，說明了宋代東南地區已大量食用海上植物。同時，《三山志》還註明：食用海藻可以治療「瘤癧症」（甲狀腺腫大，俗稱「大脖子病」，是缺碘引起的一種疾病）。現代醫學證明：海藻中含有大量的碘，食用可治瘤癧症。這說明，東南地區人民至少在宋代已經發現這一點。

東南多山，竹筍多產其中，每年三月至五六月間，東南村民多入山採筍，又因其「味極甘美」，從而成為東南地區人民春季的主要蔬菜，尤其在福建。若是有吃不完的竹筍，東南人則曬製成筍乾，後成為客家的「八乾」之一。

1　蔡襄：《荔枝譜》，中華書局，1985年。
2　梁克家：《淳熙三山志・土俗三》，文淵閣四庫全書本。
3　周去非：《嶺外代答・花木門》，中華書局，1985年。

❸·漁業發達

　　閩廣地區雨水充沛，江河湖泊較多，且靠近海洋，漁業自古以來就很發達。唐宋時期東南漁業更加發展，據《大德南海志》殘本記載，廣州地區魚類品種就有57種之多，《三山志》在「物產志」中記載了35種魚類和36種軟體動物，《仙溪志》則有選擇地記載了子魚、烏魚、章魚、蠣房、車螯、蛤等6種海產。甚至極為凶惡的鯊魚也常成為漁民的捕捉對象，如《宋史·五行志》中載，紹興十八年（西元1148年），福建漳浦縣漁民「獲魚，長二丈餘，重數千斤，剖之，腹藏人骼，膚髮如生」，這是說漁民捕獲到了吃人的鯊魚。海鮮在東南地區是很普通的食物，泉州人「肥膾海鄉魚」[1]，福州人「盤餐唯候兩潮魚」「魚蝦入市不論錢」[2]，莆田「一日兩潮魚蟹市」。[3]同時，東南人民還多把海魚醃製。醃製後的海魚既味美，又不容易變質，從而極大方便銷往全國各地，豐富了輸入地的食物品種。這些海鮮美味不斷地出現在文人的筆下，像莆田的子魚，因產量不多、味道鮮美而名揚天下，王安石詠其「長魚俎上通三印」，黃魯直詩曰「子魚通印蠔破山」。

　　東南地區還有一種常年生活在船上的漁民，又稱疍（dàn）民，他們多以船為家，從事漁業、運輸業，漂泊於沿海各地，魚是他們主要的食物來源。蔡襄《宿海邊寺》詩云：「潮頭欲上風先至，海面初明日近來。怪得寺南多語笑，疍船爭送早魚回。」他們常用打來的魚和陸上居民交換食物，所以東南沿海一帶的食物既有山珍，又有海味。

1　祝穆：《方輿勝覽·泉州》，中華書局，2003年，第12頁；
2　祝穆：《方輿勝覽·福州》，中華書局，2003年，第3頁。
3　李俊甫：《莆陽比事》卷五，江蘇古籍出版社，宛委別藏本。

第二節　經濟文化交流對飲食文化的推動

一、經濟文化交流與東南飲食文化的發展

唐宋南北經濟文化交流和中外經濟文化的交流，促進了東南經濟文化的興起，同時也給東南地區帶來了豐富的飲食資源，從而對東南飲食文化的發展產生了重要的影響。

❶．各地農作物的交流改變了東南地區人的飲食結構

水稻是我國南方普遍種植的一種農作物，品種眾多，宋代尤其為多，當時福州有早稻六種、晚稻十種、糯十一種。[1]宋朝政府重視農業，提倡各地水稻品種進行交流，於是優良水稻品種得以在各地種植。優良品種推廣最著名的是「占城稻」在各地的種植，對解決我國乾旱地區的糧食短缺問題起了重要作用。

占城稻原為熱帶品種，又稱「占禾」或「早禾」，原產越南中南部，耐旱，省功，「穗長而無芒，粒差小，不擇地而生」，生長期短，自種植至收穫僅五十餘日。[2]北宋初年占城稻首先傳入我國福建地區並栽培成功，成為福建耐旱水稻的新品種，並逐漸成為了福建人民首選的稻種，既提高了福建的糧食產量，又增加了福建人民的主食——大米。後來宋朝政府大力推廣，在長江南北大面積種植，遂成為當地人民的主要口糧。

原來南方農民專種水稻，很少種雜糧，由於水利不發達等原因，使得一部分土地不能合理使用。為了防止乾旱和解決糧食不足，宋朝政府下詔在江南、兩浙、荊湖、嶺南、福建諸州種植北方的粟、麥、豆、黍等旱地作物，對於缺乏此類種子的州郡，則令江北州郡給予。由於南北耕作技術的交流，使得土地得到了合理使用。北宋時期，隨著南方麥、豆、粟、黍的種植面積的逐漸擴大，東南地區人民的飲食

1　梁克家：《淳熙三山志・土俗類一》，文淵閣四庫全書本。
2　脫脫等：《宋史・食貨志・農田》，中華書局，1985年。

結構也逐漸有了較大的改變，尤其是小麥在嶺南的大量栽培有著重大意義。小麥首次引種嶺南還是在唐代，但「苗而不實」，未獲成功。及至宋代北人南遷，仍保持著麵食習慣，麵粉需求擴大；此時中國氣候進入寒冷期，嶺南春溫偏低，於是政府以惠農政策進行推廣，「嶺南諸縣，令勸民種四種豆及粟、大麥、小麥，以備水旱，官給種與之，仍免其稅。」[1]宋代莊綽《雞肋編》記載：「紹興初，麥一斛至萬二千錢，農穫其利，倍於種稻。而佃戶輸租，只有秋課。而種麥之利，獨歸客戶。」於是嶺南廣、惠、潮、循諸州出現「競種春稼，極目不減淮北」[2]的現象。小麥在嶺南的種植，促進了嶺南麵食、餅類等食品的盛行。

東南地區人民也種植大豆，但有些豆類品種卻是從北方或者從國外傳入，如豌豆、蠶豆是由北方傳入東南地區的；再如綠豆，原產於印度，北宋時期傳入中國北方，後又從北方傳入東南地區。據北宋文瑩《湘山野錄》載：「真宗深念稼穡，聞占城稻耐旱，西天綠豆子多而粒大，各遣使以珍貨求其種。占城得種二十石，至今在處播之。西天中印土得綠豆種二石……」。看來政府對優良農作物品種的引進是積極而為的。

❷・各地食品及原料的交流，極大地豐富了東南飲食資源

餅類食物原本是北方麵食文化圈裡的傳統食品，魏晉至隋，所有麵食皆稱為「餅」，唐宋期間，才把水煮的麵條、水餃、雲吞與烤製的燒餅、烙餅、燕餅分開。由於南北方的密切交流，使得當時的嶺南，餅類食物竟達十幾種之多：米餅、蒸餅、胡餅、麻餅、湯餅、夾餅、薄夜餅、雀喘餅、牢丸餅、渾沌餅等一應俱全。米餅，就是現在南方人食用的米粉，據唐代段公路《北戶錄》：「廣州南尚米餅，合生熟粉為之，規白可愛，薄而復肕（rèn），亦食品中珍物也」。蒸餅，就是蒸花捲，「以油蘇煮之，江南謂蒸餅」。胡餅，是用羊肉、蔥、鹽、豉為之，《齊民要術》對此有詳細記載。夾餅，是燒餅夾肉。薄夜餅，是雞肉餡餅。曼頭餅、渾沌餅，即饅

1　徐松等：《宋會要輯稿・食貨》，中華書局，1957年。
2　莊綽：《雞肋篇》卷下，中華書局，1983年。

頭和餛飩。湯餅，是類似熱湯麵的一種煮麵片。麻餅，即胡餅，亦即芝麻燒餅。值得注意的是嶺南地區的高州人製作的麻餅，「高州多採薯為麻餅，絕宜人，味極芳美。方言云，人謂署預為儲是也。」[1]「署預」即「薯蕷」，是大薯和山藥的通稱，高州麻餅的用料可能是大薯。它說明嶺南的麻餅不僅借鑑了北方製餅的方法，且在原料構成上已出現明顯的南方特色。

宋代的廣州已成為南方最大的通商口岸，內外交流頻繁，中外飲食資源紛紛彙集於此。元代陳大震、呂桂孫《大德南海志》：「廣東南邊大海，控引諸蕃，西通牂牁，接連巴蜀，北限庾嶺，東界閩甌。或產於風土之宜，或來自異國之遠，皆聚於廣州。所以名花異果，珍禽奇獸，犀珠象貝，有中州所無者。」傳入的外國菜種，像菠菜、芹菜、黃瓜、胡蘿蔔、苦瓜、蘆筍等，使粵菜初步具有中西合璧的飲食特色。各城鎮交流日益頻繁，也進一步擴大了市肆菜式品種的種類，充實了菜點美食的特色。

此外，一些水果也於宋代從北方傳入東南地區。西瓜出自西域，最先傳入我國新疆地區，唐末五代時期傳入契丹遼國統治區。女真金國滅遼、北宋後，西瓜在中國北部地區普遍種植。南宋建立後不久，西瓜渡淮南下。元代西瓜在南方得以廣泛種植。元代王禎《農書》載：西瓜「種出西域，故名西瓜。一說，契丹破回紇，得此種歸，以牛糞覆棚而種。味甘。北方種者甚多，以供歲計。今南方江淮閩浙間亦效種」。

宜母子，即檸檬，因其汁「解渴水」可製作最佳飲料。檸檬首先從海外傳入廣東，故在廣東得到較大面積的種植。廣州還創置「御果園」兩處，種檸檬以為貢品。原產大食國的棗子，宋代被引種於番禺，有「甜出諸餳上，香居百果前」[2]之譽。波斯棗，出自波斯，四川稱為金果，「色類沙糖」，由波斯商人傳入東南。唐末廣州司馬劉恂到「番酋」家做客，品嚐到此物，皮肉軟爛，有火煨水蒸之味。[3]

1　段公路：《北戶錄》卷二，中華書局，1985年。

2　郭祥正：《青山集·和穎叔於歲棗》，文淵閣四庫全書本。

3　劉恂：《嶺表錄異》卷中，中華書局，1985年。

❸ · 經濟文化的交流與繁榮帶動了東南飲食風俗的變化

唐宋北方士民大量入閩，使昔日落後的佤越之地成為文化發達之鄉，極大地促進了福建的繁榮發展。他們既帶進了中原先進的科技文化，又帶來了北方昌盛的飲食之風和發達的飲食技藝，像刀工的講究、食品的營養和保鮮等，大大豐富了閩菜的內涵，推動了閩菜的發展。

此外，宋元時期商品經濟的繁榮和南北經濟行為的交流，帶來了東南地區廣州、福州、泉州、漳州、興化（今莆仙地區）等城市的繁榮，也使此地區的民俗心理發生深刻變化，在飲食文化上則表現為開始追慕奢華的風習。當時福建的一些繁華城市士民同樣是「食不肯蔬食、菜羹、粗糲、豆麥、黍稷菲薄、清淡，必欲精鑿稻粱，三蒸九折，鮮白軟媚，肉必要珍饈嘉旨、膾炙蒸炮、爽口快意」[1]。這種追慕浮華的飲食風氣在明中後期甚至延伸至鄉村。史載，閩北山區小縣泰寧，出現了「一有燕會，品必羅列，味必珍奇」[2]的奢侈現象。

二、南禪的創立與素菜的發展

素菜在中國有著悠久的歷史。早在先秦時期，人們在祭祀或遇到日月蝕，或遭遇重大天災時，皆有「齋戒」的習慣，那天人們只吃素，不吃葷。但真正獲得發展則是在漢以後道教和佛教的盛行之時。道教追求「長生不老」，為此提倡養生之道，主張人們多吃自然生長的樹木果實、花卉茗茶以及各種新鮮的山菜和野果。作為一種飲食觀念，素菜開始在信奉道教的人群中流行。

佛教在中國內地的傳播與發展進一步促進了素菜的流行。佛教自漢代從印度傳入，至南北朝時非常盛行，上至王宮貴族，下至平民百姓，興起了一股信仰佛教的熱潮。當時的北魏都城洛陽，人口約五六十萬，就擁有佛寺1300多所。南梁都城建

1　陽枋《字溪集‧雜感》，文淵閣四庫全書本。
2　萬曆《邵武府志‧風俗》，刻本，1619年。

康（今南京）亦有寺院500餘所，擁有僧尼十餘萬人。佛教對飲食要求嚴格，主張慈悲平等，禁止殺生，禁止食用葷腥（藏傳佛教除外），提倡素食。數量眾多的信徒使素菜擁有了頗為堅實的群眾基礎。佛教的盛行和素菜的影響漸成氣候，北魏人賈思勰專門在《齊民要術》中特設「素食」類，介紹了十一種素食的做法。

❶·南禪的創立

唐代中國化的佛教——禪宗日益發展壯大，中國的素食文化由此開啟了新的歷程。

禪宗主張通過心的覺悟而進入佛的境界。禪宗初祖達摩於西元五二七年從海道來廣州，在此登岸並建「西來庵」，這是達摩在我國最早傳播佛教之地，稱「西來初地」。從禪宗四祖道信開始形成了宗派。自禪宗五祖弘忍之後，禪宗分為南北二宗，北宗神秀，南宗慧能。廣東新興人慧能所創立的南禪，不僅把嶺南佛學的發展推向了高峰，而且對整個中國佛教思想文化的發展產生了深遠的影響。

慧能主張佛即是心，心淨即佛，見性成佛。這就是說，成佛的途徑不是崇拜神靈，而是心靈的覺悟，是心性的修養，由此創立了與傳統佛教觀念不同的「南禪」。此後，禪宗成為嶺南的主流文化，促進了嶺南思想文化的發展。

南禪在嶺南的創立及向全國發展，使中國信仰佛教的人數大為增加，吃齋的群眾基礎進一步壯大，素菜得到了進一步發展，同時亦使素菜從寺院逐漸流傳至社會。

❷·素菜的發展

東南地區光照充足，雨水充沛，適宜各種蔬菜和菌類生長，為製作各類素食提供了豐富的原材料，這使得素菜的品種和質量得以不斷提高。素菜的主要原料是素油、蔬菜、竹筍、木耳、金針菇及各類豆製品等。

很多素菜不僅營養豐富，而且還有藥用價值，這點又和東南地區濕熱的狀況和講究藥食同源的飲食思想不謀而合。如：豌豆葉，味甘性涼，有清熱去濕、解毒降壓之功效，是嶺南人民喜愛的菜餚原料，像「素炒豌豆葉」「生焗豆葉」等。蒜苗、

春筍、蘑菇、萵筍等，除了自身的風味外，而且都可入藥，有的殺菌強身，有的清熱化瘀，還有的含抗癌物質，對身體大有裨益。萵筍，有清熱涼血、利尿通乳的作用，是嶺南集市的常見菜，廣東人夏天常用「清炒萵筍」起降火之效。春筍，有消食健胃、清熱化瘀之功效。東南多山，山多春筍，唐宋時期春筍已經成為了東南人民尤其是山居人家最常見的菜餚，既有食補之用，又解決了山區每年青黃不接時期食物短缺的問題。蘑菇，可以開胃理氣、清熱悅神、止吐止瀉。現代醫學研究認為，蘑菇有明顯的降膽固醇、降血壓和抗癌作用，而蘑菇又是閩粵菜系常見的菜餚原料。

豆製品是寺院素菜的重要原料，許多名山大刹都有馳名中外的齋菜，其中的豆腐成了眾口稱讚的美食，這在廣東的寺廟中也有很好的體現。如廣東鼎湖山的慶雲寺有自家出色的寺院菜，其中尤以烹製的豆腐最為拿手。

素菜的調料很講究，尤其是在佛寺中，帶辛辣味的如蔥、蒜等是不用的。製作好的素菜一般都有色美、淡雅、潔淨、味鮮的特點，這種菜品特色和閩菜、粵菜講究清淡、鮮美的風格不謀而合。

隨著寺院菜式的逐漸增多，中國素菜漸成氣候，逐漸形成了一個素菜系列，介紹素食的專著隨之出現，如南宋泉州人林洪所寫的《山家清供》和陳達叟的《本心齋蔬食譜》。林洪《山家清供》記載有一百多種食品，其中大部分為素食，包括花

◀圖4-3　北宋清釉軍持，廣州西村窯出土

卉、藥物、水果和豆製品入菜等，還首次記載了「假煎魚」「勝肉夾」「素蒸雞」等「素菜葷作」的諸多烹飪技術。陳達叟的《本心齋蔬食譜》記錄了二十種用蔬菜和水果製成的素食。另外，在一些著作中把素菜單闢一節，出現了專門介紹素菜做法的內容，像宋代吳自牧的《夢粱錄》就收集了當時臨安市面上的素食菜單36款、素糕點26種。這些素菜著作既反映了素菜的發展情況和社會需求，也說了此時期的素菜已經邁上了一個新台階。

素菜在社會上的流行，使得宋代的廣州、泉州等地已出現了專門的素食店。發展至近代，東南地區各大城市都出現了一些很著名的素食館，如福建的「南普陀素菜館」，廣州的「榕蔭園」「菜根香」等著名素食館，素菜佳餚有「南海金蓮」「半月沉江」「石鼓三鮮」「羅漢齋」「炸蹄」等，而「羅漢齋」則是各地素食館必不可少的素食名菜。總之，素菜以其味道鮮美、風格典雅成為中國飲食的一大流派。

三、東南瓷器、茶葉的輸出與海外飲食風俗的變化

唐宋元時期是東南地區與海外經濟文化交流頻繁的時代。唐代，廣州成了東西方貿易的東方中心，是「阿拉伯貨物和中國貨物的集散地」。[1]當時大批與飲食有關的海外珍異和名優土產畢集其間，品種繁多，交易量甚大。唐王建《送鄭權尚書南海》詩云：「戍頭龍腦鋪，關口象牙堆。」陳陶《番禺道中作》詩云：「常聞島夷俗，犀象滿城邑」。

宋代採取對外開放的政策。由於陸上絲綢之路受阻，政府更加重視海上對外貿易，從而促進了東南地區國內外貿易和水陸交通的發展。早在宋太祖開寶四年（西元971年）剛滅南漢之時，北宋政府便首先在廣州設立「市舶司」，管理市舶事宜。此後，又設杭州、明州（今寧波）、泉州等市舶司，並開闢其他市舶貿易點。元代海外貿易範圍擴大，市舶制度臻於完善。宋元時期的海外貿易在中外友好關係史上

1　穆根來、汶江、黃倬漢譯：《中國印度見聞錄》中譯本，中華書局，1983年，第7頁。

書寫著重要的篇章，傳播了中華文明，對豐富我國和海外諸國的飲食文化也起了一定的作用。

❶ · 中國瓷器的輸出

宋元時期泉州繁榮昌盛，通過泉州港輸出的商品種類和數量都比前代增加。其中大部分為生產資料和生活用品，與飲食有關的商品也不少，主要是瓷器、鐵鍋、茶葉、水果、酒、糖等。瓷器歷來是中國最熱門的出口貨物，宋元時期，福建瓷器聲名鵲起，像宋代建陽水吉建窯的黑釉器、泉州的德化瓷等。《諸蕃志》所列的海外諸國，幾乎每一國都輸入泉州瓷器。宋代的「廣瓷」，在中國陶瓷發展史上同樣占有重要的地位，所生產的日用瓷產品碗、碟、壺、盒、盤、杯、盂、罐、瓶、爐等，大量輸往海外。在今西沙群島、菲律賓、印度尼西亞、新加坡、馬來西亞，乃至阿曼等地都發現了廣州西村窯的瓷製品。據元順帝時到過中國的摩洛哥旅行家伊本・白圖泰記載：廣州最大的工場是陶瓷工場，設有專用倉庫和碼頭，製作的瓷器為世界最佳產品，「中國人將瓷器轉運出口至印度諸國，以達吾故鄉摩洛哥」。[1]

陶瓷與人類日常生活密切相關，陶瓷器皿的外銷對改善、豐富和美化當地人民生活有直接影響。像東南亞一些國家，在中國陶瓷傳入之前多以植物葉子作為食器，「飲食以葵葉為碗，不施匕箸，掬而食之」，渤泥國「無器皿，以竹編貝多葉為器，食畢則棄之」。[2]陶瓷輸入以後，提供了精美實用的器皿，尋常人家「以椰子殼為杓，盛飯用中國瓦盆或銅盤」[3]，使東南亞食具得到改善。當時中國外銷東南亞瓷器多為大盤、大碗、小碗、酒海、小罌水瓶及貯水所用的陶甕等日用食器。瓷器具有耐酸、耐鹼、耐高溫的特點，和食物接觸不起化學作用，且不利於病菌的黏附和繁殖，對東南亞人民的飲食衛生與健康作出了較大的貢獻。

1　張星烺編著：《中外交通史料彙編》第二冊，中華書局，1977年。
2　趙汝適：《諸蕃志》捲上，中華書局，1985年。
3　周達觀：《真臘風土記》，中華書局，1985年。

❷.中國茶葉的輸出與茶文化的傳播

兩宋時，通過泉州港口，茶葉大量銷往南洋諸國。當時，福建茶葉尤其是南安蓮花峰名茶（今稱「石亭綠茶」）有消食、消炎、利尿等功效，是出口南亞的重要物資。元世祖忽必烈銳意揚威海外，南洋貿易量更為增加。南洋許多國家把我國茶葉與當地飲食相結合，甚至形成了以茶為菜的習俗，茶成了不可缺少的食物。當時，久居中國的意大利人馬可‧波羅，從泉州起程回國時帶去了茶葉，並著錄於他的《馬可‧波羅遊記》，中國茶從此成為歐洲人所嚮往的飲料。明代隨鄭和七下西洋，茶葉進一步輸出，飲茶習俗在南洋諸國已十分普遍，種茶製茶技術也傳至南洋。以後，南洋生產的茶葉運往歐洲，帶動了歐洲人飲茶之風。茶從中國漂洋過海，走向世界，香溢五洲。

隨著唐宋海外貿易的繁榮，飲茶習俗亦傳至海外。唐代，茶就通過日本僧人從泉州、廣州等地傳至日本。南宋時，久居中國的日本僧人榮西，回國時把中國植茶、製茶、茶道技藝引入日本，並結合禪宗思想，初步形成了日本的茶道技藝。元明之時，日本僧人不斷來華，茶文化進一步傳入日本，特別是明代日本高僧，深得明代禪僧和文人茶寮飲茶之法，結合二者創「數寄屋」茶道，日本茶道儀式臻於完善。

❸.東南地區食品的全面輸出

宋元時期，水果、米、麥、糖、酒均是暢銷海外的貨物。閩廣盛產的荔枝、龍眼，「被於四夷」，遠售新羅、日本與南洋諸國。米運銷三佛齊、單馬令（今馬來西亞）；酒、糖輸往占城、真臘、三佛齊、單馬令；廣州商人廣糴（dí）糧米，運往「海外占城諸蕃出糶（tiào），營求厚利」。[1]適應國內外的需要，釀酒、製糖等食品行業較前代有了巨大的發展，「千家沽酒萬戶鹽，釀溪煮海恩無極」，由此又帶動了釀酒、製糖業新技術的發展，也促進了糖、酒的外銷。這段歷史時期，還有很多

1　黃時鑑點校：《通制條格‧下蕃》，浙江古籍出版社，**1986**年。

與飲食有關的新貨物販往南洋，據《宋會要》列舉，有輸往渤泥及其附近島嶼的酒米、粗鹽等，有輸往麻逸、三嶼等地的鐵鼎、鐵針等。中國商品深受海外各國人民的喜愛。中國商船每次從渤泥回國，渤泥王都要設酒席款待，熱情歡送。[1]中國飲食商品的大量輸出，大大豐富了輸入國的飲食資源，極大改善了當地的飲食狀況，對當地飲食文化的發展起了重要作用。

第三節　唐宋福建的茶葉生產與民間茶俗

　　福建多山，地理環境和氣候條件非常適宜茶葉的生長，尤其在武夷地區。唐代北方士民大量入遷，福建山區得到進一步開發，茶葉開始廣泛種植，製茶技術得到較大提高，福建之茶成為貢品。宋代是福建經濟文化的繁榮時期，茶葉種植遍及武夷，茶葉製造工藝精細，茶具製作非常精緻，福建之茶更是聞名天下。在種茶製茶的歷史長河中，茶葉深深影響了福建人的生活，成為了人們日常生活不可或缺的物品，鬥茶之風隨之盛行，「喊山」習俗開始形成。

一、唐宋時期福建的種茶業

　　福建山川土質肥沃，顏色赤紅，適宜栽培茶樹。唐代福建茶葉已大量種植並成為貢品，陸羽《茶經》載：「嶺南茶產在福州、建州（今福建建陽）、韶州（今廣東韶關）、象州（今廣西象州）」。宋代福建茶葉更是聞名天下，「江淮、荊襄、嶺南、兩川、二浙，茶之所出，而出於閩中者尤天下之所嗜」[2]。福建產茶地以建安茶最有名，建安山川秀美，土地蘊含精秀靈氣，非常適宜好茶的培植，「群峰益秀，迎

1　趙汝適：《諸蕃志》卷上《渤泥國‧麻逸國‧三嶼蒲裡嚕》，中華書局，1985年。
2　黃裳：《演山集‧茶法》，文淵閣四庫全書本。

抱相向，草木叢條，水多黃金。茶生期間，氣味殊美」。[1]建安茶之盛名又以北苑鳳凰山所屬的茶園所製出的茶葉味道最好，次為壑源嶺所產的茶葉。北苑鳳山（位於北苑東溪河的東面，河西面為鳳山）往南直到苦竹園頭，東南至張坑頭，這裡山崗環抱，氣勢溫和秀麗，秋冬多霧，夏無酷暑，「厥土赤壤，厥茶惟上上」，是種茶最好的地方。北苑的茶樹也和別處不同，「皆喬木」，而江浙、四川和淮南「唯叢茭而已」[2]，《雞肋篇》曰：「茶樹高丈餘者極難得，其大樹二月初因雷迸出白芽，肥大長半寸許，採之浸水中，俟及半斤，方剝去外包，取其心如針細，僅可蒸研以成一胯，故謂之水芽。」北苑的茶樹每年初春發芽最早，茶芽也非常豐滿鮮嫩，非一般民間茶樹所能比得上的，趙汝礪《北苑別錄》就稱讚上等北苑茶為「獨冠天下，非人間所可得也」。因為建安茶有名，所以四周的人全都稱自己的茶為「北苑茶」。北苑前邊是條溪流，向北橫過溪流幾里外的地方，那裡所產的茶葉質量就差多了，宋代宋子安《東溪試茶錄》引蔡襄《茶錄》曰：「隔溪諸山雖及時加意製造，色味皆重矣」。

建安不僅有大量的私人茶園，而且有很多官營茶焙，《東溪試茶錄》云：「官私之焙千三百三十有六」。自南唐以來，官府每年都統領六縣的茶農採茶製茶。宋太祖建隆之後，環繞北苑附近茶焙所製的茶葉進獻給皇上，範圍以外的茶焙全都還之於民以應付茶稅。宋太宗至道年中，免除了五縣茶農在官府統領下採茶造茶的徭役，專用建安一縣的民力來滿足維持官焙，這種辦法極大地促進了福建茶葉的生產。據《宋會要輯稿》載：乾道年間（西元1165-1173年），福建路榷茶共計1037885斤10兩。

建安茶葉的盛名使得當地每年製茶剛剛開始的時候，便有商人紛至杳來，有的甚至事先給茶農留下現錢進行訂購。儘管這裡茶葉的產量頗大，宋神宗元豐七年（西元1084年）建州「歲出茶不下三百萬斤」[3]，但因茶葉質量好，每年仍不能滿足

1　宋子安：《東溪試茶錄》，中華書局，1985年。
2　沈括：《夢溪筆談》，岳麓書社，1998年，第203頁。
3　徐松等：《宋會要輯稿》，中華書局，1957年，第5447頁。

客商的需要，所產的片茶「最為精潔，他處不能造」[1]，更是暢銷全國。

武夷山是福建的另一名茶產區，這裡的土壤、氣候等自然條件非常適宜茶樹的生長，茶業的栽培歷史悠久。武夷茶「始於唐，盛於宋元，衰於明，而復興於清」[2]。雖然宋代的范仲淹、陸游、蘇軾等大文豪多曾謳歌武夷山茶，但當時福建最好的茶葉仍是被譽為天下之最的北苑茶，武夷茶尚不能與其媲美。元大德六年（西元1302年），元政府設「御茶園」於武夷山九曲溪，採武夷岩茶焙製成龍團貢茶，自此武夷茶地位迅速上升，與北苑茶並稱，之後便逐漸取代了北苑茶。

二、茶葉加工和茶具製造

「建安茶品甲於天下，疑山川至靈之卉，天地始和之氣，僅此茶矣。」[3]建安茶葉的盛名除了本地區優良的地理環境外，還在於建安茶農創製了一套先進的採茶製茶方法。

❶ · 建茶精細的加工工藝

宋代福建建安茶葉的生產工序主要有六道：採茶、揀茶、蒸茶、研茶、造茶、焙茶，而且非常講究時節和精細的工藝。

在初春氣候較溫暖的年份，茶樹於驚蟄前十天開始發芽，初春氣候較寒冷的年份，則在驚蟄後五天開始發芽。過早發芽的茶葉氣味都不佳，唯有過了驚蟄後發芽的茶葉才最好。民間常以驚蟄作為準備採茶的時機，多數茶焙採茶要比北苑晚半個月，距離北苑越遠，採茶時間就越晚。採茶的最佳時機一般都要選在清晨，不能等到太陽出來後去采。太陽升起後，露水已被曬乾，葉芽乾癟了許多，茶芽中的油汁

1　脫脫等：《宋史·食貨志·茶法》，中華書局，2012年。
2　《民國重修崇安縣志·物產》，方寶川、陳旭東主編：《福建師範大學圖書館稀見方志叢刊》北京圖書館出版社，2008年。
3　丁謂：《北苑茶錄》，中華書局，1985年。

也消耗不少，此時採摘的茶葉蒸製加水後顏色很不鮮明，「晨則夜露未晞，茶芽肥潤」[1]，因此清晨採摘的茶葉最佳。凡是掐斷茶芽，一定要用指甲而不宜用手指。用指甲掐斷時，速度要快，這樣才不會使茶芽受到揉搓而變暖；用手指掐斷時若是速度慢，則易使茶芽被揉搓而升溫，從而受到損傷。宋代福建人對採茶時節和採茶指法的講究，反映了他們從茶葉生產的第一步就開始了對茶葉品質的重視。

茶芽採摘後即進行揀芽和漂洗。建安人講究茶餅的等級，而茶葉原料的等級又決定了茶餅的等級，所以揀茶環節非常重要。選擇的茶芽要精良，鮮嫩多汁，泡出來的茶水才會甘甜清香，茶湯呈粥面狀，茶葉也不易散開。

揀過的茶葉經多次漂洗後進入第三道工序──蒸茶。蒸茶芽要蒸熟但不能太熟，否則會影響茶湯的顏色。

蒸茶後就要研茶，但建安茶在研茶前還要多做一步，即榨茶，因「建茶之味遠而力厚」，不榨盡茶葉中的汁液，就會使茶湯顏色混濁，飲用時會有草木的氣味。這也是建安茶葉與其他地方茶葉的不同之處。研茶，是把榨好的茶葉和水研成茶末，茶末越細品質越好。

研好的茶末放入樣式各異的棬（quān）模中製作茶餅，即「造茶」，而建安貢茶所用棬模多數刻有龍鳳圖案，製出後稱「龍團鳳餅」。

焙茶，是製茶的最後一道工序，即用火把茶餅烘乾。建安人非常重視焙火的材料和火候，貢茶多用火力通徹且無火焰的炭火，若用其他原料焙火則要注意火候和煙，否則烘烤時茶葉被煙熏壞就會破壞其中的香味。[2]

宋代茶葉以外形分為兩大類，《宋史・食貨志下》：「茶有二類，曰片茶，曰散茶。」片茶，是壓製成塊狀的固形茶，散茶，是沒有壓製的散條形茶葉。建安茶葉是片茶，但又比其他地方的片茶多了一道工序，即研茶，「片茶蒸造，實棬模中串之，唯建、劍二則既蒸而研，編竹為格，置焙室中，最為精潔，他處不能造」。這

1　趙汝礪：《北苑別錄》，中華書局，1985年。
2　宋子安：《東溪試茶錄》，中華書局，1985年。

種既蒸而研的茶又稱為「研膏茶」，始於唐代。南唐皇帝統治時下令北苑製造貢茶。宋代熊蕃《宣和北苑貢茶錄》陳述建安茶園採焙入貢法式，其文曰：「*初造研膏，繼造蠟面。既有製其佳者，號曰京鋌。*」「*又一種號的乳。按：馬令《南唐書》，嗣主李璟命建州茶製的乳茶，號曰京鋌。蠟茶之貢自此始，罷貢陽羨茶。*」由此可知，蠟茶又是在研膏茶的基礎上進一步加工而成。宋代建安蠟茶技術得到了進一步發展，蠟茶製造技術全國一流，從此蠟茶成了建茶另一名稱。史載：「*建茶名蠟茶，為其乳泛湯麵與熔蠟相似，故名蠟麵茶也……今人多書蠟為臘，云取先春為義，失其本矣*」[1]。

建安蠟茶，又屬「北苑第一」，而北苑官焙貢茶最初製造的貢茶品種為大龍團、大鳳團，宋仁宗時又新造了兩種新茶，命名為小龍團、小鳳團，所以北苑官焙貢茶又常常被稱為「團茶」。「*本朝之興，歲修建溪之貢，龍團鳳餅，名冠天下，而壑源之品，亦自此而盛。*」[2]宋代建安北苑所生產的龍鳳團茶天下聞名，是文人學士夢寐以求得珍品，歐陽修《歸田錄》說：「*茶之品，莫貴於龍鳳，謂之團茶。凡八餅，重一斤。慶歷中，蔡君謨為福建路轉運使，始造小片龍茶以進。其品絕精，謂之小團，凡二十餅，重一斤。其價直金二兩。然金可有，而茶不可得。*」

北苑貢茶的盛名極大地推動了宋代的文人學士對茶的關注與探究，各種有關福建製茶、品茶等內容的專著相繼問世，如福建人蔡襄的《茶錄》、宋子安的《東溪試茶錄》、黃儒的《品茶要錄》、熊蕃的《宣和北苑貢茶錄》、趙汝礪的《北苑別錄》等，至於吟誦茶性的詩詞更是極多，從而使茶的文化形象不斷提升，茶的文化內涵逐漸明確。

❷·完備而精緻的茶具

茶具在茶藝活動中占有極為重要的地位，是茶文化精神內涵的重要載體。福建製瓷業自古以來就很發達，宋元時期更是達到極致，德化窯、磁灶窯、建窯、閩清

1　程大昌：《演繁露續集·蠟茶》，中華書局，1991年。

2　趙佶：《大觀茶論》，中華書局，1985年。

▶圖4-4　北宋福建建陽窯兔毫盞

窯等生產的瓷器名揚天下，尤其是德化窯的瓷器。而此時期福建茶葉的盛名及飲茶習俗的盛行，促使福建茶具的生產量多且精。

　　唐宋時期福建茶具與全國大致一樣，有茶焙、茶籠、砧椎、茶鈐、茶碾、茶羅、茶盞、茶匙、湯瓶九類。

　　茶焙、茶籠是藏茶用具。茶焙是用竹子編製的內放炭火的竹籠，頂部有蓋，中間有間隔，「茶焙編竹為之，裏以蒻葉，蓋其上以收火也，隔其中以有容也，納火其下，去茶尺許，常溫溫然，所以養茶色香味也」；茶籠是用蒻葉編製而成的，不需火，將茶餅用蒻葉密封包裹後裝在籠中，放在高處時期「不近濕氣」[1]，雖然茶籠沒有密封，但茶餅本身已被蒻葉緊密包裹，實質上是密封藏茶，此法流傳後世並不斷改進而演變為現在的密封藏茶法。

　　砧椎、茶鈐、茶碾為碾茶用具。茶鈐，是用竹夾或金屬製造的夾子，起夾茶餅在火上炙烤的作用，是碾茶前準備工作的附屬輔助用具，元以後基本不用。砧椎，是用來將茶餅敲碎的茶具，「砧以木為之，椎或金或鐵，取用便用」。茶碾，用銀或鐵製成，「黃金性柔」，銅和石頭「皆能生鉎（shēng，鐵鏽）」，不好用。[2]南宋末年隨品茶方式的改變，碾茶用具也不再被人們認作是茶藝用具。

1　蔡襄：《茶錄》下篇，中華書局，1985年。
2　蔡襄：《茶錄》下篇，中華書局，1985年。

茶羅，是用來篩勻碾碎成末狀茶葉的羅茶茶具，「以絕細為佳」。湯瓶，是盛水並煮水的瓶器，大腹小口，「小者，易候湯，又點茶，注湯有准」，黃金製品為上，民間常用銀、鐵或瓷器製成。[1]

茶匙和茶盞，是點茶、飲茶的茶具。茶匙，呈匙勺狀，要有重量，使「擊拂有力」，同樣「黃金為上，銀、鐵次之，竹者輕，建安皆不用」。茶盞，即茶碗，宋代點茶、鬥茶常用「兔毫茶盞」，而這尤以建安黑釉盞最為名貴。宋代福建建窯生產的黑釉兔毫茶盞稱「兔毫天目」，「紋如兔毫、其坯微厚」，[2]風格獨特，上大下小，胎體厚重，釉色黑清，盞底有放射狀條紋，銀光閃現，異常美觀，釉里佈滿兔毛狀的褐色花紋，樸素雅觀。宋代流行飲用建茶，建茶又以純白色為上品，以黑盞點白茶，黑白相映，易於觀察茶面白色泡沫湯花，最能體現建茶的特點，也成為宋代點茶鬥茶茶藝的標誌性茶具，故名重一時。蘇軾稱頌此茶盞為「來試點茶三昧手，忽驚午盞兔毛斑。」黃庭堅則讚歎道：「兔褐金絲寶碗，松風蟹眼新湯。」日本人圓珠蘊藏的「油滴天目茶碗」已作為「國寶」珍藏起來。

三、茶與民眾的社會生活

中國是茶的故鄉，是茶的原產地。唐以前，飲茶習俗只流行於南方。唐朝統一帶來了南北文化的融合，飲茶風尚也從南方擴大到不產茶的北方，茶逐漸被全國所接受。兩宋時期，飲茶習俗進一步深化至各階層日常生活和禮儀之中。此時，上至帝王將相、文人墨客，下至挑夫小販，平民百姓，無不以茶為好。時人楊時云：「二浙窮荒之民，有經歲不食鹽者，茶則不可一日無也，一日無之則病矣。」[3]作為茶葉產量最大和品質最優的產地之一，茶在福建人們生活中占有重要的地位，成為日常生活中不可或缺的飲品，隨之產生了各種與茶有關的社會生活。

1　蔡襄：《茶錄》下篇，中華書局，1985年。
2　蔡襄：《茶錄》下篇，中華書局，1985年。
3　楊時：《楊時集》卷四《論時事》，福建人民出版社，1993年。

作為全社會普遍接受的飲料，唐宋時期茶已經成為招待客人的重要飲品。作為生產名茶的地區之一，福建自然更不例外，以茶待客的習俗遍及全境，「賓主設禮，非茶不交」。鄰里之間也常用「茶水」來招待，茶又成為了鄰里交往的重要手段。

隨著茶的普及，好茶之風的盛行，唐宋福建地區出現了很多經營茶水的茶肆、茶坊，很多貧窮人家甚至以此謀生，由於經營茶水價廉利薄而生計艱難，但卻大大方便了坊間市井民眾的日常生活。洪邁《夷堅志》記載：「福州城西居民游氏家素貧，僅能啟小茶肆，食常不足」。

宋代福建人好茶，朋友鄰里之間喜歡「鬥茶」，又稱「茗戰」，或稱「比茶」，即比試誰家的茶好。「鬥茶」是唐末五代時形成的，流行於福建一帶，是一種新式的地方性習俗，與唐代流傳的爭早鬥新的「鬥茶」內容不同。宋代這種風氣在福建極其興盛，傳播並流行於全國。

「鬥茶」的具體內容有點茶、試茶，基本方法是通過「鬥色鬥浮」來品鑑的，核心是以品評茶質高低而分輸贏。點茶主要是從茶湯色澤來看，「以純白為上，青白為次，灰白次之，黃白又次之」[1]，因為純白的茶是天然生成的，非人力可以種植，數量較少，自然為鬥茶上品，而色調青暗或昏赤的，都是製茶時工序不過關而生產出來的；試茶主要是看茶香和湯餑的消退時間，好茶的香味「和美俱足，入盞則馨香四達」，劣茶則夾雜有其他物品之味，甚至會「氣酸烈而惡」[2]；沖點茶時用茶匙攪拌，茶湯表面會形成一層湯餑。餑，茶湯上的浮沫。陸羽《茶經》：「沫餑，湯之華也。華之薄者曰沫，厚者曰餑，細輕者曰花。」湯餑開始緊貼茶碗壁，不久即會消退並在茶盞壁上留下水痕，「以水痕先者為負，耐久者為勝」[3]，這也成為鑑別好劣茶的重要標準。張繼先《恆甫以新茶戰勝因歌詠之》詩記載了建安鬥茶的情況：

「人言青白勝黃白，子有新芽賽舊芽。龍舌急收金鼎水，羽衣爭認雪甌花。

1　趙佶：《大觀茶論·色》，中華書局，1985年。
2　趙佶：《大觀茶論·香》，中華書局，1985年。
3　蔡襄：《茶錄》上篇《點茶》，中華書局，1985年。

蓬瀛高駕應鬚髮,分武微芳不足誇。更重主公能事者,蔡君須入陸生家。」不過,宋代福建極具特色的鬥茶茶藝延續數百年後,於明朝初年逐漸消失。其直接原因是朱元璋下詔罷貢團茶,使福建建安貢茶失去神聖的光環而逐漸衰落。宋代鬥茶之茶要求榨盡茶葉中的汁液,以求茶湯之色皆白,這樣卻使茶葉在色、香、味各方面與茶葉原本的自然物性相悖,實際上宋代以後的人們千方百計要做到的是,怎樣在製造、飲用茶葉中保持茶葉的汁液和激發茶葉的綠色和原味。

茶既和福建民眾生活緊密聯繫,又給他們帶來了可觀的經濟價值,人們視生長茶葉的茶樹為神靈之物,在福建建陽形成了一種喊山的民俗儀式,在「驚蟄」這一天舉辦,氣勢頗為壯觀。驚蟄是萬物開始萌發的節氣,然在氣候較為溫暖的福建,建陽茶樹卻不同於其他的植物,早在驚蟄的前十日就開始發芽,到驚蟄時就已能開始採摘了。在每年驚蟄之日,凌晨五更之時,幾千人上茶山,一邊擊鼓一邊喊出「茶發芽」之聲,「鼓噪山旁,以達陽氣」,以至數十里外都能聽到。[1]對此,唐宋八大家之一的歐陽修在《嘗新茶呈聖諭》一詩中作了形象的記載:

「年窮臘盡春欲動,蟄雷未起驅龍蛇。夜聞擊鼓滿山谷,千人助叫聲喊芽。
萬木寒痴睡不醒,唯有此樹先萌芽。乃知此為最靈物,宜其獨得天地之英華。」

這種民俗是當地人為感謝茶這種有靈之物而自發組織的一種行為,也希望通過這種儀式來喊醒茶樹發芽,這和海邊漁民出海前要進行海祭儀式一樣,是宋代福建茶民對茶之精神的一種較深層次的認識。

第四節 東方國際貿易港——廣州、泉州

東南地區的廣州和泉州是這一時期著名的東方國際貿易港。隋唐時期是廣州

---

1 脫脫等:《宋史·方偕傳》,中華書局,2012年。

「海上絲綢之路」的全盛時期，也是廣州經濟得以發展的重要階段。廣州成為中國最繁華的港口，商業繁榮，外國商民眾多，為便於僑民管理而設置了「蕃坊」，城市建設已初具規模。此一時期泉州港也開始興起，成為我國重要的外貿港口之一。宋代政府對福建及海上貿易的重視，造就了泉州港的興旺，此時出現了泉州、廣州兩大海港並駕齊驅的局面。廣州城市建設進一步發展，廣州城形成了中、東、西三大區域，建成了地下排水系統，出現了衛星鎮，由此造就了廣州城市飲食行業的興旺。元代泉州港成為中國第一大外貿港，進入空前繁榮時期，中外經濟文化交流頻繁，世界各國商人的遷入，給泉州乃至福建和全國帶來巨大的變化，隨之引起了飲食文化的改變。

一、廣州的繁華與城市飲食文化

❶ · 歷代的東方國際貿易港口

廣州是我國最古老的海港城市之一。秦代和南越國時期，廣州「海上絲綢之路」興起，漢代廣州「海上絲綢之路」已經到達印度。東吳時，廣州正式成立建置，與交州分治。此時期，以廣州為起點，開六朝三百多年海上絲綢之路的興旺時代。隋唐是廣州「海上絲綢之路」的全盛時期，[1]廣州成為了中國最繁華的港口。此時期也是廣州經濟得以發展的重要階段，商業空前繁榮。廣州是唐王朝通往海外的交通中心，是海洋貿易的東方大港。在唐代，廣州就已形成內港和外港，唐中後期廣州沿海貿易特別發達。沿海交通分東西兩線，東線出珠江口，沿循州海岸至潮州，可直航閩、臺、浙及日本；西線亦出珠江口至恩州，走南道海岸可至雷州、海南、欽廉地區及安南。此沿海交通有一個特點，就是商業運輸顯著增多，區際貿易空前活

1　曾昭璇、曾新、曾憲珊：《論中國古代以廣州為起點的「海上絲綢之路」的發展》，《中國歷史地理論叢》第18卷第2輯，2003年。

躍。劉恂稱廣州每歲「常發銅船過安南貿易」[1]，可見沿海商業運輸已經是常態。從廣州通往海外的航線貫穿了南海、印度洋、波斯灣和東非海岸的九十多個國家，是當時世界上最長的遠洋航線，也是唐朝最重要的海外交通線，幾乎包攬了唐朝全部的遠洋交通，成為連接東西方經濟文化往來的重要紐帶，在人類航海史上占有重要的地位。通過這條航路出口的商品以絲綢、陶瓷為大宗，故又有「海外絲綢之路」或「陶瓷之路」之稱。「市舶司」的設置則是廣州海外貿易昌盛的重要表現。

　　唐朝在廣州設置了總管東南海路外貿的專門機構市舶司，同時還建立了一系列的管理制度，其中尤以征榷制度最為重要，唐政府從中獲取了巨大的市舶收入。這是中國封建王朝第一次設置管理對外貿易的國家機構。市舶司在廣州設置後，廣州作為全國外貿中心和國際海洋貿易東方中心的合法地位已確立，甚至於廣州在外國人心中已經成為了中國的代名詞[2]。

　　隨著對外貿易的蓬勃發展，唐代來華的外國商民逐漸增多，他們到廣東後，大多先居留廣州。久而久之，廣州就有較多的外國商民僑居，其中以阿拉伯、波斯商人為多，被稱之為「蕃商」。他們不少人在廣州置田營宅，娶妻生子，長期定居，成為廣州人口的一部分。這些阿拉伯、波斯商人的聚居之處叫「蕃坊」，「蕃坊」出現是廣州對外貿易繁榮的一個標誌。「蕃坊」的日常事務由蕃長主持。蕃長又稱「蕃酋」「蕃客大首領」，其職責為「管勾蕃坊公事，專切招邀蕃商入貢」[3]，建立法規，保護僑商利益。唐末，廣州外僑據說多達十二萬人。十世紀前期的阿拉伯歷史學家麥斯俄迭稱：「廣府是一個大城市，……人煙稠密，僅僅統計伊斯蘭教人、基督教人、猶太教人和火祆教人就有二十萬人。」[4]如此眾多的外國商人居住廣州，使廣州的中外飲食文化得到了廣泛的交融，為東南地方菜的發展提供了良好的條件，為廣州飲食業的繁榮奠定了良好的基礎。

1　劉恂：《嶺表錄異》卷下，中華書局，1985年。
2　義淨：《大唐西域求法高僧傳》捲上，中華書局，1988年。
3　朱彧：《萍州可談》卷二，中華書局，2007年。
4　甘肅省民族研究所編：《伊斯蘭教在中國》，寧夏人民出版社，1982年。

五代十國時期，中原地帶兵禍不斷，導致經濟衰敗、民不聊生。但嶺南在南漢統治之下，經濟卻並未衰落。南漢統治者網羅人才，發展農工商業，尤其重視發展礦冶業、採珠業，旨在「內足自富，外足抗中原」，所積財貨之多「甲於天下」，從而為宋代廣州的繁榮奠定了基礎。

宋元時期，廣州港仍是中國重要的對外貿易港口，是通往東南亞和阿拉伯地區的主要門戶。西元九七一年，廣州設立市舶司管轄繁榮的對外貿易。據《廣州港史》一書統計，當時與廣州通商貿易的國家多達五十多個，反映了廣州港當時海外交往的繁盛。宋代廣州城市發展尤其迅速。廣州的幾任知州先後修築了子城、東城、西城，使廣州城池形成了中、東、西三大區域；建成地下排水系統「六脈渠」，疏濬了內濠，修建了玉帶濠方便了航運，使船舶能駛進避風；廣州城附近還出現了大通、扶胥、獵德、大水、石門、平石、瑞石、白田等「八大衛星鎮」，並始評了「羊城八景」，增加了廣州的吸引力。經貿的興旺造就了飲食行業的興旺。

❷ · 飲食品種豐富，點心製作精緻

宋代廣州人煙稠密，蕃漢雜居，各宗貨物齊集，北宋福州太守程師孟《共樂樓》詩云：「千門日照珍珠市，萬瓦煙生碧玉城。山海是為中國藏，梯航尤見外夷情。」濠畔街是「天下商賈逐焉」的鬧市區。當時廣州各種肉果菜、山珍海味琳瑯滿目，品種眾多。

乾鮮果及其製品：主要有甘蔗、荔枝、龍眼、檳榔、橄欖、枇杷、板栗、冰糖、黑片糖、赤砂糖、白砂糖、糖果，以及「荔枝之脯、橄欖之豉、楊桃之蜜煎者、人面之醋漬者」和糖梅等，尤以荔枝、龍眼為著。

糧、油、鹽及其製品：主要有米、麵、菜油、餅食、粽子、糕點、包子等。

肉類及蛋類：豬、牛、雞、鴨、鵝、魚、海味等。

茶：品種有羅浮茶、鼎湖茶、白毛茶、西樵山茶、古勞茶等。

另外，來自海外進口的高檔餐具（如水晶、瑪瑙、琉璃器皿等）和高檔海味（如南洋的燕窩、魚翅，日本的干貝、鮑魚）等也出現於市場，不過大多數還是供貴族

享用。

唐宋廣州的繁榮促使食品向精細化發展，如廣州人對點心的製作非常講究，例如米餅，用合生熟粉精緻而成，唐段公路《北戶錄》曰：「廣州俗尚米餅，合生熟粉為之，規自可愛，薄而復明，亦食品中珍物也。」団（tuán，同「團」，日本漢字）油蝦，亦乃廣州著名的食品，用煎蝦魚、炙雞鴨等十多種配料合製為餡，美味可口，是富貴之家的日常飲食。

❸ · 飲食場所林立，夜市熱鬧非常

廣州菜以「南食」之名著稱於世。唐宋時期廣州飲食場所林立，既有獨領風騷的酒樓客棧，又有適應中下層食客的中低檔食店，還有流動攤販。酒樓綵樓高搭，店內高朋滿座，氣勢非凡。在鎮南門外有座山海樓，登樓放眼，可見江天海闊，是宴請蕃商的名樓。中小食店雖無酒樓那樣風光氣派，但多為特色經營，憑藉優惠的價格和風味獨特的菜餚，同樣可以招攬很多的顧客。至於沿街串巷流動叫賣的零售熟食攤販，更為隨處可見。今天廣州北京路千年古道遺址以及南宋詩人劉克莊「不知今廣市，何似古揚州」的名句，印證了廣州昔日的繁榮。宋人朱彧（yù）在《萍洲可談》中記載：「廣南食蛇，市中鬻蛇羹。」蛇肉進入市場，被製作成蛇羹出售，吃蛇也已成為市井文化的一部分。各大店鋪之間競爭激烈，為招徠顧客，一方面注重飲食的質量，提高食品的製作水平，另一方面提高服務質量，針對不同的消費者提供不同的飲食和服務，並注意延長營業時間，以擴大自家酒店的名聲。

最突出的是夜市，熱鬧非常，「蠻聲喧夜市」[1]。其中酒鋪是吸引人的消閒場所，多靠服務員招攬生意。當時廣州街道兩旁的「生酒行」，「兩兩羅列」，一間緊挨一間，「皆是女士招呼」。[2]酒的價格也非常便宜，迎合了時人嗜酒的風氣。不少酒鋪自釀米酒出售，允許客人品嚐，從而促進銷售。酒家把酒釀好後，從封壇的泥中鑽一小孔，插入小竹管，顧客便可以從竹管中吸酒以嚐味，稱為「滴淋」。以致「無賴

1　曹寅、彭定求等：《全唐詩·送鄭尚書出鎮南海》，中華書局，2011年。
2　劉恂：《嶺表錄異》卷中，中華書局，1985年。

小民空手入市，遍就酒家滴淋，皆言不中，取醉而還」[1]。所賣酒之品種也不少，靈溪酒和博羅酒特別暢銷。唐代李肇《國史補》卷下記載了唐代天下名酒，其中有嶺南的「靈溪」和「博羅」。靈溪就在樂昌，源出冷君山，以甘泉釀成；博羅酒實指羅浮山的桂花酒。這又說明了唐代嶺南名酒已名揚天下。

❹ · 外地名食傳入，各地風味流行

唐宋時期廣州是當時全國最大的通商口岸之一，內外交流頻繁，中外商人會集。為適應那些外地商人的飲食需要，很多外地名食匯聚，如東坡肉、西湖魚等。「東坡肉」是蘇東坡貶居黃州時所做的一道豬肉佳餚，這道菜入口酥軟且不膩，富含營養，不久傳入廣州，並立即得到廣州人的喜愛，可見廣州飲食文化的開放性。在蕃坊居住的外國人燒製的國外風味菜中，有適合廣州人口味的菜如「羅漢齋」等也流傳開來，從而擴展了廣州人的可食品種。另外，胡人喜食的蔬菜也出現在廣州的餐桌之上。例如，廣州人所說的「蕊」菜實質上就是胡人從西域傳進來的香菜，「蕊香菜，根似菜根，蜀人所謂蒩香。」此外，還有「一莖五葉，花赤，中心正黃而蕊紫色」的建達國佛土菜，「棱類紅藍，實似蒺藜，火熟之能益食味」的泥婆羅國波棱菜，又「狀似慎火，葉闊而長，味如美酢，絕宜人，味極美」[2]的醋菜等，這些都是從國外傳入的。廣州婦女喜歡雕刻水果，把水果加工成花鳥、瓶罐結帶之類的藝術造型，這種做法可能是受外國人的啟示而創造出來的。段公路《北戶錄》云：「梅為槿花所染，其色可愛，今嶺北呼為紅梅是也。又有選大梅，刻鏤瓶罐結帶之類，取椑汁漬之，亦甚甘脆。按鄭公虔云，婆弄迦木出烏萇國，發地從生，葉大如掌，花白而細，絕芳香，子如升大，花披之時，人即雕畫瓦罐承花，候其子長滿罐中，即破而取之，文彩彬煥，與畫罐相類，便以獻王，猶中國鏤梅，諸國所無也。」

在各地名食傳入的同時，中外各地風味食品也流行開來。像廣州當時有本地的

1　李昉：《太平廣記》，中華書局，1978年。
2　包何：《送泉州李使君之任》，《全唐詩》，中華書局，2011年。

煎堆，北方的餛飩、麵食、餅食，佛教的羅漢齋，游牧民族的油餅、胡餅、燒餅等食品，豐富了廣州的吃食。餛飩，四川人又叫做「抄手」，於漢代在北方發明，唐宋都市內多餛飩店，餛飩講究湯清餡細，陸游有詩《對食戲作》，驚嘆餛飩的精緻，「春前臘後物華催，時拌兒曹把酒杯，蒸餅尤能十字裂，餛飩哪得五般來。」自傳入廣州後，經過嶺南廚師進一步發展，後成為廣東很有名的小吃——雲吞。總之，外地飲食對嶺南飲食文化的影響是多方面的，尤其在擴大飲食種類、提高嶺南飲食文化創造靈感方面作用較大。

二、泉州的崛起與飲食文化生活

❶·泉州的崛起

　　泉州早先的郡治在南安。晉代，隨北方士民大量進入福建，晉江兩岸得到了迅速開發。地處晉江下游的泉州發展尤為顯著，地位日益重要，並最終取代了歷史悠久的南安，成為此地區的聚落中心。唐景雲二年（西元711年），設泉州為郡治所在地，從此走出了泉州崛起的第一步。之後，泉州不斷改善自身條件，完善外貿港口條件，發展與外貿有關的區域經濟，大力拓展和內陸腹地的聯繫，並積極招徠外商。唐中後期，泉州成為我國最重要的外貿港口之一，很多外國僑民來此居留，市內出現「雲山百越路，市井十洲人」的盛況。

　　唐末以來，西太平洋沿岸和印度洋沿岸由海路聯結成海上「絲綢之路」，形成中世紀東方世界的海洋貿易圈，這為泉州港的發展提供了全新的發展契機。此時期，國內戰爭連綿，嚴重損害了很多地方經濟的發展，雖僻在嶺南的廣州亦未能倖免。當時王潮、王審知兄弟率領一支數萬人的農民軍由江西南部入閩，攻略城池，隨之占領福州。其後，王審知的兒子王延翰稱帝，建立閩國。在王氏統治的33年間，福建社會穩定。期間北方大量移民，使福建人口大增。內地士民的遷居，「蕃客」由廣州分趨泉州，加之當時統治泉州的王氏政權又很注意招徠「蠻夷商賈」，

從而使泉州港蒸蒸日上。北宋初期，泉州已躋身於全國三大海港的行列。

宋代把「海洋裕國」列為國策，實行獎勵海外貿易的政策。在官方鼓勵下，「福建一路，多以海商為業」[1]，造船航海技術在全國處於領先地位，閩船、閩賈活躍於東西洋上，泉州港的海外貿易也因此更加繁榮。北宋中期，泉州已超過了浙江明州，成為僅次於廣州的全國第二大海港。哲宗元祐二年（西元1087年），在泉州設置市舶司，確立了泉州成為重要貿易港的地位，標誌著泉州進入最重要的對外貿易港的行列。

由於宋皇室的南遷建都臨安（今杭州），偏安一隅，杭州成為南宋政治中心和當時國內最繁榮的商業城市。泉州離杭州較廣州更近，再加上泉州港水深避風，港灣眾多，南北往來大小船隻都可以久停，且有很好的淡水供應，於是泉州的地位日益重要，成為與福州、廣州同等的「望州」。當時浙江的瓷器、絲綢等紛紛經泉州出海，外國由泉州去臨安入貢也日益增多，福建本地茶葉更是通過泉州大量出口，泉州市舶貿易發展迅速。

南宋末年，蒲壽庚（穆斯林海商）據城叛宋附元，是對漂泊海上的南宋政權的致命打擊，卻也使泉州在江山易主的過程中避免了一次戰爭的破壞，在關鍵時刻保存了泉州，為元代泉州的繁盛起了巨大的作用。

元初泉州曾一度為福建省治，泉州的地位也迅速上升，泉州的海外貿易也發展到極盛。當時，泉州成為中外各種商品的集散地，從泉州出發做買賣的海船，遠至阿拉伯半島、波斯灣沿岸和非洲東北部廣大地區，與泉州有貿易往來的國家和地區達98個，遠超宋初31個的紀錄。泉州迅速超越廣州成為東方第一大港，是中國與阿拉伯世界經濟、文化交流互動的樞紐。元初，馬可波羅遊歷泉州時，認為這是世界上兩大港口之一（另一是埃及亞歷山大港），阿拉伯、東南亞、印度等幾十個國家在此貿易，商品吞吐量之大令馬可·波羅不可想像。伊本·白圖泰（中世紀阿拉伯探險旅行家）則稱元末的泉州為「世界大港之一，甚至是最大的港口」。海洋商業

---

[1]　蘇軾：《東坡奏議·論高麗進奉狀》，全國圖書館文獻縮微複製中心，1988年。

帶動了區域經濟的繁榮和商品化傾向的擴大，泉州一帶在宋元時期成為我國中古海洋事業鼎盛時期最活躍的區域。

宋元時期泉州港的崛起及繁榮，世界各國商人的遷入，中外文化交流的頻繁，給泉州乃至福建和全國帶來巨大的變化，隨之引起了泉州乃至福建飲食文化的改變。

❷ · 泉州回族的形成及清真飲食文化的流行

泉州城市的興旺與外貿的繁榮，與阿拉伯商人在泉州的經營密切相關。西元7-8世紀，阿拉伯人立國，經過幾十年的領土擴張，便成為世界上最大的帝國。其後，一向重視商業的阿拉伯國王為國用和享受，便振興商業努力發展海外貿易。從此，阿拉伯商人跨出阿拉伯國土奔赴世界各地，不少人從海上泛舟遠至中國，足跡遍及中國沿海，泉州憑藉優越的地理位置成為他們的一個重要落腳點。

唐代泉州為流寓的阿拉伯、波斯來華的僑民、外商開闢專門的居住區，即所謂的「蕃坊」。選其代表人物擔任「蕃長」一職，管轄蕃坊公事。這種制度既便利了蕃客的居止貿易，尊重了他們的風俗習慣，又可擴大招徠，從而大大促進了對外貿易的發展。

宋代，北宋與遼、西夏的常年戰爭，使中西陸路交通完全阻絕，卻促使海上貿易空前繁榮，借海上貿易之力，加上宋政府對「蕃商」的優惠政策，使來華的穆斯林絲毫不減於唐代。隨蕃客居留人數的激增，泉州「蕃坊」的規模已不遜於久具歷史的廣州「蕃坊」，以至「泉南」以「蕃坊」所在而揚名後世。此時期的泉州外商不僅資產相當雄厚，而且對泉州的地方建設也非常熱心，慷慨捐資，勇於助成。阿拉伯商人在泉州留居增多，勢力逐漸擴大，以至時人有「泉仰賈胡」之說，對維繫泉州港的地位起了重要的作用。正由於「泉仰賈胡」，故泉州蕃客的勢力遠較廣州強大，這集中表現在「提舉泉州舶司，擅蕃舶利者三十年」[1]的蒲壽庚及蒲氏家族

1　葉適：《水心先生文集》卷十九《林堤墓誌銘》，民國影印本。

身上。蒲壽庚，祖輩來自西域，因為和其兄平海寇有功而官至福建廣東招撫使，總管海舶事宜，遂成為泉州當地舉足輕重的關鍵人物。元世祖忽必烈平定南宋後，元帝國空前強盛。為揚威於海外，當時擁有海上實力和海外影響的蒲壽庚，和已具相當規模的泉州港，都成了元政府青睞的對象，尤其是蒲壽庚，更是受到元政府的重用。

宋元時期在泉的大食及波斯僑民已至成千上萬，隨之帶來了他們的清真飲食文化，隨宋元泉州回族的形成，清真飲食文化對泉州的飲食產生了相當大的影響。

元代，中國版圖大為擴大，陸路、海陸交通順暢，阿拉伯、波斯以及中亞的穆斯林人士大量來華並定居下來，散居各地並不斷地本土化，逐漸形成了信仰伊斯蘭教的回族，凡有回族聚居之處，就有清真寺的建立，元代伊斯蘭教在我國達到極盛，有「元代回回遍天下」之說。在泉州，執掌當地政權的蒲氏採取許多有利於「蕃客」的措施：建清真寺，推廣清真菜，允許回漢通婚等，對泉州回族的形成和清真菜的流行起著巨大的推動作用。當時的泉州，回漢通婚現象非常普遍，甚至出現世代通婚的現象。阿拉伯人娶漢族人為妻，生下的子女被稱為「半南蕃」。隨著文化的互動、交融，回漢通婚人數的增多，泉州回族人口急遽增加，泉州又被稱為「回半城」「蒲半街」。泉州回族的形成又進一步推動了清真菜在東南地區的盛行。

由於穆斯林習慣以清真寺為核心，維持著共同體式的生活，並嚴守他們的飲食習慣。他們按照伊斯蘭教的規定烹調飲食，是為「清真菜」或「回民菜」。清真菜和素菜一樣已成為中國的一大飲食支流，並流傳至中國各地。

清真菜有自己豐富的內涵。穆斯林對衛生和健康非常重視，清潔乾淨是清真菜的一大特徵，無論是臨時擺設的小攤，還是食肆，每個角落都打掃得乾乾淨淨。同時，穆斯林還有不少關於飲食的禁忌。

《古蘭經》明確指出，准許你們吃一切佳美的食物（第五章第四節），禁戒他們吃污穢的食物（第七章第一百五十七節），《古蘭經》第五章第三節中明令禁止的食物有「自死物、血液、豬肉，以及誦非真主之名而宰殺的、勒死的、捶死的、跌死的、紙死的、野獸吃剩的動物」。教民們對伊斯蘭教的戒律特別重視，嚴格遵守其

規定，並逐步形成一種風俗習慣，宋人朱彧在《萍洲可談》中記：「西域夷人安插中原者，多從駕而南，號色目種，隆準深眸，不啖豕肉……誦經持齋，歸於清真。」伊斯蘭教嚴禁飲酒，此外，對於無鱗的、形狀怪異的魚，以及馬、騾、驢等奇蹄類動物的肉，也在禁食之列。

與佛教徒禁食一切葷腥食物相比，清真菜除上述禁食的食物外，可以食用牛、羊、雞等一些動物。清真菜系以牛羊肉菜為主，這和中國古代西北及東北遊牧民族做菜的方式相近，名饌有全羊席和烤全羊，其他菜式如涮羊肉、烤羊肉片、烤羊肉串、油爆或水爆肚仁、羊肉抓飯等，都是這一菜系的著名美食。但在東南地區的清真菜餚，由於牛、羊的養殖較少，從北方運送又非常不便，故雞、鴨、鵝的比重很大。這裡雞、鴨、鵝菜的清真做法，多受南方各菜系的影響。此外，清真菜的小吃和糕點也很有名。

❸ · 香藥貿易與藥食同源飲食思想的發展

隋唐時期，香料在中國的使用已進入精細化階段，香料的製作和使用非常考究，用香成為當時禮制的一項重要內容，香料的大量需求刺激了香的生產，海外香藥的輸入為解決當時香的不足起了很大作用。《唐大和尚東征傳》記載：天寶年間，廣州「江中有婆羅門、波斯、崑崙等舶，不知其數。並載香藥珍寶，積載如山，舶深六七丈」。發展至宋元時期，生活用香已普及至社會的各個方面，宮廷宴會、婚禮慶典、節日祭祀、客廳臥室、茶房酒肆等場所都要用香，使香藥進口大增。

廣州和泉州是中國最大的兩個外貿港口，在香藥貿易中起了巨大作用，其中大食國是重要的外貿對象。據《諸蕃志》記載，通過兩大港口進口的貨物有龍涎香、沉香、生香、麝香、檀香、降真香、丁香、乳香、黃熟香、安息香、珠貝、玳瑁、檳榔、胡椒、肉桂、高良薑、石脂、硫磺、龍腦、桂皮、琥珀、硼砂、益智子、蘆薈、荳蔻花、沒藥、瑪瑙、阿魏等上百種，其中絕大多數為熱帶香料與藥物，簡稱香藥。宋代政府為此以香藥專賣、市舶司稅收等方式將香藥貿易納入國家管理，使得收入頗豐。

唐朝，香藥除在禮制上廣泛使用外，在醫療養生方面也得到進一步發展。《十斤要方》《千斤翼方》《廣濟方》等唐代醫學著作記載了不少香藥治病防病的處方：「五香丸」（又名沉香丸，用沉香、青木香、丁香、良民、麝香、乳香合成）用來治療「心腹鼓脹」等症，「五香散」治邪氣鬱結等症，「五香連翹湯」治「風熱毒腫」；「五香圓」含在口中可香口、香體，還治口臭身臭，止煩散氣等。這些醫學著作還記載了不少有養顏養生之效的香品；香身香口的丸散（可內服、佩戴或口含），有美容效果的「婦人面藥」（面脂手膏）等。

宋朝官民消費的乳香數量巨大，進口的香料主要是貴族官僚用於祛除穢氣、淨化環境和宗教及祭祀禮儀之用，也作飲食作料、醫藥用品和手工業原料。

宋朝醫學香藥的使用可謂非常普及，各種使用香藥的處方見之於《聖惠方》《和濟局方》《普濟本事方》《易簡方》《濟生方》等各種醫學著作中，直接以香藥命名的處方亦出現，如「蘇合香丸」治療霍亂吐利、時氣閉門瘴瘧，「安息香丸」可治「腎臟風毒，腰腳疼痛」，「木香散」則治「脾臟冷氣，攻心腹疼痛」等症。南宋時泉州名醫李迅，在其《集驗背疽方》中同樣採用了來自海外的木香、沉香、麝香、丁香、乳香、沒藥等配製藥方。唐宋時期香藥在醫學上的廣泛使用對我國中醫藥事業的發展起了重要作用。

在飲食中加入適量的香藥，可使飲料和食品氣味芬芳，有刺激食慾和防腐之功效。宋代富貴人家的酒宴之中還有香宴。據戴埴（zhí）《鼠璞香藥草》載，蘇東坡與章質夫帖云，「公會用香藥，皆珍物，極為番商作賈之苦」，今公宴，「香藥別卓為盛禮，私家亦用之，作俑不可不謹」。紹興二十一年（西元1151年）十月，宋高宗趙構幸清河郡王張俊王府，張俊供奉的御宴物品中，有「縷金香藥一行」和「砌香鹹酸一行」兩道名貴香劑食品。[1]閩菜、粵菜用料廣泛，講究作料，像胡椒、肉桂、丁香等香藥因具有很好的調味之用而被廣泛放入閩粵菜餚之中，既豐富了閩菜和粵菜體系的內容，又推動了東南地區「藥食同源」思想的進一步發展。

1　關履權：《宋代廣州香藥貿易史論》，《宋史研究論文集》，上海古籍出版社，1982年。

胡椒，屬藤本植物，味食香料，味道濃辛、香，性熱，具有散寒、下氣、寬中、消風、除痰之功效，湯、菜均宜。因其味道極其濃烈，故用量甚微，常研成粉用之。廣東人愛煲湯，秋冬季節煲湯常放少量胡椒粉，至於廣東人愛吃的蛇肉更是不可缺少。

肉桂，又名桂皮，即桂樹之皮，屬香木類木本植物。味食香料，味道甘、香，性大熱，燥火，有益肝、通經、行血、祛寒、除濕的作用，一般均與它藥合用，很少單用。廣東人秋冬時節在燒、煮、煨禽畜野獸等菜餚中常放肉桂。

丁香，又名雞舌香，屬香木類木本植物。味食香料，味道辛、香、苦，單用或與它藥合用均可。常用於扣蒸、燒、煨、煮、鹵等菜餚，粵菜、閩菜中也常用到，但因其味極其濃郁，故用少量即可。

在當時影響巨大的當屬在茶葉中加入香藥的「香茶」。宋人日常用茶多是將茶葉蒸、搗、烘烤後做成體積較大的茶餅，稱做「團茶」。加香的團茶有芳香、理氣、養生之功效，所加香藥常見有龍腦、麝香、沉香、木香等，也加入蓮子心、松子、杏仁、梅花、茉莉等。宋真宗寵臣丁謂在福建任官時，在北苑貢茶中加入麝香和龍腦，並刻有龍鳳圖案，初步成就了聞名天下的「龍鳳團茶」。《雞肋編》這樣稱讚：「入香龍茶，每斤不過用腦子一錢，而香氣久不歇，以二物相宜，故能停蓄也。」丁謂也因呈貢此茶給皇上而受重用，曾官至宰相。後來北宋書法家蔡襄進一步改進龍鳳團茶的工藝，以鮮嫩的茶芽製成精美的「小龍團」。每個「小龍團」不到一兩，每年只生產10斤，故價超黃金，成為時人夢寐以求的極品。歐陽修曾稱曰「茶之品，莫貴於龍鳳」，「然金可有，而茶不可得」。香藥入饌一方面體現了中華文化包容並蓄和傳承創新的特色，另一方面也是中華飲食文化藥食同源思想的發展。

另外，從高麗、日本輸入很多與飲食有關的補品與藥材，主要有人參、甘草、薑黃、茯苓等。尤其是高麗人參，滋陰補陽，成為王公貴族喜好的主要進補食品，也成了現在粵菜、閩菜中上等的飲食原料和作料，茯苓也是廣東煲湯的一種原料。

❹‧檳榔的輸入與泉州人吃檳榔的習俗

當時從海南、東南亞輸入的檳榔，帶動了泉州人嗜食檳榔的生活習俗，以至泉州乃至福建民間嚼食檳榔蔚為風尚。泉州詩人林夙詩云：「玉碗竹弓彈吉貝，石灰菁葉送檳榔；泉南風物良不惡，只欠龍津稻子香。」[1]由此可見，啖檳榔已成為「泉南風物」之一。不僅如此，檳榔還成為宋代福建請客送禮的重要佳果。當時用檳榔代茶以招待客人甚為普遍，「自福建下四州（福、興、泉、漳）與廣東西路皆食檳榔，客至不設茶，惟以檳榔為禮」，「東家送檳榔，西家送檳榔。咀嚼唇齒赤，亦能醉我腸。南人敬愛客，依此當茶湯」[2]。人們之間禮尚往來也愛用檳榔作為禮物互相餽贈，「今賓客相見必設此以為重，俗之婚聘亦藉此以為贄焉」，甚至兩家發生糾紛也通過互送檳榔來彼此和解。[3]

宋代福建地區之所以重視檳榔，其原因主要是因為檳榔可以消除瘴氣，起到「驅瘴癘」的功效。李時珍《本草綱目》卷三一《果之三》曰：檳榔「療諸瘧，御瘴癘」。宋代福建樹高草茂，未開發的地區較多，且氣候濕熱，「蒸旱則瘴癘作焉」，「藍水秋來八九月，芒花山瘴一齊發。」明清時期仍是「至山高氣聚久鬱不散則成瘴毒」，因此泉州人「吉凶慶吊皆以檳榔為禮」。[4]

泉州人還盛行喝檳榔酒，檳榔酒稅成為政府重要的財政收入。直至清代，泉州食檳榔的習俗還很普遍，很多繁華街道兩旁販賣檳榔的眾多小攤，堪稱泉州一景。

第五節　東南多個民系的形成及食俗

唐宋東南經濟發展迅速，南北經濟文化交流頻繁，北方士民大量南遷，漢族和東南少數民族的融合加快。伴隨經濟文化的發展，在漫長的民族融合過程中，兩宋

1　黃仲昭：《八閩通志》卷二六《食貨》，福建人民出版社，1989年。

2　周去非：《嶺外代答》卷六《食用》，中華書局，1985年。

3　祝穆：《方輿勝覽》卷一二《泉州》，四部叢刊本。

4　陳壽祺：道光《重纂福建通志》卷五六《風俗·氣候》，福建教育出版社，1995年。

時期東南地區廣府民系、福佬民系、潮州民系、客家民系已經形成，並開始形成自己民系的飲食習俗。古代百越族中的西甌、駱越人逐漸遷移到山區，但仍舊保持著本民族的傳統文化，南宋時期被稱為「僮人」，這就是後來發展演變而成的壯族，並初步形成了有自己民族特色的飲食文化。

一、廣府民系的形成與粵菜的興起

❶·廣府民系的形成

「廣府民系」是嶺南三大民系之一（其他兩民系是潮汕民系和客家民系），也最能代表嶺南的文化特徵，通行粵方言，主要分布在廣東東南部珠江三角洲一帶（含今香港、澳門），以後擴展至粵中、粵西、粵西南和廣西南部，其中珠江三角洲是最具代表性的廣府民系地區。廣府民系的形成首先是以粵語的興起為基礎的。唐代廣州成為世界著名的大港，帶來了廣州的繁榮，與此同時也促使粵語更加規範化和書面化。

唐末宋初，中原戰亂不斷，形成北方漢人遷徙嶺南的高潮。北方士民大部分通過大庾嶺進入嶺南，先在地處要沖的粵北保昌縣（南雄縣）珠璣巷一帶地區居留。像《盧鞭開族瑣記》云：新會全景鄉村「至南宋咸淳五年（西元1269年），由南雄珠璣巷遷至者，約占全邑族之六七焉」。珠璣巷因此與廣府民系的形成和發展的歷史密切關聯。這些從珠璣巷大量南遷而來的士民，構成了廣府民系的主流，他們對嶺南的開發起了重要的作用。一方面，在與當地土著居民的交流融合中，共同開發了珠江三角洲，促進了珠江三角洲的繁榮發展，改變了嶺南「蠻夷之地」「化外之鄉」的狀況；另一方面，帶來了中原地區的先進科技文化，促進了漢文化在當地人民心中的認同，使嶺南的土著人迅速漢化，嶺南人民普遍以中華民族的一分子自居，從而在珠江三角洲一帶逐漸形成了一個以講粵語為基礎的廣府民系。

❷ · 粵菜的興起及其特點

嶺南背山臨海，具有豐富的動植物資源，有著崇尚烹調技藝的民俗民風。唐代，隨廣東城鄉商品經濟發展和日益增多的國內外文化交流，使嶺南飲食繼漢晉以來逐漸形成一個以生猛海鮮為主、山珍野味和河鮮為輔、有著較高烹調技藝的飲食文化圈。兩宋之時，中國的政治經濟文化中心南移，北方人口的大量南移，在繼承前代的基礎上，以廣府為中心的粵菜風格加快發展，自成一派，南味美食也多見於典籍，與川菜、淮揚菜並列為南方三大風味。此時粵菜具有以下幾個特點：

第一，早年間的惡劣生態迫使古越人進行廣泛的食源開發，形成無所不吃之風。嶺南地區屬亞熱帶、熱帶地區，雨水豐富，多山，江河湖泊縱橫交錯，動植物資源眾多，無論天上飛的，地上跑的，水中游的，地裡鑽的，嶺南地區基本上是應有盡有。嶺南開發較晚，在古代是蠻夷之地，生存條件極為惡劣，到處是雨林、沼澤，遍地是毒蛇、猛獸。一直到北宋時期，嶺南地區仍是貶謫流放官員的地方，除少數幾個城市外，居住較多的人仍是古越族後裔。在那樣惡劣的環境中生存，居住此地的古越人不得不進行廣泛的食源開發，自然造就了越人敢吃、會吃、愛吃、能吃的習性。唐人劉恂《嶺表錄異》詳細地記錄了嶺南人好食野味的習俗：鴞（xiāo）（貓頭鷹），用以製鴞炙；孔雀，用以製脯、臘；鷓鴣，用以製羹、脯等。廣府民系在形成過程中繼承了古越人的這種食俗。

唐宋時期北方士民為避戰亂而紛紛南遷，長途輾轉跋涉，所帶糧食不多，為了生存，在路上就已是見者能吃即吃。到達嶺南後，面對環境的惡劣，漢人也只有像土著人那樣生存，再加上漢族和土著通婚，久而久之，也就慢慢適應了這種飲食習慣。周去非《嶺外代答》中進一步記載了廣東人食野成風的食俗：「山有鱉名蟄；竹有鼠名鼬鼺（yóu），鷓鴣（cāngguàn）之足，臘而煮之。鱘魚之唇，活而臠之，謂之魚魂，此其至珍者也。至於遇蛇必捕，不問短長；遇鼠必執，不別小大。蝙蝠之可惡，蛤蚧之可畏，蝗蟲之微生，悉取而燎食之。蜂房之毒，蛅蟖之穢，悉炒而食之。蝗蟲之卵，天蝦之翼，悉炸而食之。」吃蛇肉的風俗尤有發展，當地乾脆把

蛇肉烹製成菜餚、羹湯來出售。朱彧《萍洲可談》記載這麼一則故事：蘇東坡貶至惠州時，如夫人朝雲有次到市肆，看到賣羹的，以為是海鮮，買了一盞來吃。當她吃完得知是蛇羹後，馬上嘔吐出來，「病數月竟死」。朝雲之病究竟是吃了蛇羹後致心臟病發作，還是又患了其他不治之症，尚很難說，不過嶺南人吃蛇，不管有毒無毒都吃。吃蛇肉是要切去長牙的頭和全身的骨，因毒蛇的毒汁在牙骨中，故也就不存在吃蛇中毒的危險。吃野成風的習俗現在廣東人身上依然可以找到不少遺風。

生食鮮活魚蝦原本是中華民族就有的一種飲食習慣，這種吃法由來甚古，《詩經·小雅·六月》曰：「飲御諸友，炮鱉膾鯉。」這裡所說的膾鯉，實質上就是生魚片。由於食用生魚片容易使人得寄生蟲病或腸胃病，不少地方被迫放棄了這種吃法，三國時期的華佗曾反對過生食魚膾。然在嶺南地區，唐代當地土著仍喜生吃生魚活蝦，「南人多買蝦之細者，生切綽菜蘭香蓼等，用濃醬醋先潑活蝦，蓋似生菜，以熱釜覆其上，就口跑出，亦有跳出醋碟者，謂之蝦生。鄙俚重之，以為異饌也。」[1]不難看出，這是一道標準的生猛海鮮，很具有現代粵菜的特色。「生油水母」也是一種用特殊作料加工的名菜，不僅可以食用，而且可以治「河魚之疾」，是嶺南土著人喜愛的一道菜，「以草木灰點生油，（將水母）再三洗之，瑩淨如水晶紫玉，肉厚可二寸，薄處亦寸餘。先煮椒桂、荳蔻、生薑，縷切而炸之，或以五辣肉醋，或以蝦醋，如鱠食之，最宜」。[2]「如鱠食之」就是像吃生魚片那樣，蘸著味道鮮美的五辣肉醋、蝦醋生食。又如生食鯪魚，「廣人得之，多為膾，不腥而美」。唐宋以後，魚生仍風靡嶺南，成為嶺南很有特色的風味佳餚，食用生猛海鮮的習慣至今在嶺南飲食文化圈得到保留，進而成為粵菜的一大特色，究其源是古越人「啖生」遺風流存。

第二，烹飪和製作技藝上，初步形成廣府菜以煎、炒、爆、燒、炸、焗、蒸、煮、煲、醃、鹵、臘為主，講究清、爽、淡、香、酥的特徵；同時較強調菜餚的

---

1 劉恂：《嶺表錄異》卷下，中華書局，1985年。
2 劉恂：《嶺表錄異》卷下，中華書局，1985年。

色、香、味、形的完美結合。粵菜最常用的加工方法是「煲」,「煲」即為微火慢煮,唐朝時嶺南人已經常使用。如「煲牛頭」,「南人取嫩牛頭,火上燖(xún,炙去毛)過,復以湯毛去根,再三洗了,加酒、豉、蔥、薑煮之,候熟,切如手掌片大,調以蘇膏、椒、橘之類,都內於瓶甕中,以泥泥過,微火重燒,其名曰煲」[1],其味甚美。

粵菜善醃鹵臘脯,善燒烤。如「烏賊魚脯」,就是用烏賊魚醃製的魚肉乾,那時的烏賊魚,既多且大,十分容易捕捉。廣府人往往抓住大的烏賊魚用油炸熟,再用薑醋拌之,味道極脆美;或者用鹽醃製為乾,如脯,味道也不錯。嘉魚產於江河入海口,劉恂《嶺表錄異》曰:「嘉魚,形如鱒,出梧州戎城縣江水口。甚肥美,眾魚莫可與比,最宜為鮺,每炙,以芭蕉葉隔火,蓋慮脂滴火滅耳。」「炙象鼻」也是一道燒烤類的菜,即烘烤象鼻肉,肥脆甘美,是象肉中質量最好的,明代謝肇淛《五雜俎》也說:「象體具百獸之肉,惟鼻是其本肉,以為炙,肥脆甘美。」唐代嶺南野象很多,人們捕捉到野象後,爭食其鼻,尤其講究烘烤成「炙象鼻」。嶺南其他知名菜還有蛇羹、飯面魚、五味蟹、燒毛蚶、蟹黃、炙黃臘魚等,[2]都是非常具有粵菜特色的美味佳餚,珍美非凡。當然,古代嶺南人獵野嗜野的習俗造成了嶺南很多野生動物的滅絕,這裡也要提上一筆。

為提高和美化菜餚的顏色、香味、口感和造型,廣府人不僅要在菜餚中加入名貴香料、糖、蜂蜜或天然色素,而且要把菜餚雕刻成花鳥圖案。在宋都京師王公貴族舉行家宴時,一般都會擺放南中女工製作的水果拼盤,原因在於這種水果拼盤不僅清香撲鼻,味道甜美,而且造型奇特。嶺南有一種水果,名叫枸櫞子,「形如瓜,皮似橙而金色,……肉甚厚,白如蘿蔔」,有一股誘人的清香,但味道太酸,根本無法食用,「南中女工競取其肉,雕鏤花鳥,浸之蜂蜜,點以胭脂,擅其妙巧,亦不讓湘中人鏤木瓜也。」[3]這樣一處理,便成為一道酸甜可口、造型優美、顏色鮮

1　段公路:《北戶錄》卷二,中華書局,1985年。
2　劉恂:《嶺表錄異》卷下,中華書局,1985年。
3　劉恂:《嶺表錄異》卷中,中華書局,1985年。

豔，既有食用價值又有欣賞價值的名食。

第三，重視飲食的營養保健功能，注重醫食同源。嶺南地區的濕熱氣候，一方面造就了豐富的動植物資源，另一方面也造成瘴癘之氣，故人多疾病，壽命較短。為有效抵禦疾病對人體的侵害，廣府人在開發飲食的營養保健功能方面進行了多方面的探索，發現了許多有益於人體健康的食品。他們吃「倒捻子」，是因為其可「暖腹，兼益肌肉」；食用蛤蚧，是因為蛤蚧能治肺疾；[1]吃魚生時，喜歡配以山薑，可去腥臊之味，並「以治冷氣」。蛇膽，作為一種常用的中藥食品，對小兒肺炎、支氣管炎、百日咳、急性風濕性關節炎等均有明顯的療效，受到廣府人的高度重視，尤其重視毒蛇之膽，認為它有良好的治病之效，這在劉恂的《嶺表錄異》中都有很翔實的記載。

當時的嶺南地區還有一種保健食品，名曰「團油飯」，其作法是「以煎蝦魚、炙雞鵝、煮豬羊、雞子羹、餅灌腸、蒸脯菜、粉餈、粔籹（jùnǔ，又稱寒具，猶今之饊子）、蕉子、薑桂、鹽豉之屬，裝而食之。」[2]專用於孕婦的補養，這說明廣府人已認識到胎兒的發育對各種營養成分的綜合需要。

檳榔是一種藥用植物，含多種生物鹼，有消穀、逐水、祛痰、滅菌之功效，與嶺南濕熱地理環境相適應，廣州人食檳榔蔚為風氣。唐代「廣州亦啖檳榔」，「不食此無以袪其瘴癘」[3]。宋代尤盛，廣州不論貧富、老少、男女，「自朝至暮，寧不食飯，惟嗜檳榔」，而且還創製了吃檳榔的另一種食法，即把丁香、桂花、三賴子諸香藥加入檳榔，稱為香藥檳榔。有客人問其嗜好檳榔之因，皆回答為「辟瘴，下氣，消食」[4]。可見那時廣州人已懂得檳榔的藥用價值。此種風俗在明代仍然非常風行，明萬曆年間進士王士性南遊廣東，見「俗好以蔞葉嚼檳榔，蓋無地無時，亦無

1　段公路：《北戶錄》卷二，中華書局，1985年。
2　段公路：《北戶錄》卷二，中華書局，1985年。
3　劉恂：《嶺表錄異》卷中，中華書局，1985年。
4　周去非：《嶺外代答》卷八《食檳榔》，中華書局，1985年。

尊長，亦無賓客，亦無官府在前，皆任意食之」。[1]

二、福佬民系的形成與食俗

❶ · 福佬民系的形成

上古以及秦朝時期的福建，一直是土著閩越人的居住地。漢武帝時期，西漢政府統一福建，在閩越之地設立縣治，福建與中原的聯繫從此加強。東漢末年，中原戰亂頻繁，不少逃亡的中原漢民開始進入人煙稀少的閩北之地。經過三國、兩晉、南北朝幾次大規模的北方漢人入閩高潮，福建閩江流域及沿海部分地區社會經濟得到較大發展，也大大促進了土著閩越人的漢化，他們的文化習俗也逐漸融入福建漢人的文化習俗中去。

唐朝前期陳政、陳元光父子率領府兵入閩守戍開漳，對閩南漳州地區的開發作用甚巨。唐中葉以後，大批北方人士南移福建，福建的開發已經具有了一定的規模，民族融合加深。至唐末，由於王潮、王審知領導的農民武裝入閩，割據了福建五六十年。而漳泉兩州在福建內部又形成小割據的局面，兩州之間的政治、經濟、文化交流加強，本來就有很多共同點的兩州民間社會經過整合，在語言習俗、經濟形態、社會心理諸方面更趨一致，一個新的族群——福佬族群也就因而形成了。[2]宋代是福建經濟文化的繁榮時期，也是福佬民系的繁榮壯大時期，除遍及全省之外，福佬人還大量遷徙到潮汕地區，對潮汕地區的經濟文化產生了巨大而深刻的影響。

❷ · 福佬人的食俗

福建古為閩越人居住之地，位於東南沿海，海岸線長，水產豐富，造就了閩越人嗜食魚、蝦、螺、蛤等水產的飲食習俗，和中原有著較大的區別。晉朝張華《博

1　王士性：《廣志繹》卷四《江南》，上海古籍出版社，1993年。
2　謝重光：《福佬人論略下》，《廣西民族學院學報》，2001年5月。

物志》曰：「東南之人食水產，西北之人食陸畜。食水產者，龜、蚌、螺、蛤以為珍味，不覺其腥臊也；食陸畜者，狸兔鼠雀以為珍味，不覺其羶也。」在長期的勞動生產過程中，福佬人沿襲了閩越人嗜好水產的食俗，他們不僅從事海上捕撈，且開始灘塗養殖，把海鮮視為佳餚。時至今日，福建沿海居民嗜食魚、蝦、蛤等水產品成風，與內地居民食性明顯不同，這是上古繼承下來的飲食風俗。

福建同樣具有種植水稻的優越條件，尤其在廈漳泉三角地帶，隨社會經濟的發展，唐宋時期稻米已經成為了福建福佬人的主食。據成書於宋淳熙年間的《三山志》記載，當時福州地區居民主食的稻米品種多達27種，「早稻之種有六：曰早占城、烏羊、赤誠、聖林、清甜、半冬，而烏羊最佳。晚稻之種有十：曰晚占城、白茭、金黍、冷水香、櫛倉、奈肥、黃矮、銀城，黃香、銀朱。而白茭、冷水香最甘香；奈肥，獨宜卑濕最腴之地。糯米之種十有一：曰金城、白秫、黃秫、魁秫、黃栀秫、馬尾秫、寸秫、臘秫、牛頭秫、胭脂秫，而寸秫顆粒最長」。

閩人嗜茶，其種茶有上千年的歷史。南唐時期，閩北已有「北苑御茶園」，飲茶之風為全國最盛。宋代，閩北茶區盛行「試茶」「點茶」等品茶習俗。宋代蔡襄《茶錄》和范仲淹《和章岷鬥茶歌》等，都曾生動地描述了當時閩北建安一帶民間鬥茶的情況。飲茶之風的盛行，最終於明清時期形成了自己獨特的茶文化——功夫茶。

閩臺地區最具地方特色的嚼食檳榔習俗，至遲在宋代的福建民間已成風尚。

福建先民很早就掌握了釀酒技術，並開始形成了飲酒習俗。如福建黃土崙文化遺址中留存的大量充當祭祀和宴飲禮器的酒器和酒明器，正是東南地區早期飲酒習俗的反映。[1] 隨歷史的演進，福建地區的飲酒習俗也逐漸得到發展。宋代福建盛行元日飲屠蘇酒和端午飲菖蒲酒的習俗，「元日飲屠蘇，除日以藥劑如絳囊，置井中，元旦出之，漬酒東向而飲，自幼至長為序，可辟瘟疫」。古人屠蘇酒的配製一般是

---

1 陳龍、林中甘：《試談黃土崙印紋陶器的時代風格和地方特色》，《文物集刊》第三輯，文物出版社，1981年。

將防風、山椒、大黃、桔梗、白朮、桂心、菝葜（qiā）、烏頭（用泡製品）八味藥材切細，裝入絹袋，於年三十沉於井底，元日早晨取出，用黃酒提取其有效成分而製成，可以「辟疫癘，令人不染瘟疫及傷寒」，古人甚至宣稱「一人飲一家無疫，一家飲一里無疫」。[1]最後一說未免誇大，但縱觀全方確有防病健身、健脾開胃、行氣活血等多種功能。這八味藥材經現代藥理研究，對大多數陽性及陰性細菌、部分病毒和螺旋體等40多種病原體有抑製作用；此配方中的防風，可祛風除濕，白朮健脾益氣，山椒溫中開胃，桂心溫中散寒，桔梗溫中消穀，大黃攻積導滯，黃酒不僅是溶劑，尚有活血養氣之功。因此，在除夕之夜，家人團聚，痛飲飽餐，腸胃被油膩之物壅實，飲此酒無疑有調中消食、推陳致新、五臟安和等多種作用。可見屠蘇酒不僅是人們除夕和元日助興的一種飲料酒，也是百姓防病健身的一種藥酒。古人將藥物置井中過夜，不僅使藥材得到了浸潤而軟化，細胞間隙擴張，便於溶劑進出，而且對井水起了一定的消毒作用。端午節時飲的另一種酒是菖蒲酒，酒中的菖蒲可以延年，《淳熙三山志·土俗類》曰：「端午。飲菖蒲酒。李彤《四序總要》云：『五日，婦禮：上續壽菖蒲酒。』以《本草》云：『菖蒲可以延年。』今州人是日飲之，名曰飲續。」而到除夕，則「歲除。饋歲別歲守歲，歲晚相饋，酒食相邀，達旦不眠，蓋閩、蜀同風」。

三、客家民系的形成與食俗

❶·客家民系的形成

客家是漢民族的一支重要民系，主要聚居在閩、粵、贛三省交界地區，部分分部在廣西、海南、四川、湖南和臺灣。廣東客家人主要聚居在粵東梅州地區和粵北韶關、粵中惠州汕尾一帶。客家的形成與發展是民族遷徙的產物，也是民族融合的

1　孫思邈：《千金方》，人民衛生出版社，1982年。

結晶。東晉以來，由於北方中原戰亂、災荒和飢餓等原因，中原漢人紛紛南遷，經過不斷遷徙，於兩宋之際最後到達並主要定居於閩粵贛三省交界地區。此地區僻處南方山區，社會相對穩定，受外在衝擊較少，保留了較為濃郁和相對完整的漢族傳統文化。與此同時，客家人祖居的中原地區卻戰亂頻繁，受到了北方民族文化的猛烈碰撞。在與當地土著居民交往中，又和百越文化、畬瑤文化相互影響、相互吸收和相互融合，初步形成了絢麗多彩而又獨具一格的客家文化。他們在保持漢民族基本族性的基礎上，形成了有自己共同語言（客家方言）、共同風情習俗和其他文化事象的、有別於周邊其他漢族民系的群體。明清時期，隨客家人的再次遷徙和客家人的艱苦奮鬥，客家民系得到了進一步發展壯大，基本上形成了現在的分布局面。

❷·客家人的食俗

客家先人從中原遷移過來，客家人飲食當中保存了大量的中原飲食文化。古代中原有「茗粥」之俗，客家人南遷後把它帶入南方，並經過不斷改良，現已變成獨具特色的茶飲——「擂茶」。

客家人南遷的地方多為山區，宋元時期山區又多是古越人後裔瑤族、畬族、壯族等居住的地方，在與這些少數民族雜居的時期，客家人又慢慢接受了他們的飲食習俗，逐漸形成中原飲食和南方飲食相結合的飲食風格。

宋元時期客家人的主食主要為旱稻米，這來自於東南山區畬族人、瑤族人種植的畬禾。客家人清明做烏飯，把楓葉揉碎泡水，染糯米飯為黑色，故俗名「烏飯」，用以祭祀。

客家人好食水產，舉凡青蛙、泥鰍、鱔魚、鱉、田螺、蚌、蛤、小螃蟹等，無所不食，此俗有別於中原，它來自古越人的飲食習俗。南方山區多蛇，客家又居山，形成客家人嗜蛇、以蛇為珍品的食俗，這不僅因為蛇肉味美肉鮮，且有清熱解毒之奇效，同時是受「越人得蚺蛇，以為上肴」之習的感染。現代醫學認為常食用蛇肉可以祛風活血、消炎解毒、補腎壯陽，而且它對痱子瘡癤、關節風濕、腎虛陽痿、美容駐顏等有著很高的食用療效。此外用蛇加一些中藥材泡酒，可以起到治療

肌肉麻木，祛風散濕，滋強壯體的作用，因此客家好蛇肉非常符合中醫醫食同源的理論。

客家人同樣喜生吃，客家地區「俗好食魚生」，以生猛海鮮魚肉切成薄片，蘸以佐料而食。究其源，是古越人「啖生」遺風。

宋元時期客家人有食狗肉和老鼠肉之癖。客家地區流行夏至殺狗以「御蠱毒」之說，故有「夏至狗，無處走」之諺。此俗受東南少數民族「甘犬嗜鼠」之習的影響。瑤族、畬族人也以「老鼠乾」作為招待客人的上品，福建寧化地區「老鼠乾」，甚至成了著名的傳統食品「汀州八乾」之一。

四、潮州民系的形成與食俗

❶ · 潮州民系的形成

潮州民系，是本地土著與外來移民交匯融合而發展形成的，主要聚居於廣東東部潮汕地區的汕頭、潮陽、澄海、南澳、潮州、饒平、揭陽、普寧、惠來九縣市和汕尾市的陸豐、海豐兩地，以及惠東、揭西的小部分地區，通行潮州方言（和閩南話相近）。潮州方言自古有「廣南福建之語」的稱呼，潮州風俗也與閩南無異，宋人王象之在《輿地紀勝》卷一百《潮州條》中記載：風俗無漳、潮之分。潮州地區與閩南兩地平壤相接，基本沒有山川的阻礙，歷史和文化的發展進一步說明潮州地區和閩南屬同一文化區域。根據考古發掘證明，史前時期，居住在潮汕地區的土著居民便和閩南閩越人有過多次文化的融合交流；[1]先秦時期，潮州地區的文化已經開始吸收了中原文化，不過主體仍為閩越文化；兩漢東晉時期，潮汕地區的文化形成為漢越文化的統一體，也開始形成漢文化中有潮州特色的文化。[2]唐天寶元年（西元

1　曾祺：《潮汕史前文化的新研究》，《潮州學國際研討會論文集》上冊，暨南大學出版社，1994年。
2　陳歷明：《從考古的發現看潮汕文化的演進》，《潮州學國際研討會論文集》上冊，暨南大學出版社，1994年。

742年）設置潮州郡，這是潮州文化發展繁榮的起點。宋元時期，潮州商業貿易迅速發展，成為粵東最大的商業中心。

秦漢統一嶺南以來，中原漢族移民就開始輾轉遷入潮州地區。五代、宋元時期，形成遷入潮汕的人口高峰。據《元豐九域志》和《永樂大典·潮州府》統計，北宋開寶初年（西元968年），潮州戶數為3萬，元豐三年（西元1080年）潮州有74682戶，至南宋端平年間（西元1234-1236年）達135998戶，增加了四倍多。這些遷移如潮的人士大多是來自福建的閩南人，尤其是福州和莆田，只有少數來自江西、浙江和江蘇等省。[1]宋代以前，福建地區就已經形成一個以講閩方言為主的地域群體，該群體由漢族和當地閩越人融合而成。宋代北方人口的大量湧入福建，進一步促進了福建文化的繁榮。同時，也造成福建人口的急遽膨脹，人多地少的矛盾非常突出，從而促使福建居民向嶺南遷徙。作為地處閩粵交界且無大山阻礙的潮州地區，成為福建士民的首選基地。他們的大批入潮，進一步給潮汕地區帶來了福建的方言和文化。同時，宋代規定：地方官一般不用當地人。南宋鄭鳳厚《水驛記》記載：潮州處於廣東的極東部，北與福建接壤。廣東的文武官員中，福建籍人占十之八九。從福建到廣東，「必達於潮」。遊宦潮州而留居者，十有八九為福建人，這些人一方面大力推行中原和福建的先進文化和禮教，使當地居民加快文明進化；另一方面，他們憑藉優越的社會地位、高深的文化修養、巨大的權勢和經濟實力，大多成為當地的望族，對當地影響甚大，從而使潮州民系在形成過程中被賦予了較明顯的閩地文化特色，也使這一時期成為潮州地區居民漢化的轉折時期。

宋元之際，漢族和漢化的越人終於在人口與地域分布上占據優勢，潮汕地區逐漸形成了一個以講潮州方言為主的潮州民系。

❷・潮州人的食俗

潮州靠海，海洋資源豐富，潮州先民自古就有喜食海鮮的習俗。段公路《北戶

1　黃挺：《潮汕文化源流》，廣東高等教育出版社，**1997**年，第**60**頁。

錄》記載：「紅蝦出潮州、番州、南巴縣，大者長二尺。」唐朝韓愈貶到潮州時，寫了一首長詩《初南食貽元十八協律》，詳細描述了一份當時潮人食海鮮的食單：

> 「鱟（hòu）實如惠文，骨眼相負行。蠔相粘為山，百十各自生。蒲魚尾如蛇，
>
> 口眼不相營。蛤即是蝦蟆，同實浪異名。章舉馬甲柱，鬥以怪自呈。
>
> 其餘數十種，莫不可嘆驚。我來御魑魅，自宜味南烹。調以鹹與酸，
>
> 芼以椒與橙。腥臊始發越，咀吞面汗騂（xīng）。惟蛇舊所識，實憚口眼獰。
>
> 開籠聽其去，鬱屈尚不平。賣爾非我罪，不屠豈非情。不祈靈珠報，
>
> 幸無嫌怨並。聊歌以記之，又以告同行。」從此詩中，我們可以看到，唐代潮

人宴客主要是海鮮，其種類之多，令來自北方的韓愈大為驚嘆。

宋元時期，北方移民大量湧入潮州，潮州經濟得到較快發展，生產生活水平有了較大提高，受福建文化生活習俗的影響，潮州菜有了較大進步，民間嗜食海鮮的習俗進一步發展，也較接近於此時以海鮮為主的福建菜。北宋彭延年《浦口村居好》記載了自己落籍浦口村的飲食生活：「浦口村居好，盤飧動輒成。蘇肥真水寶，鱠滑是泥精。午困蝦堪繪，朝醒蜆可羹。終年無一費，貧活足安生。」從詩中來看，作者終日海鮮，且自給自足，終年不需一錢，說明當時潮州海鮮的豐富和極易得到。不過從詩中還可發現，此時的潮州菜並不太講究精細。彭延年曾是潮州知府，後到揭陽縣埔口村定居，應是當地一位很有地位的士紳。他的飲食尚較粗糙，那麼平常百姓更應如此。但是，潮州民間飲食習俗此時已有講究養生和食療等習俗，文獻記載，潮州人吳復古曾向大詞人蘇軾提議煨芋和吃糜，因為前者有「充飢養氣」之功效，後者可以「利膈益胃」。

五、壯族的形成與民族飲食

❶・壯族的形成

住在廣西和廣東西部、北部的壯族人是兩廣地區主要的土著民族，通行壯語。

壯族之名來源於「僮族」，是從居住在嶺南的古代百越族中的西甌、駱越人發展而來的。晉代嶺南出現了和越人語言、習俗與社會文化相同的俚人。南北朝時期，著名的俚人統帥冼夫人和羅州刺史漢人馮融之子馮寶通婚，加速了俚漢文化的交流、促進俚人經濟文化的發展。至隋唐，漢越民族進一步融合，當地土著接受了先進的漢文化，生產水平大大提高，只有部分未被漢人同化的俚人、越人逐漸遷移到山區，仍舊保持著本民族的傳統文化。南宋時期，文獻中首次出現「僮人」的稱呼，這就是後來發展演變而成的壯族，即桂民系。

❷ · 壯族人的食俗

嶺南地區是中國野生稻的故鄉之一，自漢代開始，壯族先民就確立了水稻的主糧地位。宋元時期，嶺南壯族地區水稻種植進一步發展，同時引進和擴種了不少其他糧食品種，初步形成了壯人以稻米為主食，輔之以薯芋、黃粟的主食結構。

作為從古越人演變而來的少數民族，壯人保持了古越人嗜吃蛇、鼠、黃鱔、蛤蚧等眾多野生動物的習俗，「民或以鸚鵡為鮓，又以孔雀為臘」[1]。宋元時期的壯人還保留了一些特色菜餚，如蟻卵醬、不乃羹、牛羊醬、郎棒等。「交廣溪峒間，酋長多收蟻卵，淘澤令淨，鹵以為醬，或云其味酷似肉醬，非官客親友不可得。」又云，「交趾之人，重不乃羹」[2]。做此羹，需要把羊肉、鹿肉、雞肉和豬肉連同骨頭一起放進鍋中煮熟，煮到極肥濃，漉去肉，在汁中加入蔥薑，調以五味，盛貯於盆器，放置於盤中。羹中有一隻帶嘴的銀勺，可以盛一升羹湯。賓客施禮揖讓，多為主人先舉勺飲用，滿斟一勺，飲盡，「傳勺如酒巡行之。吃羹了，然後續以諸饌。謂之不乃會」。「不乃羹」是壯人宴客集會時才會準備的隆重佳餚，故宴會又稱「不乃會」。現在這道菜在壯人飲食中已失傳。「牛羊醬」又叫齏，是牛羊腸胃中已消化的草的汁液，於飯後用「鹽酪薑桂調齏而啜之」。「郎棒」即灌血腸，和我們現在的香腸差不多。在《北戶錄》中有很詳細的記載，即把豬腸、肝、肺剁碎，拌以

1　范成大：《桂海虞衡志》，中華書局，1985年。
2　劉恂：《嶺表錄異》卷上，中華書局，1985年。

豬血、花生、胡椒等物，然後灌入小腸之中，用繩子束縛成一段一段，和肉一起煮熟，即可大嚼。

壯族人好酒，各處道路旁邊都賣白酒，買賣酒成為極常見的事，且酒的價格不貴，「十四錢買一大白」。壯族人釀製的酒有兩類：果酒和老酒。壯族人的果酒又有多種，且品質較好，入口香醇。像曼陀羅花釀製的昭州酒，酒色微紅，放在烈日中曝曬多日，顏色和味道仍不改變。瑞露酒，利用當地的名泉釀製，極受廣西各地官員的喜愛，成為招待外地官員的必備酒。還有賀州酒，《嶺外代答》曰：「廣右無酒禁，公私皆有美醞，以帥司瑞露為冠，風味蘊藉，似備道全美之君子，聲震湖廣。此酒本出賀州，今臨賀酒乃遠不逮。」貶居嶺南的蘇軾在品嚐桂酒後不禁作《新釀桂酒》詩感嘆：「爛煮葵羹斟桂醑，風流可惜在蠻村。」壯族人生產的老酒數量不大，但質量相當不錯，放置數年，其色深沉赤黑而味不壞，成為當地招待賓客、操辦喜事的貴重物品。

酒在壯族人日常生活和社會交往中具有重要作用，由此壯族地區還形成了一些獨特的飲酒習俗：飲酒不用杯碗而以管，眾人輪流吸酒，邊飲邊注水壇中，直至無酒味方休，如鼻飲和打甏（bèng）均是壯族人的酒俗。宋代范成大《桂海虞衡志》記載：「南人習鼻飲，有淘器如杯碗，旁植一小管，若瓶嘴，以鼻就管吸酒漿。暑以飲水，云水自鼻入咽，快不可言。」漢魏時期的文獻有載，嶺南的駱越、烏滸和僚人有鼻飲的習俗。打甏流行於宋代，周去非《嶺外代答》中對此有詳細記載：「溪峒及邕、欽、瓊、廉村落間，不飲清酒，以小甕乾醞為濃糟而貯留之，每觸客，先布席於地，以糟甕置賓主間，別設水一盂，副之以杓。開甕，酌水入糟，插一竹管。管長二尺，中有關捩，狀如小魚，以銀為之。賓主共管吸飲。管中魚閉則酒不升，故吸之太緩與太急，皆足以閉魚，酒不得而飲矣。主飲魚閉，取管埋之以授客，客復吸引，再埋管以授主。飲將竭，再酌水攪糟，更飲，至甚醨而止。」鼻飲和打甏雖有別樣的飲酒情趣，但不分主客尊卑長幼的飲食禮儀，帶有較鮮明的原始氏族群體生活特色，體現了壯族較原始飲食習俗的一面。宋之後，鼻飲和打甏已經不見記載。

茶是壯族人日常所喝的飲料，其飲茶歷史非常悠久，因為桂西的田陽、鳳山、扶綏、那坡等地是野生茶樹的故鄉之一。《嶺外代答》中記述了唐代韋丹任容州刺史時，又在當地傳授種茶技術。壯族人的茶有多種，其中有一種茶色相不是很好，但卻有一定的醫療作用。把茶葉放入冷水中，加熱煮沸，茶葉呈現慘黑的顏色，茶水味道濃重，能治癒頭風，因此在當地頗為盛行。《太平寰宇記》還記載了壯族人的竹茶，「葉如嫩竹，土人作飲，甚甘美」。近現代，壯族人生產的一些茶葉已是遠近聞名。

　　壯人亦有喜嚼檳榔的習俗，但食多上癮，且是待客和定親的貴重物品。《嶺外代答》記其食法為，「客至不設茶，惟以檳榔為禮。其法，斲而瓜分之，水調蜆灰一銖許於蔞葉上，裹檳榔咀嚼，先吐赤水一口，而後啖其餘汁。少焉，面臉潮紅，故詩人有醉檳榔之句」。

第五章 明清東南地區的崛起與飲食文化的興旺

明清時期，東南地區經濟文化發展興盛。興旺的農業豐富了飲食資源，發達的手工業，促進了飲食器具的進步；繁榮的商業，促進了市鎮的興起和市鎮飲食的興旺。食俗必然和生態環境密切相關。東南地區背山面海，海產豐富，獸類眾多，造就了東南人鍾情於海鮮和野味的傳統食俗；而東南濕熱的天氣又對東南菜餚清淡口味的形成有著重要影響。隨東南各民族、民系的發展壯大，明清時期東南四大菜系成熟定型，壯族飲食文化也有了進一步的發展。

第一節　稻果茶酒資源豐富與東南食俗

明清時期是東南地區經濟文化發展的興盛時期，市鎮興起，手工業發達，商品經濟繁榮，不僅在平原，而且廣泛滲透到東南廣大山區。農業方面，可供耕作的土地面積大為擴大，水稻、小麥等傳統糧食作物的產量較大幅提高，蕃薯、玉米等海外耐旱糧食作物在東南地區普遍栽種，水果、茶葉、煙葉等經濟作物大面積種植，從而為東南地區提供了豐富的飲食資源。據此，具有東南特色的飲食習俗進一步發展並形成。

一、稻米薯芋輔麥糧

❶·稻品多，粥飯香

水稻在東南地區種植最廣，是本地區人民的主要糧食作物。稻米中氨基酸的組成比較完全，蛋白質高，易於消化吸收，又具有補中益氣、健脾養胃、益精強志之功效，是東南人家的日常主食。東粵稻穀品種極多，有香粳稻，米粒細小但米飯甚香；有珍珠稻，米粒圓而白；還有鴨鳴稻、西鳳早、光早、烏早、芮稻等，糯米有

黃、白、紅、麻四種，粳米則有餘粳、赤粳等，適宜作餈餌。[1]南地區水稻主要有早稻和晚稻之分，早稻初秋熟，晚稻則秋末或冬熟，早稻米出飯少且不耐飽，晚稻米蒸飯甘軟，福建民間更重視晚稻。福建還有一種十分優秀的晚稻良種，不僅產量高，每畝比同類水稻可以多收兩石，而且「米色晶瑩，粒粗大」，做飯「軟而黏」，味道甘香，是福建老百姓很喜歡的一種晚稻米。[2]在東南許多山區，由於山田灌溉不足，「性耐旱」的占城稻或畬禾就有較大面積種植，使山區稻作面積增加，減輕了糧食不足狀況。

東南米飯的烹製方法一般是蒸飯、燜飯或者撈飯。東南地區不少農家喜歡撈飯，因為這樣既有乾飯，又有米粥，不過撈飯會損失掉大量維生素。

東南人還會烹製一些特色米飯。福建長樂用香桂皮的葉子來蒸飯，味道甚香。廣東東莞老百姓用荷葉把香粳米和魚肉包裹而蒸，又稱荷包飯，飯熟後，內外香透，格外誘人。海南土著用南椰粉和米一起製成椰霜飯，性溫熱而補中。廣西南寧有三月烹製烏飯的傳統，把青楓、烏柏嫩葉的膠液和糯米一起蒸，米飯色黑而香。還有以蠟樹葉搗和米粉所做成的粗粉，色青而香。在廣東南雄則有用烏糯飯來祭墓的習俗，每年寒食前後，廣東南雄婦女結伴來到野外山丘上，「以烏糯飯置牲口祭墓」[3]。

東南天氣炎熱，出汗量多，需要補充大量的水分，米粥富含水分，具有補脾和胃、清肺功效，又更易於消化吸收，適宜一切體虛之人、高熱之人、久病初癒、婦女產後、老年人、嬰幼兒及消化力減弱者食用，因此東南人養成了喜歡早餐喝粥的習慣。福建一些地方甚至早、晚兩餐都要喝粥。廣東大半部分處於北迴歸線以南，氣候更加炎熱，當地人更喜歡喝粥。在粥中加入一些其他食料，形成了一些很有地方特色的粥。比較典型有皮蛋瘦肉粥、滑雞粥、牛肉粥、魚片粥、肉片粥、艇仔粥、及第粥等。

---

1   屈大均：《廣東新語》卷十四《食語》，中華書局，1985年。
2   釋如一：《福清縣志續略》卷二上《土產》，書目文獻出版社影印本，1990年。
3   屈大均：《廣東新語》卷十四《食語》，中華書局，1985年。

「艇仔粥」是清代廣州船家劃著小艇，賣給廣州白鵝潭大花艇上遊客的粥。艇仔粥其實是雜燴粥，粥中有魚片、肉絲、豬皮絲、魷魚絲，起鍋加上炸花生、薄脆，味道極好。比較有名的是骨腩粥、魚雲粥。「骨腩粥」是用大條魚腩連骨滾成，魚腩就是魚肚皮，魚的五花肉，最肥厚鮮美，有很多膠質或脂肪；「魚雲粥」和骨腩粥有點像，都是帶骨魚塊滾的粥。

廣州粥還很注意粥名，喜取吉祥之名，忌諱不雅稱呼。嶺南狀元稀少，為了紀念嶺南狀元倫文敘及第，把他喜歡喝的粥叫「及第粥」，其實就是把豬肉丸、豬腸、豬肝一起放入白粥中煮熟。相傳倫文敘在廣州與粥店老闆張老三相熟，張老三愛才施粥，後來倫文敘高中狀元後回謝老闆，並題「狀元及第粥」匾，於是張老三的粥店名聲大振，而「狀元及第粥」也就廣為流傳。

潮州的「沙鍋粥」講究爽滑、筋道，米粒酥而不爛，據說是因為以前潮州窮，米粒都煮爛了感覺吃不飽，因此特意要保留米粒的完整。沙鍋粥的材料來源豐富，什麼都可以入粥，因此味道千變萬化。吃粥時還要配各種小吃，比如水瓜烙（就是黃瓜絲烙餅）、南瓜烙（南瓜烙餅）、炒粿條（炒米粉），林林總總，不下二三十種。吃粥的時候一般還配有特製的黃豆醬和香菜，鹹香滑嫩。廣州粥主要是用於早餐，潮州粥則比較靈活，一般作為午餐和晚餐。

❷ · 種蕃薯，代主糧

蕃薯又稱甘藷，明代中後期由福建人從呂宋引進我國，[1]最早在福建沿海地區種植，由於耐瘠性強，能適應各種不良環境，而且栽種既省人力，產量又高，遂不久即得以迅速傳至福建全境。明代萬曆《惠安縣續志》曰：「是種出自外國⋯⋯初種在漳州，今浸漫諸郡，且遍閩矣。」之後，蕃薯又由福建傳至廣東、江西、廣西乃至全國。蕃薯的廣泛種植，在相當大的程度上幫助了當地人度過了糧食短缺的困難時期，到清代已成為東南地區居民的副主糧，在饑荒或青黃不接時期甚

1　梁方仲：《梁方仲經濟史論文集補編》，中州古籍出版社，1984年，第228頁。

至成為主糧，使東南人民擺脫了飢餓的困境。例如交通方便、繁榮富庶的福州，在清朝繁榮的雍正時期雖有「魚鹽蜃蛤之饒」，但仍然「佐以蕃薯葡芋」。[1]特別是山區或沿海的貧民耕地不足、土地貧瘠，水稻種植困難，且產量較低，再加上官府、地主嚴重的苛捐雜稅，日常飲食更是常常以蕃薯為主糧，大米常退居二位。又如粵東嘉應州，「山多田少，貧戶每借此以充糧」[2]，閩西汀州府「瘠土砂土皆可種，一畝之地可收十餘畝，山居之民以此代飯，可省半年糧」[3]，福建漳州、泉州貧苦農民同樣「多以蕃薯為糧，故山地之種蕃薯者，居六七」[4]。福建是典型的多山地區，山地面積占全境百分之八十以上，以致福建有「糧食半資於此」[5]的說法。

蕃薯同樣成為臺灣人的副主食。金門島，山多田少，水田更少，山園多種雜糧、蕃薯、落花生等，民間多是紅薯雜糧。[6]第二次世界大戰期間，由於糧食緊缺，蕃薯成了臺灣人民的主要代用糧食。[7]

蕃薯味道甘甜，可以生吃或熟吃。東南地區不僅貧戶常吃以代主糧，不少富人亦喜吃蕃薯，有的人家甚至常常把蕃薯和米放在一起烹製成飯，美其名曰蕃薯飯，每日一餐，必不可少。不僅如此，東南人民還通過加工蕃薯，把它製作成不同的美食。把蕃薯煎熟加入鹽後，成為「圓煎食」；用蕃薯和糖一起可以製成「乾淪食」；切蕃薯成片可蜜製成殷紅色的蕃薯片，還可作為送禮佳品餽贈遠方的朋友；碾磨蕃薯成粉，可製作成可口的糕點；銼其成絲，叫蕃薯絲。蕃薯還可以釀酒。至於「蕃薯葉」則是一道很清淡爽口的蔬菜。[8]由此可見，明清時期蕃薯在東南地區，尤其在東南山區和沿海地區的日常飲食生活中起著多麼重要的作用。

1 　孟超然：《瓶庵居士詩抄》卷四，刊本，1820年。
2 　光緒：《嘉應州志》卷六《物產》，刻本，1750年。
3 　楊瀾：《臨汀匯考》卷四《物產考》，刻本，1878年。
4 　臺灣故宮博物院：《宮中檔乾隆奏摺》第一輯，臺北故宮博物院，1983年，第743頁。
5 　曾日瑛等：乾隆《汀州府志》卷八《物產》，方志出版社，2004年。
6 　林焜熿：道光《金門志》卷十四《風俗記》，浯江書院刻本，1882年。
7 　李汝和主編：《臺灣省通志稿》卷四《經濟志・農業篇》，臺灣省文獻委員會，1970年。
8 　嚴志銘：《永定縣志》卷一，福建人民出版社，2005年。

❸ · 輔以小麥玉米

麥是明清時期福建的又一主要糧食作物，據《八閩通志》載：福建八府都種植麥子。福建農民廣種麥子的重要原因是麥子收成多在春夏之交，剛好解決福建青黃不接之時糧食短缺的危機。「方夏，舊穀已沒，新穀未升，二麥先熟，為接絕續乏之穀。」[1]一旦氣候無常乾旱或洪澇嚴重，導致「二麥失種」，勢必影響糧食生產，造成「民意惶惶」。[2]而福建沿海多旱地，不適宜種水稻，而種麥收成更好。惠安有大麥、小麥，但大麥種植更多。麥子在明代福建部分地區的糧食生產中占有重要地位。

小麥喜溫，對於偏南的廣東種植較少，唐代劉恂《嶺表錄異》記載：「廣州地熱，種麥則苗而不實」，故唐時嶺外尚不宜種麥。宋代小麥在嶺南栽種成功，明清時期隨著客家人移居廣東而在粵北粵東有了栽種。主要原因是粵北粵東位處山區，位置相對偏北，冬天天氣較珠江三角洲冷，從而得以栽培，既開發了山區，又增加了糧食，幫助客家人度過了青黃不接的困難時期。光緒《嘉應州志》記載：「晚稻即獲即種麥，割麥定期於三月，割麥後即食早稻，於青黃不接之頃得此，而民不乏食」。

玉米又叫包穀、包粟，形狀類似粽子，「苞上出須垂垂，苞折則子顆顆攢簇，大如粽子，黃白色，可熟而食」[3]，是和蕃薯同類的旱地作物。玉米於明末清初從海外傳入，適宜旱地與山區種植，在東南沿海和部分山區亦有種植，成為當地人的另一副主糧。光緒《長汀縣志》記載，「山人常以此作飯，亦可炒食，氣味甘平」，另有光緒《鎮平縣志》載：「民食半賴包粟。」同時，玉米還有很多用途，可以「為米、為麵、為酒，無所不可」，其殼則用來餵豬，「豬皆肥脆」[4]。玉米作為一種雜

1　福建省地方志編纂委員會：《寧化縣志》卷二《土產》，福建人民出版社，1990年。

2　曹履泰：《靖海紀略》卷四《請賑申文》，臺灣文獻叢刊第33種，第77頁。

3　道光《永安縣續志》卷九《物產》，轉引自《中國方志叢書》華南地方第228號，成文出版社，1974年。

4　李拔：乾隆《福寧府志》卷十一《物產》，上海書店，2000年。

糧，對閩粵人民解決糧食不足的問題起了重要作用。東南地區人民的其他輔食還有高粱、黃豆、蕎麥等，但是產量不多，對解決東南地區糧食不足也起了一定的作用。

二、四時佳果滿東南

東南地區地處亞熱帶和熱帶，氣候濕熱，陽光充足，雨量充沛，無霜期長，非常適合水果等農作物的生長，是中國著名的水果之鄉。

明清以來，閩粵地區的果類品種更為繁多。根據《八閩通志》記載：福州一府水果有荔枝、龍眼、柑、橙、柚、橘、香櫞、桃、李、杏、林檎、柰、梨、柿、石榴、棗、楊桃、橄欖、山核桃、金斗、胡桃、黃彈子、菩提果、木瓜、銀杏、余甘、葡萄、蕉、甘蔗、西瓜、甜瓜等，而荔枝的品種竟有五六十種之多。廣東的水果種類及產量絲毫不亞於福建。據阮元《廣東通志》記載，當時廣東比較有名的水果有杏、梅、李、栗、香蕉、菠蘿、柑橘、柿、柰、山胡桃、荔枝、臭柚、雷柚、金桔、橙、楊梅、枇杷、梨、檳榔、菠蘿蜜、佛手等。

東南地區水果不僅品種眾多，且四季鮮果不斷。在福建，一些地方流傳著反映瓜果季節性的歌謠，「正月瓜子多人溪（嗑），二月甘蔗人喜溪（啃），三月枇杷出好世，四月楊梅排滿街，五月絳桃兩面紅，六月荔枝會捉人（惹人愛），七月石榴不上眼，八月龍眼粒粒甜，九月柿子圓車圓（滾圓），十月橄欖不值錢，十一月尾梨排滿街，十二月橘子趕做年。」[1]廣東自古就有「嶺南之俗，食香衣果」的佳話，進一步說明了水果業在廣東經濟生活中的重要地位。

❶·荔枝、龍眼半邊天

閩粵是荔枝、龍眼的主產地，明清時期，荔枝、龍眼的種植有了進一步擴展。

1　福建省地方志編委會：《福建省志・民俗志》，方志出版社，**1997**年，第**61**頁。

廣州附近山地「丹荔枇杷火齊山」，順德陳村周圍四十餘里，幾乎全是果樹，約有數十萬株，以龍眼、荔枝、柑、橙為主，其中龍眼又占多數，當地人也多以種龍眼為業，番禺、南海則多「龍荔之民」。福州南門外至南台江，「十里而遙，民居不斷，⋯⋯過此山，行數十里間，荔枝、龍眼夾道交蔭，丹榴綠蕉疊斐（wěifěi，勤勉）間之，令人應接不暇」[1]。荔枝有不少優質名品，福建的宋家香、水晶丸、焦核，廣東的掛綠、香荔、狀元紅等，皆聞名遐邇。

荔枝「肉豐潔似水晶，味甘芳而多液體，為百果之上珍」[2]，而龍眼則成熟於荔枝之後，生吃的口感不如荔枝，但是炮製之後，其價值卻勝於荔枝，「或生吃，或浸蜜食，或曝乾煎煬食，健脾，益智，延壽」，因此東南人多把龍眼炮製成乾。

龍眼乾製以後叫桂圓，其肉質柔軟，味道鮮甜，含有豐富的營養，不但有補血的效用，對於養精益氣，溫熱滋補也有很強的功效，冬天食用更有利於身體。中醫很早就有「桂圓養生」的說法，當地人在生活中喜歡把它當零食吃。儘管如此，但對於部分體質實熱的人來說，龍眼乾不能多吃，否則容易上火。所以東南人在吃龍眼乾時伴以菊花茶，因為菊花性涼，味甘苦，有清熱去火、清肝明目之效。當地人還把龍眼乾配以其他食物做成各種甜食，例如八寶粥、桂圓湯等。

正是由於龍眼乾的溫補作用，所以自明代開始，龍眼乾便在全國盛行，國內銷路極好，同時也成為福建外銷的主要商品之一，「焙而乾之，行天下」，龍眼乾常作為當地特產用來贈送客人。[3]

在東南一些地方還逐漸形成了吃龍眼和桂圓的特殊民俗。比如，福建一些地區要求懷孕的婦女多吃龍眼。龍眼圓又亮，民間認為多吃龍眼日後生出的孩子眼睛會像龍眼一樣又大又亮。而臺灣一些地方則認為婦女若是多吃桂圓日後生子生孫可中狀元。這些飲食習俗，雖不盡科學，但充分反映了坊間百姓寄託美好願望的民俗心理。不僅如此，過年時把龍眼乾擺在果盒中，是很有年味的零食；也可以簡單泡成

1　王世懋：《閩部疏》，商務印書館，1936年。

2　釋如一：《福清縣志續略》卷二十《土產》，書目文獻出版社影印本，1990年。

3　何喬遠：《閩書》卷三十八《風俗志》，福建人民出版社，1995年。

龍眼茶宴請客人，是東南一些地方的過年風俗。

❷．柑橘蕉柚名果多

柑橘是東南的又一佳果，廣東除南嶺山地外，幾乎無處不種，潮汕平原尤多。福州多地種植橘子，在福州西城外，「廣數十畝，皆種橘樹。每秋熟後，紅實星懸，綠蔭雲護，提筐擔簍而來者，謳歌盈路」[1]。漳州朱柑色朱而澤，味甘而香，明代進士王世懋讚賞有加，「柑橘產於洞庭，然終不如浙溫之乳柑、閩漳之朱橘」[2]。新會縣以種植柑橘出名，很多人家有成百上千株的柑橘樹，每年柑橘豐收季節，外地大商人紛紛前來收購，越過南嶺運往各地，獲利匪淺。[3]

香蕉怕大風，忌霜凍，對土壤要求較高，珠江三角洲、漳州平原種植最多，東莞、順德的「果基魚塘」基本上以種植香蕉為主。波蘿宜於山坡旱地種植，大多分布在雷州半島的台地上和潮汕、閩南的丘陵之上。在番禺縣黃村至朱村一帶，還多種梅、香蕉、梨、栗和橄欖等，「連岡接阜，彌望不窮」[4]。至於地處嶺南南端的海南島，則以盛產檳榔而著稱。當地的檳榔除供應國內之外，還大量出口，滿足國外市場需求。

荔枝、福橘和柚子是福建「三大名果」，有人撰文稱讚曰：「荔支（枝）為美人，福橘為名士，若平和拋（『平和拋』係福州方言『柚』）則俠客也。」[5]此時，「平和拋」被列為貢品，更為珍貴。福橘因本身彤紅，被民間看作是福壽吉祥的象徵，成為春節期間每家每戶必備的水果。此外，橄欖、芙蓉李亦為福州著名特產，生食具有消食清肺利咽的功效，還可加糖、鹽、蜂蜜、五香等製成「檀香橄欖」「丁香橄欖」等，口味獨特。荔枝、柑橘、香蕉、波蘿則被譽為嶺南「四大名果」。

隨著對臺灣的進一步開發和入臺漢人的增多，清代臺灣的水果種植業亦有了巨

---

1 施鴻保：《閩雜記》卷三，鉛印本，1878年。
2 王世懋：《學圃雜疏》，齊魯書社，1997年。
3 林星章：道光《新會縣志》卷二《物產》，刻本，1841年。
4 屈大均：《廣東新語》卷二五《術語》，中華書局，1985年。
5 施鴻保：《閩雜記》卷三《平和拋》，鉛印本，1878年。

大發展，很多閩粵果木移植臺灣成功，使臺灣成為我國知名的水果之鄉。香蕉、鳳梨和柑橘被視為臺灣的「三大名果」，每年大量向外輸出。香蕉種植面積最廣，產量最高，外銷最多，被稱為臺灣的「果王」。鳳梨又名「菠蘿」「黃梨」等，傳說是媽祖派遣玉山金鳳從海南島五指山討來的種苗，故俗稱「鳳來」，實際上是從閩粵傳入的。臺灣柑橘同樣是由閩粵傳入的，因地理條件更適合其生長，所以味道反而比閩粵柑橘更佳。

三、茶葉飄香傳四海

東南人民種茶、製茶、飲茶，歷史悠久。明清時期，東南地區茶葉產地更多，產量更大，出售更多，好茶名茶不斷湧現，鄉人飲茶成風。

❶ · 種茶遍及東南

福建雨量充沛，多紅黃土壤，具有種植茶葉的優越自然條件，與浙、江、皖、川並列為我國的五大茶產區。我國六大茶類綠茶、烏龍茶、紅茶、花茶、白茶和緊壓茶，除主要為少數民族飲用的緊壓茶葉外，其他五類福建都有大量生產。

作為種茶大省，明清時期的福建茶葉更為發展。建陽一帶，「茶居十之八九，茶山袤延百十里，寮廠林立。」「武夷一脈所產甲於東南」。[1] 作為福建重要產茶區，武夷山區名副其實。武夷茶葉有洲茶和岩茶之分，產於平地和沿溪兩岸的叫「洲茶」，品質一般；生於山岩的稱岩茶，品質特好。明朝初年，武夷岩茶已成為福建最好的茶葉，「茶出武夷，其品最佳。⋯⋯延平、豐岩次之，福、興、漳、泉、建、汀在在有之，然茗奴也」[2]。自明中期開始，政府對茶農的嚴重剝削，導致武夷茶的日漸衰落。嘉靖年間，政府免解了貢茶，但民茶的生產又受限制。直至明末清初，茶禁鬆弛，武夷茶才再度復興。此後，武夷山茶園林立，茶廠遍及，「武夷山有

1　黃璿：《建陽縣志》卷二《風俗》，群眾出版社，1994年。
2　王應山：《閩大記》卷一一《食貨考》，中國社會科學出版社，2005年。

▶圖5-1 《清代廣州茶葉交易
圖》，清代外銷畫[3]

三十六峰九十九岩，而茶園就在100個以上。……岩茶廠幾乎遍及，達130餘家」[1]。此時，武夷岩茶已盛名遠颺，成為我國重要的出口商品。當地人靠種茶為生，每年生產茶葉達數十萬斤，產品遠銷中外，從而為當地茶農創造了豐厚的利潤。據馬士記載：在號稱「茶葉世紀」的十八世紀，西方從中國輸入的茶葉一直以武夷茶為主的福建紅茶為大宗。[2]五口通商以後，洋人對茶葉的需求大增，武夷茶因味道濃烈，符合外國人口味，又可多次沖泡而味不散，從而逐漸贏得市場，種植更為廣泛，茶葉生產進入了鼎盛時期。郭柏蒼的《沁泉山館詩》寫道：「年來通商號令行，窮黎遍享茶山利，高阜小邱悉剷除，百萬磳田一朝棄」。

武夷岩茶在市場的暢銷，刺激了茶葉品種的更新，功夫茶、白毫和色種都是由

1　魏大名：《崇安縣志》卷一九《物產》，北京圖書館出版社，2008年。

2　馬士：《東印度公司對華貿易編年史》卷1-2，中山大學出版社，1991年。

3　外銷畫：是由中國畫家採用西方繪畫技術和材料繪製而成。因其專供輸出海外，又稱為「中國貿易畫」或「洋畫」。多以清朝中晚期中國沿海開放口岸（如廣州等）的社會風物為繪畫題材，因其相對中國畫有較強的寫實性，故具有重要的史料價值。

武夷岩茶改良出來的上好紅茶，「武夷造茶，其岩茶以繒家所製最為得法，在洲茶採回時，逐片擇其背上有白毛者，另炒另焙，謂之白毫」[1]。

安溪是我國茶葉之鄉，是福建又一重要產茶區，其生產茶葉起源於唐末，興於清朝，盛於當代。唐末，安溪閬苑岩岩宇大門有一副茶聯：「白茶特產推無價，石筍孤峰別有天。」說明當時安溪不僅已產茶，而且質量好價格高。宋元時期安溪茶葉得到了進一步的發展，仙苑的烏龍種就是在這個時期生產的。明清時期是安溪茶葉走向繁盛的重要時期。明嘉靖《安溪縣志》載，「茶，龍涓、崇信出者多」，「茶產常樂、崇善等里，貨賣甚多」。清初，安溪茶農發明創製了獨特的製茶工藝，形成獨特的茶類——烏龍茶。全國高等農業院校統編教材《製茶學》載：「青茶（即烏龍茶）起源：福建安溪勞動人民在清朝世宗雍正三年至十三年（西元1725-1735年）創製發明青茶，首先傳入閩北，後傳入臺灣省。」不久，烏龍茶中的極品鐵觀音也培育成功。安溪茶葉從此名揚天下。光緒時期，安溪縣茶園面積、茶葉產量、茶葉出口量已達鼎盛。民國時期由於戰亂的影響，安溪茶葉走向衰落。新中國成立後，安溪茶業重新煥發生機。

嶺南山區霧濕露重，適宜種茶。據陸羽《茶經》記載，唐代韶州（今韶關）已生產茶葉。宋代，政府對茶實行專賣，但嶺南除外，這樣利於嶺南茶園的發展，此時龍川、羅浮山、和封州皆產茶。明清時期，隨著商品經濟的繁榮、城鎮的發展和市場的擴大，廣東茶樹栽培面積亦不斷擴大。此時珠江三角洲的茶葉已完全是商品性生產，大量占領了茶葉各地市場。像廣州河南的茶農，採摘之後，銷售廣州市內。而西樵山「旁有人居七八村。皆衣食於茶。其茶宜以白露之朝采之，日出則味稍減。或謂此茶甲天下。早春摘者尤勝，三日一摘。餘則每月一摘」[2]。乾隆以來，是歷史上種茶產茶的興盛期。廣州河南有專門從事精選加工出口茶葉的工場和販賣茶葉的茶莊。西樵山茶區幾乎全部種上了茶樹，已沒有了可以開荒之地，西樵山也

1　陸延燦編：《續茶經》，文淵閣四庫全書本。

2　屈大均：《廣東新語》卷十四《茶》，中華書局，1985年。

因此美稱「茶山」。鶴山古勞地區的麗水、冷水等地，已是漫山遍野都種植了茶樹，生產的茶葉品質可和當時全國著名的武夷山茶媲美，成為鶴山的特產，也是民間婚禮不可缺少的禮品。道光年間，當地人大多以種茶為業，進入茶區，來往採茶的人絡繹不絕，可以想像此時期茶樹栽培多麼繁盛。茶葉生產的擴大，促進了當地茶葉市場的繁榮，如河源縣每年春夏之交客商雲集，當地居民「生計半賴於此」[1]。

居於閩粵山區的客家人也非常盛行種植茶葉。客家人居住的地區均產茶，這主要是因為客家人居住的山區環境非常適宜茶樹的生長習性。客家產茶最早始於唐代，初在贛南一帶盛行。明清時，茶樹種植已遍及閩粵贛三省客家人居住地區。如乾隆《上杭縣志》記載，「凡山皆種茶」，金山的茶葉不僅多而且品質最好。由於種茶業的發展，閩粵客家地區產生了不少好茶，如梅州的清涼山茶、陰那山茶，大埔的西岩茶和雲霧茶、蕉嶺的黃坑茶等。

臺灣茶樹多集中在北部，以臺北新竹為中心，東起宜蘭，南迄苗栗，中部僅限於高山地帶。臺灣茶葉主要是從閩粵地區移植並栽培成功的，像安溪烏龍茶在清初發明創製後不久即傳入臺灣並培育成功，其清香撲鼻，濃郁高雅，不遜安溪原產，「夫烏龍茶，為臺北獨得風味，售之美國，銷途日廣。自是以來，茶葉大興，歲可值銀二百數十萬圓……臺北市況為之一振。及劉銘傳任巡撫，復力為獎勵，種者愈多」[2]。清朝同光時期，臺灣港口開放，臺灣茶葉憑藉優異的品質贏得外商的青睞，臺灣茶葉從此走向世界，揚名海外。

❷·東南好茶名茶多

在長期種茶製茶的生產實踐中，東南人培育出許多茶葉珍品，如福建武夷山的「大紅袍」、安溪「鐵觀音」、福鼎「白毫銀針」，廣東的「鳳凰單叢」，廣西的「六堡茶」，臺灣茶的「凍頂烏龍」和「膨風茶」等都聞名遐邇。

武夷山的「大紅袍」屬於品質特好的岩茶。武夷岩茶又分大岩和小岩，福建功

1　彭君谷修：《河源縣志》卷十一《物產》，刻本，1874年。
2　連橫：《臺灣通史》卷二十七《農業志》，商務印書館，1983年。

夫茶以武夷岩茶小種為最上，所謂「茗必武夷」。當然，岩茶也有區別，真正的岩茶多生長在山石縫中和奇形怪狀的山峰上。武夷岩茶「臻山川精靈秀氣所鍾」，是我國歷代名茶中的上品，歷經滄桑而不衰。武夷岩茶在唐代製成「臘麵茶」，在宋代製成「龍鳳團」，明初朱元璋執政後期，詔改龍團鳳餅為芽葉散茶，遂開沖泡品飲之宗，是我國茶葉製造工藝技術上的一次大革命。明朝謝肇淛《五雜俎》論茶葉：「今茶品之上者，松蘿也、虎丘也、羅岕也、龍井也、陽羨也、天池也，而吾閩武夷、清源、鼓山三種可與角勝」。

武夷岩茶除品種最佳的「大紅袍」外，還有「鐵羅漢」「白雞冠」「水金龜」等，並稱四大名叢。[1] 武夷岩茶外形條粗大，略彎曲，如濃眉，體質輕鬆，色澤清褐，油潤有光，初啜微苦，繼則回甘，性和不寒，久藏不壞，具有獨特的品質和風格。正宗岩茶有股獨特的岩骨花香的「岩韻」，這是其他茶無法比擬的。品飲時，揭開杯蓋，茶未入口，香氣襲來，令人心曠神怡，疲倦頓消。品飲方法也甚奇妙，富有幽雅高尚之情趣。袁枚在《隨園食單》中有入木三分的見解：「杯小如胡桃，壺小如香橼，每斟無一兩，上口不忍遽咽。先嗅其香，再試其味，徐徐咀嚼而體貼之，果然清香撲鼻，舌有餘甘。一杯之後再試一二杯，令人釋燥平矜，怡情悅性。始覺龍井雖清而味薄矣，陽羨雖佳而韻遜矣。頗有玉與水晶品格不同之感。」袁枚在這裡把岩茶的使用茶具、品飲方法、獨到功效、品飲情趣描述得非常生動形象。

「安溪鐵觀音」茶為烏龍茶極品，條索緊結壯實，置於手心，沉重似鐵，外形如同觀音手掌，故名「鐵觀音」。「鐵觀音」經曬青、搖青、涼青、殺青、切揉、初烘、包揉、復烘、烘乾九道工序製作後，色、香、味、形俱臻上乘。鐵觀音獨具「觀音韻」，泡飲時，清香雅韻、芳香四溢，素有「綠葉紅鑲邊，七泡有餘香」之譽。鐵觀音是烏龍茶中的珍品，功夫茶亦多選用安溪鐵觀音。

在廣東茶葉發展的過程中，許多地方培育出了自己的名茶，如鳳凰單叢茶、英德紅茶、羅浮山的羅浮茶、樂昌的白毛茶、長光的石茗等，其中，「鳳凰單叢」茶

1　魏大名：《崇安縣志》卷十九《物產》，北京圖書館出版社，2008年。

▶圖5-2　清道光廣彩人物紋茶具

尤為有名。鳳凰單叢茶產於廣東省東北部饒平一帶，是以地名和採製方法而命名的。饒平境內有烏山、崠山，地名叫鳳凰，分為鳳東鳳西。在茶園中選擇具有特殊質量的茶種，給予特殊的管理，以單叢採製，精心加工，成為單叢，故名。然而此茶的歷史卻並不是很悠久，據康熙《饒平縣志》載：「粵中舊之茶，所給皆閩產，稍有賈人入南部，則偕一二松蘿至，然非大姓不敢購也。近饒中白花、鳳凰山多有植之，而其品也不惡」。

鳳凰單叢茶非常講究採摘時機，採摘精細，要求嚴格，奉行「三不採」的原則，即早晨不採，中午太陽旺時不採，下雨天不採，只在每天下午三四點鐘開始採摘。與福建烏龍茶的採摘要求相比，此茶略有不同。烏龍茶鮮葉採摘要求為展放的大葉，而單叢茶的鮮葉要求為稍展肥壯的嫩葉。單叢茶茶條外形粗大肥壯，挺直清淨，葉底肥嫩明亮，勻齊美觀，片片呈綠色紅鑲邊，色澤金褐油潤，水色橙黃明亮，香氣清高優爽，滋味醇厚濃郁，帶有蘭花馨香。此茶同樣為烏龍茶中的佳品。

廣西很早就產茶，但茶葉質量一般。乾嘉年間，湖南的黑茶傳入廣西蒼梧培育成功，其中又以六堡鄉的品質最佳，故稱「六堡茶」。六堡黑茶色澤黑褐光潤，湯色紅濃，香氣醇陳，甘醇爽口，喝到喉中，有檳榔香味。嘉慶年間，六堡茶以其特殊的檳榔香味而列為中國名茶之一，居黑茶第二，僅次於雲南普洱。據清《廣西

清代臺灣茶葉品種有烏龍茶、包種茶、紅茶、膨風茶等，其中尤以烏龍茶為佳。烏龍茶又以「凍頂烏龍」為上品。凍頂烏龍茶，俗稱「凍頂茶」，產於臺灣省南投鹿谷鄉，是臺灣知名度極高的茶，被譽為「臺灣茶中之聖」。凍頂為山名，烏龍為品種名。凍頂茶品質優異，在臺灣茶市場上居於領先地位。凍頂茶外觀色澤呈墨綠鮮豔，並帶有青蛙皮般的灰白點，條索緊結彎曲，乾茶具有強烈的芳香，沖泡後，湯色略呈柳橙黃色，有明顯清香，近似桂花香，湯味醇厚甘潤，喉韻回甘強。葉底邊緣有紅邊，葉中部呈淡綠色。「文山包種」和「凍頂烏龍」，係為姊妹茶。嘉慶三年（西元1798年）前後，安溪人王義程在臺灣把烏龍茶製作技術進一步改進、完善，創製出包種茶，並在臺北廣大茶區大力倡導和傳授。光緒十一年（西元1885年）安溪人王水錦、魏靜相繼往台，在臺北七星區南港大坑（今臺北市南港區）傳授包種茶產製技術。自一九二〇年起，每年春秋兩次舉辦包種茶技術講習會，對包種茶技術的傳播與改進起了重要作用。至一九三〇年左右，臺灣各產茶區都能製造包種茶，產量逐年增加，出口量凌駕於烏龍茶之上。

臺灣客家人生產的「膨風茶」起源於光緒年間，傳說一位製茶老師傅製茶時由於過於疲勞而不慎使茶葉過度發酵，卻無意中發現風味獨特，因而傳世成為臺灣名茶。膨風茶之由來是因日據時代臺灣總督極其喜愛，並以天價全數購買，消息傳出，地方人士斥為膨風（吹牛之意），經報紙披露後，其知名度遠傳千里，流傳至今。「膨風茶」其實原稱「白毫烏龍」，因茶心有肥厚晶瑩的絨毛而得名，全世界僅臺灣新竹的峨眉、北埔，與苗栗、臺北的坪林等少數地區生產。物以稀為貴，加上風味獨特，使得膨風茶成為臺灣烏龍茶中的極品。膨風茶的特殊之處在於，它需要在無空氣污染及完全無農藥的丘陵環境下生長，還須接受小綠葉蟬（浮塵子）的浮著（俗稱著園）使葉片產生自然質變，才能孕育出這種茶中奇品特殊風味。膨風茶茶葉外觀以頂芽肥大、白毫顯著，顏色鮮豔者為上品，茶帶有天然熟果香，茶水明

澈鮮麗，入口味道醇厚圓潤，喉舌徐徐生津，令人回味。

「柚子茶」是新竹、苗栗客家的特產，是柚子和茶結合製成的果茶，帶有客家擂茶的遺風。

❸·鄉人飲茶成風習

明初期朝廷取消了福建茶葉的進貢，加上王朝建立不久，政府提倡儉樸之風，福建民間飲茶風氣不濃。明中期後，人們開始講究飲食穿著，品茶重新成為時尚，福建沿海出現一股飲茶的新熱潮，不僅富貴之家爭相飲茶，鄉村農家亦相效響。飲茶熱潮大大刺激了茶葉的生產和消費。「雀舌一斤，售價三錢。自是而四方山寺爭效種之，而買者爭趨安海矣。」[1]雀舌茶，清明時節採製，一斤價值一錢，而「穀雨採者次之」，至於「五、六、七、八月採者則粗茶」，三斤才價值一錢。[2]明中期後飲茶重新成風，其原因有三：

其一，福建自古種茶、產茶，明清東南茶葉廣種，名茶眾多，為飲茶之風重啟提供了非常好的物質前提。

其二，元明之際，中國飲茶習俗發生重大變化，民間不再流行飲用團茶，而是流行散茶。散茶製作的方法簡單，將茶葉炒揉成條，喝茶時，將茶葉放入茶杯中沖泡即可。這樣製茶工藝大為精簡，以至福建產茶之地的百姓皆能製茶，同時又保持了茶的原汁原味。

其三，常飲茶有益於身體健康。《本草綱目》曰：茶有止渴、清神、利尿、治咳、祛痰、明目、益思、除煩去膩、驅困輕身、消炎解毒等功效。根據我國中醫學及現代藥理學對茶葉的保健功效研究認為：茶葉苦、甘，性涼，常飲可提神醒腦、解酒消脂，降低血壓，防止動脈硬化等。總之，東南人們飲茶、品茶、嗜茶自然成風。

大約在清代中前期，福州一帶開始流行把茉莉花和綠茶茶坯放在一起窨茶的習

1　《安海志》卷十一《物類志·土貨》，江蘇古籍出版社、上海書店、巴蜀書社，**1990**年。
2　《永春縣志》編委會：《永春縣志》卷一《物產》語文出版社，**1990**年。

俗，並稱這類茶葉為「花茶」。

茉莉花原產印度，性怕冷，雖無妖豔之姿，卻有濃烈之香。劉克莊《茉莉》詩詠其「一卉能熏一室香，炎天猶覺玉肌涼」；宋代詩人江奎的《茉莉》讚曰：「他年我若修花史，列做人間第一香」。茉莉花兩漢時期傳入我國，因南方溫暖而逐步傳入到福建、廣東、浙江等省。根據茶葉獨特的吸附性和茉莉花的吐香特性，經過加工窨製而成的茉莉花茶，既保持了茶葉濃郁爽口的天然茶味，又飽含茉莉花的鮮靈芳香。此外，茉莉花茶還有鬆弛神經的功效。此後福建商人將花茶運至北方銷售，茉莉花的香氣很快為人民所喜愛，被譽為可窨花茶的玫瑰、薔薇、蘭蕙等眾花之冠，並在較短時間內開闢了以北京為主的北方市場。

明末清初，茶已經成為廣東人日常生活中不可缺少的東西。據《廣東新語》記載，其時廣東茶有12種，即（廣州）河南茶、頂（鼎）湖茶、羅浮茶、曹溪茶、新安杯渡山茶、樂昌毛茶、潮陽鳳山茶、龍川皋蘆葉、長樂石茗、瓊州靈茶、烏藥茶、東莞研茶等。作為毗鄰福建又深受閩文化影響的廣東潮汕人尤其好茶。宋代潮州上層人士中已有酒後上茶的食俗，潮州前八賢之一的吳復古有著相當高的品茶水平，送給大文豪蘇軾的數品福建名茶，被蘇軾讚譽為「皆絕佳」。明代中期，上至官宦士紳，下至平民百姓無不愛茶。狀元林大欽《齋夜詩》云：

◀圖5-3　《清代廣州茶葉倉庫
圖》，清代外銷畫

「掃葉烹茶坐復行，孤銀照月又三更。」至清，當地百姓已是「寧可三日無米，不可一時無茶」，客來敬茶，客走喝茶，甚至有富戶因喝茶至窮仍嗜茶如命。《清稗類鈔》就記載了這麼一則潮汕人好茶的故事：一日，一個乞丐到潮州一個十分好茶的富翁家，不討飯，卻討茶，「聽說君家茶最精，可否見賜一杯」。富翁聽了頗覺可笑，說「你一個乞丐，也懂得茶」。乞丐道：「我原來也是富人，只因終日溺於茶趣，以致破家，但妻兒還在，故只好乞討為生。」富翁同情他，賞他一杯上好的茶，乞丐品後說，「茶雖好，可惜未醇厚，乃是新壺之故，我有一老壺，是往昔所用，如今每次外出均帶在身邊，即使挨凍受餓也捨不得出手」。富翁藉以試沖一壺，果然茶香清醇，不同一般，想買過來。乞丐說：「此壺實值三千金，只要你一半錢，拿來安排家事。從此我可以不時到府上，與君啜茗清談，共享此壺，如何？」富翁欣然應允。從此每日至其家烹茶對坐，至成故友。潮人好茶之風可見一斑。

臺灣多山，長年炎熱潮濕，自古荒埔叢莽，多煙瘴之氣，通過飲茶可消暑驅疾，養胃生津，故飲茶之風頗盛。不僅如此，臺灣人還注重發揮茶葉的保健作用，把茶葉和當地作物結合製作了具有一定醫療作用的特色茶如「柚子茶」等，柚子是粵東的名產，後移植至台並廣泛栽種。柚子皮是一大寶，有著沁人心脾的芳香，客家人把紅茶或包種茶填入柚皮，加以捆紮，擠壓，乾燥貯藏，用時剝開柚皮，即成著名的柚子茶。柚子茶發揮了水果、茶葉、中藥的效能，具有止咳化痰，清熱降火，開胃消滯之功，大受當地人喜愛。

四、美酒盈樽酒禮多

明清東南經濟繁榮，物質豐富，市鎮崛起，迎神祭祖繁多，鄉飲宴會成風，推動了釀酒業的迅速發展。

❶．釀酒條件優越，造就諸多名酒

明清時期東南地區商品經濟發展迅猛，釀酒業蓬勃興起，同時人們非常重視酒品製作的自然資源，其中包括水資源、植物資源和生物資源。屈大均在《廣東新語》記：「粵又有酒泉焉，一在陽江之南，泉甘而香，以為釀，曰陽江香。一在龍川霍山之青華觀，泉甘如飴，曰醴泉，昔時出酒極清異，日滿數斗。今泉孔滴水，猶含酒味。有酒峽焉，東莞之龍潭峽是也。以其水釀，曰龍潭清。有酒山，有香山境，以其白泥為餅，雜藥物釀之。有酒井，在開建似龍山之下，其泉如醴。」當時也有外省的酒匠被廣東名泉佳釀所吸引，也紛至沓來。如浙東釀酒人湧至順德陳村釀酒，其水曰釀溪，水質與製作紹酒的鑑湖水可媲美，「其水雖通海潮，而味淡有力。紹興人以為似鑑湖之水也，移家就之，取作高頭豆酒，歲售可數萬甕。」以外省酒匠的技術和工藝，取材於廣東的資源釀製出嶺南著名的「豆酒」，這確實是醇酒業新的創舉。

麴藥釀造是中國釀造史上一項具有劃時代意義的科學發現，與古阿拉伯地區的麥芽啤酒、愛琴海地區的葡萄酒釀造，並稱為現代世界釀酒技術的三大發明。中國酒麴產生於商周時期，魏晉南北朝時期出現了藥麴。宋代釀酒技術出現重大技術革新，用了麴母和紅麴，明清用麴釀酒已很普及，技術也有了進一步的發展。福建古田紅麴歷來有名，其製作方法是：用福建產的「將來米」蒸成米飯，伴以紅糟，放在密室中藏熟，然後用冷水淘三次，即「可以作酒」。[1]當時的福建只有古田能夠生產紅麴，作為最有特色的產品暢銷各地。廣西麴餅配方獨特，廣西欽州的麴餅需要草藥十一品，曰：「坐地娘、硬骨硝、軟骨硝、獨梗硝、五娘、柴草、過山龍、狗肝、山柑葉、水碗子葉、辣芋，以坐地娘為君，宜多用，辣芋少用，曬乾研碎為末。以糯米舂粉製餅為滴酒餅，以黏米舂粉製酒為白酒餅」[2]。

在重視原料的基礎上，明清時期的東南人釀製出了適合不同口味的酒。

燒酒是一種透明無色的蒸餾酒，一般稱白酒、滴酒，又名火酒，宋元時期始

1　古田縣地方志編纂委員會：萬曆《古田縣志》卷五《物產》，方志出版社，2007年。
2　林重元纂修：《欽州志》卷三《飲饌屬》，古籍書店，1961年。

►圖5-4 《清代釀酒圖》，
清代外銷畫

創，明清逐漸普及，此時在東南也普遍釀製，用「濃酒和糟入甑蒸，令氣上，用器承取滴露」。《廣東新語》也記有著名的燒酒，「白酒號竹葉青者，比諸品稍良。又有一種大餅燒，以錫甑炊蒸糟粕，瀝其汁液而成，性熱尤甚，嗜之者傷脾焦腎」。粵西欽州地區燒酒很有特色，主要有兩種釀製方法：一是以糯米粉製草藥為麴餅，然後「將糯米蒸飯，粉其餅和之以篋器敘茅盛之而蓋其上不濡水，待其氣蒸釀自然水漿滴出，以瓷器承之，故曰滴酒。產靈山者尤皆佳」；二是以黏米粉製餅，「將黏米蒸飯和之，用水為漿盛於瓷器，待蒸釀成酒故其味淡」。[1]可見這一釀酒法依然保存了越人的釀酒風習。飲用燒酒可以消冷積，止心痛，開鬱結，故東南老百姓多在冬天飲之。

　　老酒，是東南人釀製的一種黃酒，其中福建老酒尤為有名，蘇東坡有「夜傾閩酒赤如丹」的讚譽。福建老酒係用福州古田特產古田紅麴、上等精白糯米和密傳「藥白麴」釀製而成，不僅是宴會佳釀，而且是烹調閩菜的重要作料。莆田老酒也很有名，明弘治《興化府志》卷十二《貨殖志》記載了其製作方法：用五斗糯米，

1　林重元纂修：《欽州志》卷三《飲饌屬》，古籍書店，1961年。

一斗麴，「造酒一罈，燔而熱之，越歲不敗，此為老酒」。

在長期釀酒技術的基礎上，東南產生了不少名酒，像順德的蜑酒、陳村酒、重醞等名酒。[1]周良工《閩小記》則記載了福建的玉帶春、梨花白、藍家酒、碧霞酒、蓮鬚白、河清、西施紅、狀元紅等十多種佳釀。不過，相對於四川、山西等省名酒，東南名酒可能還是有些差距，《閩大記》坦率地說：「酒有佳品，如建陽金盤菊、浦城河清、順昌香燒之屬，亦不能角勝四方」。

壯族人好酒，唐宋時期廣西名酒「瑞露」已盛名，使時任廣南西路經略使的范成大讚歎不已。清代，「瑞露」已發展成遠近聞名的「桂林三花酒」。三花酒顏色清澈透明，味道蜜香清雅，入口柔綿，回味爽冽。其得名是因為要蒸熬三次，故又稱「三熬酒」。三花酒因銷路廣、銷量大而讓不少釀酒之人發財，因此，舊時桂林民間又有「要想富，燒酒磨豆腐」的順口溜。

❷ · 鮮花、動物入酒，香氣、養生兩宜

東南地區果木繁盛，多奇花異草、珍禽異獸。因而在釀酒業中，也充分發揮了物產特長，釀製出很多有地方特色的酒，既有酒之醇香，又有藥效之用。

東南多水果，水果入酒釀製成各種果酒，在東南地區非常常見。如荔枝酒，民間用荔枝汁發酵而成，味道甘甜，明中期由於工藝較粗，釀製的酒質量一般，且易變質；明代末期釀酒技術提高，釀製的荔枝酒珍藏三年後，顏色如墨，「傾之，則滿座幽香郁烈，如荔熟坐楓亭樹下時也」[2]。其他則有「龍眼之簉（chōu），橘之凍，蒲桃之冬白，仙茅之春紅，桂之月月黃，荔枝之燒春，皆酒中之賢聖也」[3]。果酒是通過汲取了水果中的營養及香氣而做成的酒，酒精度低，且含有豐富的維生素和人體所需的氨基酸，有益健康。東南人認為果酒是酒中的聖賢，應不為過。

嶺南人喜歡把香草、奇花、樹皮等植物製入酒中，釀製成各種特色的草木之

1　陳志儀修：《順德縣志》卷三《物產》，刻本，1750年。
2　周亮工：《閩小記》上卷《閩酒》，中華書局，1985年。
3　屈大均：《廣東新語》卷十四《酒》，中華書局，1985年。

酒。如「嚴樹酒」，產於瓊州，搗皮葉浸之，和以香粳，或以石榴葉釀醞數日即成酒；還有「石榴花酒」，「以石榴花著甕中，經旬而成」；有「倒捻酒」，用倒捻子釀製而成，倒捻子如棠梨而小，外紫內赤；有「甜娘酒」，用形狀像艾葉的甜娘草釀製而成；有「七香酒」，用帶有辛香的酒藤葉，和米粉釀製而成。[1]廣州還有很著名的「百花酒」，又稱「百末酒」，其製法常用龍江燒為半成品，把鮮花投入酒中，封缸兩月，加沉香四兩，此酒釀成芳香馥郁。也有把百花曬乾研末入酒的製法，但嶺南更多用鮮花，其中以松黃、荔枝花、蒲桃殼、香蕉子、龍眼花為勝，屈大均《贈單翁詩》云：「陳村果木多龍眼，一一花頭飽露華，翁欲酒香還有法，春時兼與荔枝花」。

嶺南人喜歡把花草樹木入酒的原因是，嶺南花木多生長在氣候炎熱之地，吸收陽光多，《廣東新語》曰：「大抵粵中花木，多稟陽明之德，色多大紅。紅以補血，香以和中，故無不可以為酒者。」像百花酒，中醫認為其具有活血養氣，暖胃辟寒之功效，為老年人滋補之品。可見，當時嶺南人已經認識到草木之酒的藥效之用，用花草入酒自然非常常見。

此外，利用花露製酒，也是嶺南又一酒品。「凡百草之露皆可潤肌，百花之露皆可益顏。取之造酒，名秋露白，絕香。」而用椰子、檳榔、桑寄生等植物入酒，早在元明時已經聞名，清代這種傳統名酒依然流行。

以動物入酒也是嶺南酒品的一大特色。嶺南盛產各種的野生動物，人們根據他們的不同藥性用以浸製酒藥。《嶺表錄異》記：「蛤蚧，首如蛤蟆，背有細鱗，如蠶子，土黃色，身短尾長，多巢於樹中。端州古牆內，有巢於廳署城樓間者，暮則鳴，自呼蛤蚧，或云鳴一聲是一年者。里人採之鬻於市為藥，能治肺疾。醫人云，藥力在尾，不具者無功。」故梧州有著名的「蛤蚧酒」。蛇是嶺南的特產，嶺南人除愛吃蛇肉外，認為蛇有驅風去濕，活血益氣之功，故愛喝蛇酒。其中以最毒的金環蛇、銀環蛇、過樹龍、過基俠等泡浸的蛇酒功效最佳，故廣州的「三蛇酒」聞

1　屈大均：《廣東新語》卷十四《酒》，中華書局，1985年。

名遐邇。嶺南民間流行以初產的小老鼠浸酒，稱為「老鼠酒」，對風濕跌打療效甚佳。此藥酒幾乎家家必備。此外有蟻酒、公蛾酒、蠶蛹酒、三鞭酒、毛雞酒、肉冰燒……等。

明代，福建葡萄酒的釀製特別引人注目。葡萄酒來自西方，明朝末年歐洲傳教士來到福建，並把釀製葡萄酒的方法傳給當地。對此，《閩小記》做了很翔實的記載：「唯葡萄則依西洋人製之，奉其教者閩俗甚熾，取此酒以祀天主，名曰天酒」。

❸・民間有家釀，鄉飲重酒禮，盛行酒令

閩人好喝酒，明清時期福建民間已有「無酒不成禮」「有酒便是宴」「無客不提壺」之說。無論是歲時年節、宴客訪親，還是婚喪喜慶、祭祖祀神，皆需有酒。廣東人同樣如此。東南民間好酒，這和盛行家釀有很大關係。史載，南平「鄉居有家釀，如峽陽、西芹、徐洋、南溪、漳湖阪、大橫，皆有庫酒發扛。漳湖阪酒如福州造發，生納甕中，以籠糠煨熟。峽陽之酒，則從延制，釀窖尚如法。城中市酤酒，人或煎蔗糖為膏，益之火燒以助色增釅，或加酒母。酒母者，壓糟愈年潤回之汁也，入酒味重，飲之令人頭眩」[1]。由此可見一斑。

東南人好酒，特別講究飲酒氛圍，盛行鄉飲，即鄉人聚飲。鄉人聚會飲酒講究禮儀來自於中原古禮，後傳入東南，並在東南民間一直流傳，經不斷演變，形成了自己的特色。東南鄉飲主要有下面幾種形式：

第一，節日慶賀需鄉飲。正月初一至十五，為了慶祝春節，東南民間常常要聚飲。廣東海豐縣，正月初五以後各家輪請年酒，「尚有故傳坐飲遺風」[2]；廣東四會，開年後合家宴請敘事，鋪戶更是歡呼暢飲。有些地方還要舉行「點燈酒」會，並有一定的特別儀式。廣東陽江，正月初十或十一晚家家戶戶晚上「點燈」（對第一天晚上點燈的稱呼），至十六晚才「散燈」（滅燈稱呼），期間邀集親友聚飲，稱為「飲燈酒」。潮汕點燈日期則為正月初二，至十五結束，而且潮汕還有一種風俗習慣，

1 　楊桂森修：《南平縣志》卷八《風俗》，刻本，1810年。
2 　胡公著修：《海豐縣志》卷八《風俗》，刻本，1671年。

中國飲食文化史　■　東南地區卷・上冊

未經「點燈」儀式的男子不得入族，亦不能讀書，因此男子必須點燈。點燈時，每個男子需買一盞花燈掛在祠堂中，每晚點亮花燈，並用祭品祭祖。「開燈」和「散燈」都要邀請親友聚飲。《揭陽縣志》載：正月元宵後，送燈於晚嗣者，鄉村送鞦韆竹，歡飲徹夜。九月初九重陽節，登高、賞菊、聚飲之風在東南一直流傳。東南九月，秋高氣爽，尤其適合野外活動，因此人們常常「攜肴酒登高山，飲酒宴會」[1]。

第二，祭神拜祖需鄉飲。春秋社日，上至天子下至庶民都要封土立社，以祈福報功。每到春秋社日，東南地區各地農民都要舉行祭祀，聚而群飲。普寧縣二月春社日，各鄉農民聚集在祠堂，紛紛拿香帛、酒饌祭祀土神，祈求五穀豐登，完畢，則聚飲於神龕，叫「做灶」。[2]歸善縣二月春社日和九月秋社日，都要「釃酒群飲」。冬至大如年，東南農村尤其重視。這一天，很多地方都要舉行盛大的家族拜祖活動，全家動員，宰牛殺豬，然後全族男子聚集宗祠，虔誠拜祖，群飲於宗祠。

第三，清明掃墓需鄉飲。越人尚鬼，最敬重祖先，祭鬼之風濃厚。此風歷久不衰，並成全民性文化心態，廣東尤甚。每至清明節，成千上萬人前往墓地掃墓，俗稱「拜山」。掃墓期間，群飲是不可缺少的重要組成部分，「三月清明，門插青柳，或戴於首，具筵上墓」，祭祀完畢，群飲於祖墓旁。[3]在潮州地區，清明掃墓宴飲於郊野是常見的，掃墓宴飲也成為敬宗睦族的手段。

第四，壽辰婚嫁需鄉飲。東南地區，孩子滿月、老人大壽都要宴請鄉親好友飲酒歡聚；女兒出嫁、兒子娶妻是人生大事，更少不了擺酒鄉飲。此外，喜遷新居也需要宴請鄉親群飲。

第五，行業盛會需鄉飲。農曆六月二十四日為魯班師傅誕辰，泥瓦、木匠、搭棚（建築行業中的三個行業，總稱「三行」）工人酬神演戲聚餐喝酒，頗為熱鬧。據說，飲了先師誕辰酒，可保全年平安無事。農曆八月二十二是陶師誕，廣東佛山

1　胡居安纂：《仁化縣志》卷五《風土》，中山圖書館，1958年。
2　白玉新等編：《中國地方志民俗資料彙編》中南卷下，書目文獻出版社，1991年。
3　王永名修：《花縣志》卷八《風土》，刻本，1890年。

石灣各行會組織相聚飲行酒，當地俗稱「飲行」。這樣做主要是為了維護本行利益，大家自然也比較齊心。廣州商人則會在正月期間邀請官員或鄉紳及同行一起暢飲，曰「飲春酒」。

如此眾多的鄉飲自然少不了行酒令。民間行酒令會用「划拳」來助興，也是最為通俗的酒令，又稱為「拇戰」，廣東頗為流行。簡單的如「五行生剋令」：拇指為金、食指為木、中指為土、無名指為水、小指為火，以金克木、木克土、土克水、水克火、火克金來分勝負。「五毒令」與此相仿，各指依次為蛤蟆、蛇、蜈蚣、蠍虎、蜘蛛。此外，還有啞拳、漢拳、走馬拳、連環拳、過橋拳等，都以出指數目和口中所喊出數字的加減變化來定勝負。划拳喝酒，簡單熱鬧，傳至今日，歷久不衰。

文人學士之間則流行雅令，這還必須要通讀四書五經之人才能行此令，如「四書數目令」「四書貫千字文令」等。四書不能倒背如流的人定會被罰酒無數。雅令中比較通俗的便是詩句令。廣東吳川的文人，在重陽期間登山就會飲酒賦詩，誰作不出來就會被罰酒，此乃文人之雅氣。

東南民間鄉飲酒宴，其意義在於把自給自足狀態的分散小農，通過群飲的紐帶聯繫起來，在明長幼、習賓主之禮的規範約束下，增進鄉人親友感情，製造鄉里祥和的氣氛，培養重老尚齒的倫理道德，同時對鞏固封建宗法統治無疑也起到了凝聚作用。

五、吞雲吐霧煙草盛

煙草原產於美洲，明朝後期從呂宋島（今菲律賓）傳入福建漳州、泉州。《景岳全書》載：「煙，味辛氣溫，性微熱，升也，陽也……此物自古未聞也，近自明我萬曆時始出於閩廣之間，自後吳楚間皆種植之矣。然總不若閩中者色微黃，質細，名為金絲煙者，力強氣盛為優也。」明人談遷也記載：「金絲煙，出海外番國，

日淡巴菰，流入閩粵，名金絲煙。」[1]閩廣是中國最早栽培煙草的地區之一，隨即傳至全國。

❶．煙草傳入，種煙普及

福建漳州、泉州一帶是我國最早傳入煙草的地區之一，也是我國煙草生產最發達的地區之一。其煙草產量大、質量高，所出煙葉遠近聞名，銷售範圍幾乎遍及全國。據嘉慶年間陳琮在其《煙草譜》裡所云：「以百里所產，常供數省之用。」每年五六月煙草收穫上市之時，漳泉地區便是「遠商雲集，肩摩踵錯……村落趁墟之人，莫不負挈紛如」。明末時，漳州煙草還多售於煙草的來源地——呂宋島。煙草是閩西客家地區重要的經濟作物，如汀州府乃著名的煙草集中地，該府所屬八縣「膏腴田土，種煙者十居三四」，其中又以「上杭，永定為盛」，上杭縣煙葉的發展在於該縣「人情射利，捨本逐末，向皆以良田種煙」。[2]閩西煙葉的種植既為客家人帶來豐厚的利潤，更使「福煙獨著天下」[3]。

粵北南雄煙葉於清初從閩西傳入，時過四五十年便取得了突飛猛進的發展，其「日漸增值，春種秋收，每年貨銀百萬滿，其利幾與禾稻等」[4]，使南雄在清朝時期成為嶺南重要的煙葉交易中心。大埔等山區客民在乾隆中期也「競尚種煙，估客販運江西發展」。種煙不僅能獲「比稻加倍」的厚利，且具有「殺蟲兼潤苗根」之功效，[5]故在乾嘉道三朝年間，粵東鎮平、平遠、大埔等地都成為廣東煙草種植的主要地區。

由於煙草銷路好、利潤高，珠江三角洲煙草生產同樣非常盛行。廣東新會不少地方種煙的田地占全部耕地的十分之七八，鶴山種煙的村莊非常多，當地農民通過種煙摸索出一種煙稻的輪種法，早造種煙晚造種稻，則晚稻「所倍收，過庾肥

1　談遷：《棗林雜俎》中集，中華書局，2006年。
2　《乾隆汀州府志》卷八《物產》，方志出版社，2004年。
3　《道光永定縣志》卷十《物產》，刊印本，1823年。
4　《道光直隸南雄州志》卷九《物產》，石油工業出版社，1967年。
5　吳思立修：《大埔縣志》卷十三《物產》，中山圖書館，1963年。

田」[1]，古蠶、雲蓼、沐河等地的煙葉則被公認為是上等的煙草產品。

❷·名煙眾多，煙味濃烈

東南名煙一般都屬於晾曬煙，即把地裡生長成熟的煙葉採摘紮把掛在屋簷下（或晾房內）晾曬乾燥後而成的煙葉。曬乾的煙葉再加工成煙絲，煙絲有黃絲、熟煙、生切三種。「黃絲」是將曬黃的煙葉直接鉋削成絲，「熟煙」是將曬紅的煙葉摻入花生油或茶油和酒再刨削成絲，「生切」則是不加油而配以其他原料或刨削成絲。

東南地區種煙及煙草加工業的發展，促進了本地區一大批名煙的產生。清代福建最好的「蓋露煙」即皆「永，杭人為之」[2]。而福建「條絲煙」，在佛山則有專門的銷售店鋪。福建煙草產地的著名產品有浦城生絲、永定煙絲、漳州石碼和小溪煙絲，產品行銷全國。

廣東以盛產黃煙而著稱，如廣東始興、新會、南雄的曬黃煙，尤其是南雄黃煙。南雄地區因其紅砂土中富含磷鉀，所產煙葉顏色金黃，煙味醇香，煙葉易燃，煙灰雪白，故南雄黃煙素負盛名，當時「雄煙」在國內市場上是「名甚著」而「行銷益廣」[3]。新會縣同樣以黃煙而盛名，曾經是廣西市場上黃煙絲的主要供應地，只是因為清代後期廣西引種了黃煙才導致了廣東煙葉的衰落。[4] 廣東黃煙的盛名產生了一批有名的城鎮製煙字號，如新會城的如思館、梅縣城的耕耘館、林翠堂、黃石安等字號都曾名噪一時。據鄧淳的《嶺南叢述》記載：黃煙以嘉應州耕耘館所製為第一，林翠堂次之，另有黃石安字號，亦善製熟煙而與之抗敵。

廣東高要的金絲煙以煙味濃烈而獲得那些瘾君子的青睞，據《高要縣志》載，金絲煙煙葉的種子來自交趾，後傳自高要。莖高三四尺，葉子多細毛，採下曬乾後製成的煙絲如金絲般發亮，煙味濃烈。把金絲煙葉碾成細末而做成的鼻煙「色紅，

1　徐香祖修：《道光鶴山縣志》卷二《物產》，刻本，1826年。
2　楊瀾編：《臨汀匯考》卷四《物產考》，刻本，1878年。
3　余促純等：《道光直隸南雄州志》卷九《物產》，石油工業出版社，1967年。
4　《新會鄉土志》卷十四《桂州》，刻本，1908年。

中國飲食文化史　■　東南地區卷·上冊

入鼻孔中，氣倍辛辣」[1]，市場售價與銀兩價相等。清代廣東清遠、新會、高鶴、廉江、新興、惠東、高州的曬紅煙也很有名。

❸·吸煙盛行，煙具眾多

東南煙草的廣泛種植和各地名煙的產生，極大促進了東南地區吸煙習俗的形成。東南吸煙習俗先在福建盛行，有人曰：「明季服煙有禁，唯閩人幼而習之，他處百無一二也。」[2]由此可見，明朝末年福建吸煙之風已經非常興盛。之後，隨煙草從福建傳至廣東、廣西、臺灣等地的大量種植，吸煙之風隨之在當地亦得以盛行。

清初，福建莆田人發明了炒煙，進一步推動了東南地區吸煙的習俗。鄭麗生《閩廣記》卷二《朋兄煙》載：「朋兄煙，福州特別煙絲二種，一為厚煙，以為炒煙，皆以管吸之。炒煙俗呼朋兄煙，創自清初。這種煙吸時即燃，而煙灰棄地即滅，無引火之虞。最為農工及船戶所喜，暢銷於沿海各縣，亦遠至北京，漸起家。」福州王大盛炒煙享譽清代三百餘年，他炒煙來自偶然。傳說莆田人販煙葉來福州銷售，一日天下大雨而淋濕煙絲，懊惱之際放煙絲於釜中焙乾，不料煙絲香味更佳，大受民眾喜歡，於是標榜為「王大盛炒煙」。吸煙之風盛行，使得煙與茶一樣，成為待客之物。趙古農於道光五年寫成的《煙經》云：「近世以來，茶煙交進，煙之為用，是不可廢……寒溫共敘，非此無以申其敬，因知其用，此為第一也」。

明清東南民間多吸食土產煙絲，需要用火點燃。清代從西洋傳入鼻煙，此煙以煙和香料為細末，無須點燃，直接吸入鼻孔之中即可。此外，西洋雪茄和捲煙也傳入東南。其攜帶方便，吸食簡單，且不需煙具，故先是香山（今中山縣）及澳門人多吸食之，繼而盛行於廣州商人中。

吸食煙絲除了用紙自捲外，還需要專門的工具，於是為吸煙而創製的煙具應運

1　李調元：《南越筆記》卷五《鼻煙》，中華書局，1985年。
2　董含：《三岡識略》卷六，轉引自謝國楨編《明代社會經濟史料選編》中冊，福建人民出版社，1980年。

而生。明清流行的煙具主要為旱煙筒、水煙壺、水煙筒等。

「旱煙筒」是當時最為普遍的習用煙具，其製作簡單，攜帶方便，一般由煙管、煙斗和煙嘴三部分組成。煙管多用竹子製成，亦有用好木、老藤或其他原料，煙斗多用銅鐵或陶瓷，煙嘴則用金屬、骨魚或玉石等。清廣州人李綸絲在《塞煙筒賦》中對用旱煙筒吸煙做了詳細而有趣的描述：「爰製小筒，圓而不方，丈有所短，尺有所長。爾腹則堅，我鐵則剛，再鑽而入，一孔有光。長嘴上嵌，曲斗下鑲。於是弄煙成丸，按指而藏，就燈取火，入口聞香，呵成雲霧，直繞肝腸」。

「水煙壺」由煙斗、煙嘴和煙壺三部分構成，壺身多用白銅製成，壺內裝有清水，用來過濾煙氣，使香味更加清香醇厚，常用於吸食熟煙。清代李調元《童山詩集》有載：「水煙壺腹如壺，以銅為之，柄如鶴頸長，其銅入口，以噓煙氣，其煙嘴橫安背上，腹內受水，噓畢則換。」水煙壺是我國清代至民國十分流行的通過水過濾而吸煙的煙具，至今仍流傳不少。銅製水煙壺價格較高，且壺內裝水攜帶不便，因而不受大眾喜愛，多為城鎮悠閒之人或有身分的商人所用。

「水煙筒」乃吸收旱煙筒和水煙壺兩種煙具長處和工藝而成。筒身用長一二尺、徑二三寸的大毛竹（楠竹）製成，內裝清水，這樣兼有煙管和煙壺之用；煙斗用小竹管或金屬管，裝在水線下。吸煙時，用嘴含住煙筒上口，稍稍用力吸氣，煙氣從煙斗入，再經過筒內清水的過濾，發出咕嚕嚕的聲音。此煙具深受老百姓歡

迎，廣東話又稱之為「大礦竹」。工餘飯後，一支「大礦竹」在眾人之中傳遞吸食，或幾人各拿「大礦竹」圍而聚吸，既消閒解困，又聯絡感情，曾是民間一景。現在粵西農村和雷州半島仍然流行吸「大礦竹」。[1]

除此之外，當時富貴之家還很看重鼻煙壺和鼻煙盒等。鼻煙壺和鼻煙盒是用來裝鼻煙的煙具。乾隆時期，鼻煙壺尚未成為春貢方物。洋船回澳門時，廣東巡撫派人到澳門購買，不得私賣。但是洋船多置若罔聞，採買者又假公濟私肆行多買，於是鼻煙壺多流入市。[2]清代貢品鼻煙壺和鼻煙盒多用水晶、玳瑁、瑪瑙、玉石、蜜蠟、琺瑯等名貴原料製成，圖畫裝飾工藝極為精緻，且價值不菲。廣東人並不盛行鼻煙，但因鼻煙壺和鼻煙盒是貢品，擁有鼻煙壺或鼻煙盒即是有身分的象徵，遂使權貴之人爭欲購之。後來，由於廣東工匠仿製得厲害，至道光初年，鼻煙壺已經普及了。

煙草從明朝萬曆年間傳入閩廣，天啟、崇禎年間已遍及「大江南北」，幾十年的時間，煙草的生產與加工已由星星之火發展到燎原之勢，吸煙之風遍及全國。閩粵種煙葉的發展及各種名煙在全國的銷售，雖對發展當地經濟起了較大的促進作用，但對中國人民卻也產生了嚴重的負面效果。對煙民來說，買煙的費用實為家庭一大支出，增加了家庭的經濟負擔；同時，吸煙對身體有害，對國民健康貽害很深。

六、食鹽曬製調味豐

東南地區臨海，近海水中含鹽度高，地處熱帶亞熱帶地區光照充足，具有優越的發展海鹽生產的條件。東南地區製鹽歷史悠久，歷來是中國重要的海鹽產區。海鹽又稱「末鹽」，生產成本低，操作較簡單：在鹽田掘地為坑，坑口橫架竹木，鋪

1　廣東省地方史志編纂委員會：《廣東省志·煙草志》，廣東人民出版社，2000年。
2　劉芳輯，章文欽校：《清代澳門中文檔案彙編》第五章《對外貿易七·鼻煙》，澳門基金會，1999年。

上篷席，再堆上鹹沙。海潮漲時，「鹹鹵」淋在坑內，潮退後提取鹹鹵，用細竹篾編成牡蠣灰泥固的竹盤盛放，在釜中煎煉即成鹽。

唐代，嶺南的廣州、潮州、恩州，福建的閩縣、長樂、連江、長溪、晉江、南安，均開設有鹽場。五代十國時期，嶺南又增加了東莞、新會、海陽等鹽場。宋代閩粵採製海鹽進入大規模生產階段，在海洋資源開發上邁出了新的步伐，鹽場數量大為增加，海鹽總產量隨之猛增。當時的詩人曾稱讚福建為「釀溪煮海恩無極，千家沽酒萬家鹽」[1]。元代福建有七座大鹽場，包括海口、牛田、上里、惠安、潯美、潯洲、丙洲，食鹽年產量約四千萬斤，最高年分可達五千萬斤，[2]比宋代有了明顯的增長。

明代東南地區已改變原來的煮鹽技術，多採用晒鹽技術，「今閩之鹽，皆用日曬而成，亦不復煮矣」[3]。利用陽光直接曬鹽，進一步加速了製鹽業的發展和海洋資源的利用，鹽稅成為明代福建廣東兩地政府的重要財政收入。曬鹽需要用石頭砌成的池，池寬一丈，深三寸，天晴時，將鹵盛入池中，夏秋季節一天可成鹽二石左右，冬春時節一天成鹽一石左右，最好的鹽田一年可得鹽二百石左右。[4]洪武二年（西元1369年），廣東設置廣東和海北兩個鹽課提舉司，管轄從海南島到粵東饒平沿海二十九個鹽場，全年鹽產量為七三八〇〇引（1引等於200公斤），占同期全國鹽產量的百分之二十，是全國主要產鹽大省之一。曬鹽所需設備較少，投資不多，鹽價大為降低，鹽丘也大量增加，萬曆中，漳浦、詔安各有鹽丘一五〇〇七個、四一六七個；而潯、浯、濱、惠四場新漲海灘，民間擅自開曬的鹽丘即不止兩縣之數。[5]

清初廣東有鹽場二十六個，雍正以後多達三十四個。清代製鹽方法仍採用晒鹽

1　詹體仁：《游南台民閩粵王廟》，《全宋詩》，北京大學出版社，1992年。
2　陳壽祺：道光《重纂福建通志》卷五四《元鹽法》，福建教育出版社，1995年。
3　黃仲昭：《八閩通志》卷二五《食貨》，福建人民出版社，1990年。
4　屈大均：《廣東新語》卷十四，中華書局，1985年。
5　謝肇淛：《福建鹽司志》卷十三《萬曆三年都御史劉堯誨奏》，轉引自朱維干：《福建史稿》下，福建人民出版社，1986年。

法，不過方法又有一些進步，且舊的煎鹽法已漸淘汰。產鹽量急增，乾隆五十五年（西元1790年），廣東產鹽152萬包（1包=150斤），道光年間，增至1628914包，其中生鹽1584561包，熟鹽44351包。[1]

臺灣四面臨海，有很多優越的鹽場。鄭成功統治臺灣時，參軍陳永華在天興之南（今瀨口）教民曬鹽，「築埕海隅，鋪以碎磚，引水於池，俟其發鹵，潑而曬之，即日可成」[2]，曬製出來的海鹽顏色雪白，味道甚鹹。臺灣歸屬清王朝後，臺灣海鹽銷路日廣，私自採鹽之人日多，競爭激烈，價格不一。雍正四年（西元1726年），清政府實行統一管理的政策，在臺灣分設鹽場四處：州南、州北、瀨北、瀨南。乾隆二十年（西元1755年），增設瀨東鹽場。以後，又陸續增加了布袋嘴、北門嶼等鹽場。

明代鹽業實行官府管制，鹽戶生產的食鹽全部要銷售給官府鹽運司，或是官府制定的鹽商，如果私自售鹽便是犯法。官府為了保證食鹽的銷售，強迫沿海民眾購買官府的食鹽。

第二節　一方水土養一方人

古語有云：「東南之人食水產，西北之人食陸畜。」然而此言並不全面，陸畜野味同樣是東南地區人們所嗜好的，尤其是廣府人和客家人。歷史的發展，風俗的沉澱，至明清，山珍、海產、河鮮早已是閩潮菜和粵菜不可缺少的食材，尤其是海鮮。重視海鮮，善於烹製海鮮，是兩大菜系的重要特色，其中較具地方風味、較受百姓歡迎的有牡蠣、蛤、蝦、蟹、蠔、黃花魚、帶魚、烏賊、鯧魚等。

1　阮元修：《道光廣東通志》卷二六五，上海古籍出版社，1995年。

2　連橫：《臺灣通史》下冊，商務印書館，1983年。

一、靠山居——喜食山珍野味

東南多山，山珍野味則是構成東南菜餚的另一個組成部分。在粵菜和客家菜系中，野味是其重要內容。繼承古越人食俗，鳥獸蛇蟲無不食之。至清代，野味品種已很豐富。據屈大均《廣東新語》載，明末清初，廣東人常吃到的野味有熊、鹿、猴、野兔、獐子、水獺、野豬、果子狸、田鼠等。粵人嗜野味成風，外人對此不甚理解，認為廣東食品有別於他省，徐珂《清稗類鈔·飲食類》:「粵東（即廣東）食品，頗有異於各省者，如犬、田鼠、蛇、蜈蚣、蛤蚧、蟬、蝗、龍蝨、禾蟲是也。」除了繼承古越人食野味習俗和喜歡嘗新嘗鮮外，廣東人尤其愛吃野味的另一原因是，廣東人重視食補，而很多野味被認為具有較好的食補作用，體現了醫食同源的飲食思想。這裡不妨舉幾種廣東人喜食的野味。

穿山甲，古代稱之為「鯪鯉」，是一種生活在山麓、丘陵潮濕地帶的動物，身披覆瓦狀的角質鱗甲，頭小嘴尖，四肢短小，廣泛分布在粵北及海南島各個山地丘陵。舊時人們發現穿山甲的鱗片可「治惡瘡、瘋症、痛經、利乳」，二十世紀人們認為其肉可以治療癌症，於是身價百倍大量捕殺，嶺南尤甚。現在，為保護這一動物資源，東南地區採取保護措施，禁止獵取。

大鯢，又稱娃娃魚或海狗魚，是我國的特產動物，外形像鯰魚，但又不是魚，棲於山間溪流，喜愛冷水和水質清澈的深潭洞穴。大鯢又是有名的藥用動物，對貧血、霍亂、痢疾和婦女血經等有輔助治療作用，因此導致它遭到大量捕殺。過去，僅廣州市一地銷售大鯢即可達三百多擔，可見嶺南人食大鯢之風氣之濃厚。現在廣東已很難找到大鯢，鑒於這種珍貴動物日漸減少，我國已將它列為國家二類保護動物，禁止捕殺。

「禾雀美，吃臘味」。禾花雀，原名黃胸鵐，外表像麻雀，是一種在稻花開放時節出現於廣東省番禺、順德、三水等地的候鳥。禾花雀骨小腴美，歷來是嶺南人的席上珍品。一九八三年出土的廣州南越王墓中的陶器內，有200多只禾花雀殘骨，經考證是依古「八珍」而製作的菜餚。這證明古越人已把禾花雀視作上等佳餚。現

在每逢深秋，廣州各大小酒家、茶樓都有禾花雀菜餚，備受當地人歡迎。

狸，外形和貓相似的山野哺乳動物，在廣東省以豹狸、果子狸為多，歷來被嶺南人認為是秋冬季節進補的佳品。唐代段成式《酉陽雜俎續集》：「洪州有牛尾狸肉甚美。」並稱可以驅風補癆。其製作方法有燉、燒、煲等多種，紅燒果子狸是最常見的烹製方法。

「秋風起，三蛇肥」。蛇肉因其食補作用而在嶺南身價百倍，被普通家庭乃至高級食肆視為美食。蛇本為古越人的圖騰崇拜，後成為他們嗜好的一種食物。隋唐以降，越人基本漢化，但其嗜好吃蛇的風俗卻被沿襲下來，烹製技巧也得到提高。不僅如此，人們還發現蛇的更多食療滋補價值：用於製成藥酒，可強身健體；蛇膽則用來治療疾病和滋補身體，效果甚佳。每年秋冬時節為吃蛇季節，各大小食肆茶樓紛紛推出各種款式的蛇菜以招徠顧客。吃蛇實為嶺南飲食文化的一大特色。

鼠，在廣東很多地方都被視為美食，尤以珠江三角洲、粵西、海南為盛。宋代蘇東坡被貶海南，即曾見當地人好吃「熏鼠燒蝙蝠」。曾經做過廣東（肇慶、羅定）道台的安徽定遠人方濬師在其名著《蕉軒隨錄》中稱讚當地鼠肉：「予官嶺西，同年李恢垣吏部以番禺鄉中所醃田鼠見餉，長者可尺許，云味極肥美，不亞金華火（腿）肉。」閩西客家人喜歡把鼠肉製作成老鼠乾，成為閩西聞名的「八乾」之一。大鼠肉醃製成鼠脯，即成為順德人的送禮佳品，酒座上若是沒有鼠脯，則視為對客不尊。《嶺南雜記》曰：「鼠脯，順德佳品也。鼠生田野中大者重一二斤，炙為脯，以待客，筵中無此，以為無敬。」東南人尤其是粵人，食鼠只吃田鼠，因為田鼠食穀，並認為臘乾的鼠肉很滋補，但是家鼠是無人吃的，以為粵人凡鼠皆吃的說法是誤傳。其他野味還有鷓鴣、山瑞、田雞、黃　等。

此外，山區盛產竹筍、香菇、銀耳等，是十分珍貴的飲食資源，它們大大豐富了東南飲食文化的內涵。

廣東人好食野味的習俗在當今社會引起了很大的爭論。食野味成風，最直接的後果是動物數量的減少，尤其是一些瀕危動物，像穿山甲、大鯢；有些野生動物可能帶有可傳播的病毒，吃野味可能會感染病毒。在二〇〇三年非典橫行之時，科學

家曾經把果子狸視為病毒傳播之源。鍾南山等院士認為，儘管尚不能認定果子狸是SARS冠狀病毒傳播的源頭，但果子狸的確是SARS冠狀病毒的載體，是人類SARS病毒的重要動物宿主之一。為此，廣東食野之風一度大減，野味成為人們避之不及的食物。野味是否全都能吃，是否有益健康，這實在值得人們深思。另外，食野導致野生動物減少，引起生態平衡問題，這也值得人們檢討和深思。

二、在平原——鍾情河鮮陸畜

❶·魚蝦蟹螺河鮮多

東南地區的富饒之地多集中於江流出海的沖積平原，經過明清時期的大力開發，不少地區已步入全國經濟的先進行列。廣東的珠江三角洲、韓江三角洲，福建的漳州平原、蒲仙平原、福州平原都是東南著名的魚米之鄉，而珠江三角洲更是其中的佼佼者。

明代以來，珠江三角洲各縣地勢較低的農田常遭水淹，一些農民於是乾脆把低田深挖成塘，挖出的泥土堆在四周作基，塘中養魚，基上種果樹，因此有了「果基魚塘」的耕作方式。明代初期，這種方式得到逐漸推廣，使得魚的供給量大大增加。

福建建安、甌寧一直是福建最著名的淡水養殖區，主要是用魚塘養魚。十六世紀，葡萄牙人曾這樣描述福建的養魚業：「這裡的養魚池，不用石板砌成，而是建在淤泥很多的地方。魚苗所需要的主要食物是母水牛和母黃牛的糞便，吃了後魚苗長得如此之快和如此之肥，真是一件奇事。儘管這裡是在每年的三四月份捕魚苗，因為我們是在那時看見，但後來我們知道這種情況一直都有，因為人們一直都在吃鮮魚，所以需要一直往魚池裡投入魚苗。」[1]東南的塘魚養殖為東南地區提供了大量

1　費爾南·門德斯·平托：《葡萄牙人在華見聞錄》，三環出版社，**1998**年。

的鮮魚，極大豐富了東南美食資源。

明中葉以來，珠江三角洲的池魚生產處在興旺發展的階段，鱅魚、鰱魚、鯇魚、鯪魚四大家魚成為池塘養殖的主要種類，並大量出售到當地市場。淡水魚類的大量供應，讓粵人對魚類的烹製更加講究，認為「鯇之美在頭，鯉在尾，鰱在腹」，因為鯇魚頭肉滑骨酥，鯉魚尾部滑而滋美，鰱魚腹部肉甘而脂潤。《廣東新語》曰：「水鯪土鯽，病人宜食。鯪浮鯽沉，可以滋陰。蓋鯽屬土，其性沉，長潛水中；鯪屬水，其性浮游，長躍水上。鯽食之可以實腸。鯪食之可以行氣。」廣府人對塘魚的食療功能很有見地，認為水鯪（鯪）土鯽具有滋陰的作用，而且吃鯽魚可以「實腸」，吃鯪魚可以「行氣」，不僅僅是美味佳餚而已。這從一個側面反映了嶺南人非常注重醫食同源的飲食觀。

蟛蜞又稱螃蜞，和螃蟹同屬一科，但形體較小，其種類繁多，常見的有「紅蟛蜞（蟹紅）」「白蟛蜞（蟹白）」和「毛蟛蜞」。珠江三角洲沙田、河灘、江河出海處是蟛蜞棲身的地方。據《廣東新語》載：「食惟白蟛蜞稱珍品。」吃白蟛蜞，要用鹽和酒醃製，再放藕花朵於中，在烈日下暴曬之後便可香氣撲鼻，成為一道非常可口的雜菜，有去胸中煩悶之功效。把毛蟛蜞放入鹽水中醃製兩個月，再「熬水為液」，投以柑橘皮，其味道絕佳。潮州人尤其嗜好蟛蜞，「無日不食」，把它當成日常的蔬菜。[1]一般七八月吃蟛蜞最適時，因為八月的蟛蜞生長最豐厚。雖然蟛蜞肉少，但在粵人的巧手之下，卻成為一道極富地方風味的美食。烹製的方法有蒸、煮、炒、炸或烤等，而蟛蜞最美味之處莫過於它的卵和膏。除了色澤誘人外，其味道也特別誘人，有如「蟹黃」一般，民間傳統的菜餚是蟛蜞膏蒸蛋、蟛蜞膏燴豆腐等，是流傳至今的特色地方菜。

「禾蟲」多生長珠江三角洲，俗稱「禾蝦」，是廣東人的美食佳餚。據張渠《粵東見聞錄》卷下《禾蟲》所記：「禾蟲，蓋小蛆也。形如蜈蚣，細如箸，長二寸餘，青黃相間，中有白漿。……土人網得之，賣於城市，盛以瓷甕，曝數枚於蓋以招市

1   戴肇辰修：《廣州府志》卷十《風俗》，刻本，1879年。

者，標曰『鮮香禾蟲』。若午前不售，午後即敗不可食矣。置蟲碟中，滴鹽醋一小杯，白漿自出。末泔濾之，蒸為膏，或作醃醬。」禾蟲渾身是漿，含高蛋白，美味可口，烹製可炒、可蒸、可燉，也可以曬乾保存，而流傳至今的是「清燉禾蟲」，被認為是最原汁原味的滋補美食。

此外，炒田螺、炒蠶蛹、烤龍蝨（一種水生昆蟲）都是珠江三角洲地區的風味美食，特別是炒田螺，不論貧富之家，都視為席上之珍。把田螺洗淨，敲去尖尾，用鹽漬過，再放紫菜、辣椒、蒜頭、豆豉等作料，把田螺放入油鍋中快炒，再加以燒酒，味道非凡。食時，先從尾部吸其汁，再從頭部吸食其肉，美不勝收。在傳統的節日中，像中秋節、乞巧節等，炒田螺是不可缺少的一道美食，也是顧客去食肆常點的一道美食。

❷ · 雞鴨豬牛禽畜豐

珠江三角洲多河塘海灘，富產的水生動物和各種植物，極利於鴨的成長，明清時，珠江三角洲的養鴨業規模逐漸擴大。很多農戶家有數以百計的鴨子，「皆沙田之所養而致」。像番禺的鴨子肉肥且大，數量也多，供應廣州而有餘，或者加工「醃為臘鴨」，銷路極好。[1]以鴨子為美饌的菜餚也特別多，如冬瓜煲老鴨、芋頭炆鴨、片皮鴨、酸梅鴨、五杯鴨、滷水鴨等。

東南地區有關雞的佳餚特別多，粵菜素有「無雞不成宴」之說，這很大程度上與東南地區於明清時期就培育成功很多優質肉雞有關。廣東黃雞，俗稱「三黃雞」，出自廣東的中山、惠陽等地，因黃毛、黃腳、黃嘴、下頜有一撮鬍鬚，故稱「三黃一胡」。以早熟易肥、肉質鮮嫩和獨特外貌而馳名國內外。「潮州雞」，又名石雞，頸脖短且小。「翻毛雞」，又稱竹絲雞，體型不大，羽毛向外翻起，產卵不多，但藥用價值高，兩廣皆有。「河田雞」是中國五大名雞之一，以三黃（嘴、腳、毛）三黑（兩翅、內側、尾端）三叉（冠頂及兩爪）著稱，《中國菜譜》載：「河田雞起源

1　鄧光禮等點註：《清同治十年番禺縣志點注本》卷八《物產》，廣東人民出版社，1998年。

於福建長汀縣和田鎮。」其脂肪適宜，肉質細嫩，皮薄柔脆，肉湯清甜，用其烹製而成的「酒醉河田雞」是福建客家經典名菜。

東南人喜吃東南豬肉，這促進了東南養豬業的繁榮。如廣東順德縣，「豬，邑人畜之最多」[1]，在福建民間畜牧業中，養豬業最盛。由此，本地區產生了很多地方名豬。如《本草綱目》記載，出自江南的豬耳朵小，而嶺南的豬則白而極肥。不僅如此，嶺南豬還具有身材矮粗、毛短耳小和皮薄肉肥的特點，從而有別於其他地方名豬。如廣州豬，靠吃米汁雜以細糠長大，矮壯且粗肥，肉特別鮮腍，和其他府縣的豬有明顯的差異。鴉片戰爭後，隨商品經濟的進一步發展，對肉類的需求擴大，人民在實踐中培育出更優良的嶺南豬種。像良種花白豬，「背黑腹白者其常，以肥為勝」[2]，隨經濟貿易的交流，此豬遍及珠江三角洲各縣，從而極大地豐富了人民的飲食生活。

嶺南之牛主要有水牛、黃牛兩類，在漢代已有文獻記載。然而自南北朝起，因受佛教戒殺牲畜、禁食牛肉的影響，嶺南養牛業一直很難發展，尤其在珠江三角洲地區。明中葉以後，養牛業才有了初步發展。清光緒年間，由於受來華外國人的影響，禁食牛肉的戒條打破，養牛業發展較快，牛乳業也有一定程度的發展。順德龍山鄉在十六世紀後期出現了牛乳業。之後，牛乳業不斷擴大，以牛乳為原料經加工凝結成塊的牛乳餅也行銷各地。[3]清朝末年，番禺沙灣一地日產牛乳上千斤，供給廣州及四方。沙灣人把牛奶與薑汁相結合，凝結成固體奶，從而發明了名食「薑撞奶」，風行廣州地區。

三、住濱海——嗜好海味魚鮮

「閩在海中」，這是《山海經》對福建的描述，在一定程度上可以說明福建人民

1　陳志儀：《順德縣志》卷十《物產》，刻本，1750年。
2　馮栻宗纂：《九江儒林鄉志》卷十《物產》，江蘇古籍出版社、上海書店、巴蜀書社，1990年。
3　溫汝能纂：《龍山鄉志》卷八《物產》，江蘇古籍出版社、上海書店、巴蜀書社，1990年。

自古便與海洋結下了不解之緣。確實如此,自古以來閩廣人民就利用臨海優勢,建立和發展了有別於內地的依靠海洋、資仰於海洋的海洋經濟模式。早期先民「問生涯於洪濤萬頃之中」,使用漁網等生產工具,以捕捉蛤蜊、魚等水產為主要生計方式。漢代以降,閩廣人民海洋開發的內涵不斷豐富和擴大。到了明清時期,中國政府對南海諸島及其海域主權進一步確立,閩廣人民海洋開發形成熱潮,「其人以漁海為業,歲所入腥鮮魚鮝(xiǎng)之利,可當一名都賦」[1],大海成為了沿海人民的衣食之源。明清時期開發與利用海洋資源的技術已經非常成熟,規模也相當大,從而對豐富東南飲食文化起了重要的作用。

❶·海產捕撈和常見海鮮美食

東海、南海有著豐富的海產,這為閩粵人民發展海上生產提供了優厚的條件。

明清時期東南海產捕撈量大為增加,海產豐收季節,市場上的魚、蝦、海參、海龜、瑤柱、紫菜、海帶等海產應有盡有。這一方碧波萬頃的廣闊水域,培育了東南人好吃海鮮的習俗。明清時期東南人常吃的海魚有黃花魚、帶魚、紋魚、鱝魚、青鱗魚、目魚等。

經過長期的生產實踐,明清時期,東南人民已積累了豐富的捕魚經驗,捕獲的魚類也越來越多。像《廣東新語》載,大黃花魚,是大澳一帶的特產,要捕獲它很難。當地漁民根據它傍晚出來的規律和發出像老人一樣聲音的特徵,一般在天黑時候循著響聲即可大量捕捉。根據不同魚類發出不同的聲音,人們很容易捕捉到鱝魚、青鱗魚、竹笑魚、金錢魚等。鱟,是一種生活在海底、背部有骨如扇一樣的非常古老的節肢動物,「似蟹,足十有二」。漁民發現背部有一塊半圓形的甲殼可以上下翻動。當它順風游動時,可以翹起背甲像帆一樣藉助風力加速。於是「望其帆取之」。閩廣漁民還掌握很多魚類和游動性海洋動物的洄游性和繁殖期的特點,從而捕獲到大量的肥美海產。《廣東新語》云:「凡鱸魚以冬初從江入海,趨鹹水以就

1　葉向高:《蒼霞草》卷十一《游九鯉湖記》,江蘇廣陵古籍刻印社,1994年。

中國飲食文化史　■　東南地區卷·上冊

200

暖。以夏初從海入江，趨淡水以就涼。漁者必惟其時取之」。

　　蝦，是東南沿海常見的動物。根據閩廣資料記載，兩地沿海蝦的種類繁多，主要有白蝦、沙蝦和龍蝦等。白蝦、沙蝦形體較小，繁殖力強，生長迅速，故產量大。海蝦，口味鮮美、營養豐富、可製多種佳餚的海味，有菜中之「甘草」的美稱，含有豐富的蛋白質，具有超高的食療價值，是東南人民嗜愛的一道美食。對蝦，是名貴食品，肉肥美甘鮮，堪稱「上饌」；龍蝦，是蝦類之王，在東南一帶海面很常見，一隻通常重半斤，長一尺，大者重達七八斤，其肉味甜，價值昂貴，且殼可製藥，也可製成工藝品。除做鮮食外，蝦還可製成乾蝦醬、蝦皮、蝦糕、蝦子醬、鹹蝦醬和乾蝦米、乾蝦子等。新安縣人喜歡把沙蝦「以鹽藏之」，味道極美，香山縣以製作「可以久食」的蝦醬——香山蝦而著稱，陽江一帶則把醬蝦稱之為「鹹食」，頗受歡迎。

　　福建近海除盛產「鮮美逾常」、重達數斤的龍蝦外，還有江瑤柱、西施舌、蠣房等名產也是福建漁民所獲取的重要海鮮資源。《閩小記》記載：「閩中海錯，西施舌當列神品，蠣房能品，江瑤柱逸品。西施舌以色勝、香勝，當並昌國海棠。蠣房以丰姿勝，並牡丹。江瑤柱以冷逸勝，並梅。西施舌即西施之舌之矣。蠣房其太真之乳乎？圖真雞頭，嫩滑欲過塞上酢……他如香螺、珠蚶類，非不爭奇競美……不足詫也」。

　　海龜，是龜類中最普遍的一種，東海、南海普遍都有，其形體較大，壽命較長，肉色鮮紅，味美如牛肉。海龜之卵大如乒乓球，殼軟，富含蛋黃，可食。龜掌、龜板、龜血、油、肝、膽、肉等都可做藥。《南越筆記》記載了一種與眾不同的海龜，產於高州海面，其背隆起，內藏珍珠，常從口中吐出，故稱珠鱉，且味道鮮美。

　　海參，是沿海漁民捕撈利用最多的海洋棘皮動物，營養豐富，含有大量蛋白質。南海海參種類繁多、有梅花參、綠刺參、花刺參、圖紋白尼參、蛇目白尼參、輻肛參、黑海參、玉足海參、黑乳參、糙海參等，明清時人多看到的是顏色較白的海參，像圖紋白尼參，形狀「類撐以竹籤，大如掌」。海參是一種高級滋補品，且

味道鮮美，被列為八珍之一。

燕窩，乃「海燕所築」，是名貴的原料，有烏色、白色、紅色三種。相比來說，烏色燕窩品種下等，紅色燕窩最好，也最難得，有治療小兒痘疹之功效，白色燕窩則「能愈痰疾」[1]。

怡貝，是沿海常見的附著貝類，俗名「青口」，也是著名的海產食品，乾品叫淡菜，唐人稱其為「東海夫人」，足見其開發利用較早。閩廣使用淡菜甚為普遍，人們常用作湯料，或作炆燒佳餚。水母，是海中常見的一種動物，腥味相當濃，屬涼性食物，「脾胃弱者勿食」。水母乾品稱海蜇，八月出產的乾品，「肉厚而脆」，備受食者喜愛。

東南海中蘊藏了豐富的海藻資源，主要有紫菜、海帶、石花菜、麒麟菜、江蘺、馬尾藻、鷓鴣菜、海人草和海籮等。紫菜，是一種富含營養價值的海藻，味道鮮美且具有治療高血壓、甲狀腺腫大和清熱作用，李時珍在《本草綱目》講了紫菜的益處，並提倡要常食。紫菜一直為我國人民所喜愛，明清時隨市場的需要擴大，閩廣沿海人民對紫菜的採集利用量也得以大規模展開。

隨著航海造船技術的進步和捕魚工具及方法的完善，出現了遠洋漁船，遠洋捕漁業為此有了長足發展。福建漁船常於冬春時節前往浙江捕撈帶魚，「閩船隻為害於浙江者有二：……一曰釣帶魚船。台（台州府）之大陳山，昌（昌國衛）之韭山，寧（寧波府）之普陀山等處出產帶魚。獨閩之莆田、福清縣人善釣，每至八九月，聯船入釣，動經數百，蟻結蜂聚，正月方歸。」[2]據《廣東新語》載，當時使用的漁具不下十餘種，作業漁船也從小船小艇發展到風帆船，從一桅帆船進而到三桅大型帆船。乾隆年間，北部灣海域出現一種抗風能力極強的大型漁船，命名「頭猛」，有載重三十萬司斤（合176噸）和五十萬司斤（合295噸）兩種。這種漁船可遠到南海諸島海域作業而沒有多大風險。有文獻記載，明代我國漁民就克服種種困

1　周亮工：《閩小紀》下卷《燕窩》，中華書局，1985年。
2　計六齊：《明季北略》卷五《張延登清申海禁》，中華書局，1984年。

難遠到南海諸島修屋造田，從事農業漁業生產。十九世紀以來，更多閩廣沿海漁民深入南沙海域從事漁業生產。如海南文昌、瓊海等縣漁民多在每年冬季利用東北信風南下南沙捕撈水產，至第二年颱風季節到來之前利用西南季風北返。而每年4-6月，大量海龜隨西南方來的暖流到南沙等群島產卵，正是捕獲它們的好時節，故捕捉海龜的漁民回來時間稍晚一些。

❷ · 海洋養殖和豐富的海鮮美食

利用灘塗進行海產養殖是閩廣人民開發海洋資源的又一傳統開發模式。

沿海水鄉居民常在低潮時在海灘上拾貝捉蟹，或築魚網截留魚蝦，在海潮地帶養殖牡蠣、珍珠貝、紫菜、江蘺、麒麟菜等。《廣東新語·地語》記載：「廣州邊海諸縣，皆有沙田……七八月時耕者復往沙田塞水，或塞蕢箔。臘其魚、蝦、鱔、蛤、螺、蛭之屬以歸，蓋有不可勝食者矣」。

牡蠣，又名蠔，是一種依附在淺海岩礁上的軟體動物，其肉蛋白質高，脂肪少，被當代人稱作「海中牛奶」。乾品叫蠔豉，還可以製成蠔油，因製作較難，在古代是一種名貴的調料品。牡蠣殼和蠔珠是常用中藥，可以說牡蠣全身是寶。我國東南沿海和珠江三角洲一帶的人民很早就懂得採集天然蠔作為食用，剩下的蠔殼則被廣泛用於製作一些簡單的器具或者做砌牆建屋的材料。《嶺表錄異》記載，晉代盧亭起義，兵敗而死，其餘黨「奔入海島野居，惟食蠔蠣，壘殼為牆壁」。宋代，嶺南開始有了人工養蠔，是全國最早養蠔的地區。宋人梅堯臣《食蠔詩》載：「薄臣游海鄉，雅聞靖康蠔，宿息思一飽，鑽灼苦味高。傳聞巨浪中，為淚如六鰲。亦復有細民，並海施竹牢，採援種其間，衝激姿風濤。鹹鹵日與滋，蕃息依江皋……」這裡生動地描繪了靖康地方（今寶安南頭一帶）「細民」用投石圍竹來進行人工養蠔的畫面，且表明養殖牡蠣已由拋石養殖，嬗變為插竹竿養殖，這顯然是牡蠣養殖技術的一大進步。明清時期，人工養蠔業得到進一步發展，養蠔技術比以前有了很大進步。宋元時期，一般用石頭作為蠔的附著器，那時還不知道對石頭加熱的好處；到了明清時期，人們發現用燃燒通紅的石頭投入海中，更有利於蠔苗的

附著，因為蠔「本寒物，得火氣，其味益甘，謂之種蠔」。清末，東南人還用舊蠔殼片來採苗。隨著養殖技術的進步，種蠔業已是「一歲蠔田兩種蠔，蠔田片片在波濤。蠔生每每因陽火，相迭成山十丈高」。[1]明清時期養蠔的規模已經相當大，在東江口的東莞、新安一帶，「蠔田房房相生」，蔓延至數十百丈，在崖門口的香山西南部，嘉慶年間蠔田無數。

蠔的大規模養殖帶來了蠔油製作的興起，最初，廣東沿海一帶的漁民將大量的海蠣子肉盛放在大缸裡，加大量鹽，用太陽曬，發酵後就成了臭烘烘的膏狀。一八八八年，李錦記創始人——李錦裳先生在一次意外中發現，經過長時間熬煮的蠔湯會被濃縮成鮮美非凡的蠔汁。他用這種鮮蠔的精華加上多種調味料，秘製成了一種新的調味品，並將之命名為「蠔油」。今天李錦記蠔油、沙井蠔油等製品深受東南人的青睞，鮮美的蠔油為東南飲食烹調帶來了珍美的調味品，促進了東南美食的發展。

蟶的養殖在東南地區並不晚，宋淳熙九年（西元1182）梁克家的《三山志》就有福建人從樂清灣購苗養蟶的記載。李時珍《本草綱目》談到廣東、福建有很多用於養殖蟶苗的蟶田。福建沿海獲取蟶苗方法獨特，《古今圖書集成・閩書》：「耘海泥若田畝然，浹雜鹹淡水，乃濕生如苗，移種之他處，乃大。」屈大鈞《廣東新語》還記載了廣東沿海人工養殖蟶、蚶等貝類食物。

蚶，是著名的海產貝類，「大而肥，鮮美特異」[2]，種類很多，一般棲息在近岸淺水粉沙質軟泥灘塗底部，其中資源最豐富、產量最高的是泥蚶和毛蚶。泥蚶以養殖為主，是閩廣傳統的養殖對象之一，毛蚶主要捕自天然資源。

蜆，是一種殼的表面有輪狀紋的軟體動物，形體較小，生活在淡水中或河流入海的地方。蜆肉有清熱、利濕、解毒之功效。人們常見和常食的有白蜆、黑蜆和黃蜆。白蜆生長於海中，黃蜆和黑蜆生於江中。每年二三月南風來霧氣升的時候，白

1　李調元：《南越筆記》卷十一《蠔》，中華書局，1985年。
2　陳懋仁：《泉南雜志》卷上，中華書局，1985年。

中國飲食文化史　■　東南地區卷・上冊

蜆子借霧而飄落於海水中，冬季長肥，海面上「積至數丈，乃撈取」。遠古時期，東南沿海人民採食白蜆有著悠久的歷史，至明清，白蜆的採集和養殖規模頗為壯觀。《南越筆記》載「番禺海中有白蜆塘，從獅子塔至西江口，二百餘裡的海面，皆產白蜆」。此時，人工養殖白蜆也開始興起，「蜆在茭塘、沙灣（番禺）二都江水中，積厚至數十百丈，是白蜆塘」，白蜆成熟的時候，採集白蜆就像撈泥沙一樣，一般都需要整艘小船來裝載。白蜆除了作為食物外，還可以用來肥田、壅蔗、飼養鳧鴨等，利潤頗大，自冬季至春季，「淘者鬻者所在有之」。

由於養殖白蜆的漁民增多，遂使政府對白蜆徵稅。康熙《番禺縣志》記載：「邑中蜆塘之稅，種之者，方春下小白蜆於海中，及冬以罾（zēng）船取之，其利甚腴」。

蟹，乃著名海味，味道鮮美。蟹種類眾多，有小娘蟹、飛蟹、青蟹等。小娘蟹的螯幾倍長於身體，新安人常把它的螯煮熟用來招待客人。飛蟹形體較小，味道和其他的蟹類差不多。青蟹是質量較好的食用蟹，其俗稱水蟹、肉蟹、膏蟹，主要棲息在鹽度較低的潮間帶和沿岸淺海泥沙質地部，是沿海漁民捕獲的主要蟹種，也是養殖的優良品種。

明清以來，東南沿海各地的漁業生產更為興盛，海洋捕撈和海洋養殖比以前有了更大進步，海鮮產量極為豐富。「靠山吃山，靠水吃水」，東南人民自然嗜好海味魚鮮，形成了沿海之民日常所食「魚蝦蠃蛤，多於羹稻」的飲食結構。悠久的食用海味的歷史，使東南人很講究海鮮的口味和烹製的方法。《廣東新語》曰：「江海魚之美者，語有曰：第一鱠，第二鯯，第三第四馬膏鯽。又曰：黃白二花，味勝南嘉。又曰：寒鱭熱鱸。黃者黃花魚，白者白花魚也。」這些諺語是東南人品嚐魚鮮的經典心得。在廣府人心中，鱠魚味道最佳，因為它肉厚細滑，骨頭爽脆；鯯魚味道其次，因以味鮮肉嫩而勝；馬膏鯽（馬鮫）排第三，大概是它肉厚味濃，均屬於海鮮上品。黃花魚和白花魚屬於有鱗之魚，民間認為「有鱗之魚皆屬火」，屬熱性食物，可是「二花不然」，「功補益而味甘」，是味道上乘的魚鮮，味道勝過南方嘉魚。東南人吃魚還根據魚肉的食性講究季節之分，天寒之時吃鱭魚，天熱之時吃鱸

魚，因為鱖魚到冬天「多益肥」，鱸魚則在夏天「多益肥」。按時令品食魚鮮已成為一種慣例，故又有「春鱺秋鯉，夏三鱭」的說法。

屈大均《廣東新語‧魚生》記載：「粵俗嗜魚生，以鱸、以鱗、以鱖白、以黃魚、以青鱗、以雪鯪、以鯇為上。鯇又鯪以白鯇為上。以初出水潑剌者，去其皮劍，洗其血鮏（腥），細劊之為片。紅肌白理，輕可吹起，薄如蟬翼。兩兩相比，沃以老醪，和以椒芷，入口冰融，至甘旨矣，而鱖與嘉魚尤美。」又曰：「然食魚生後，須食魚熟以適其和。身壯者宜食，諺曰：『魚生犬肉糜，扶旺不扶衰。』又冬至日宜食，諺曰：『冬至魚生，夏至犬肉。』予詩：『魚膾宜生酒，餐來最益人。臨溪親舉網，及此一陽春。』所以者，凡有鱗之魚，喜游水上，陽類也。冬至一陽生，生食之所以助陽也。無鱗之魚，喜伏泥中，陰類也，不可以為膾，必熟食之，所以滋陰也。」作者記錄了自上古以降的至少兩千年當中，中國人食用魚生的豐富經驗、體會。從選擇原料到加工製作、食用方法、養生作用、飲食禁忌等，既全面具體，又深刻形象，簡直令人拍案叫絕，佩服之至。

很多名貴海鮮又進一步使東南海鮮美食名揚天下，「海味重於天下者，稱西施舌、江瑤柱，泉、漳間皆有之」。[1]海鮮的盛產更使東南沿海一些地方免受饑荒之苦，福寧州「魚鹽螺蛤之屬，不買而足，雖荒歲不飢」。在廣東潮州，「所食大半取於海族」，海產幾乎取代大米而為主食；至於魚蝦蚌蛤，更是美味佳餚，當地「蠔生、魚生、蝦生之類，輒為至味」。[2]

四、十三行富商的崛起帶動了進口海味的高消費

康熙二十四年（西元1685年），清政府廢除海禁政策，允許開海貿易，在廣州設立粵海關。為方便管理，更為了防止外商與中國人接觸，一六八六年清政府在粵

---

1   王世懋：《閩部疏》，中華書局，1985年。
2   吳穎：《潮州府志》卷十二《風俗》，中山圖書館油印本，1957年。

中國飲食文化史　東南地區卷‧上冊

206

海關下設置專門經營進出口貿易的「洋貨行」，俗稱「十三行」，指定一些行商專門同外商進行交易。後來洋貨行行商發展為特許行商。乾隆二十二年（西元1757年）清政府關閉了沿海江、浙、閩三關，僅保留粵海關一口對外通商，廣州十三行便成為當時唯一合法的進出口貿易區，成為中國對外貿易的重要物流中心。廣州一口通商的政策，奠定了十三行商館區成為中國南大門的這一重要經濟地位。由於大量西洋商人的聚集，廣州也逐漸形成中西合璧的文化風格。

「十三行」是由多家商行（也稱牙行、洋行）組成，老闆多是珠江三角洲各縣的商人。其數目不限於十三家，多時達二十八家（西元1751年），少時只有八家，道光十七年（西元1837年）正好是十三家。十三行商人在沙面一帶修建了十三行商館，當時稱「十三夷館」，主要是租給外商住宿、辦理商務和堆放貨物之用。十三行不僅代表官方管理外貿，實際上還是本國商人和外商交易的中介，起著代理商的作用。因為按當時清政府規定，外國商人只能與十三行行商進行交易，不得與其他中國商人發生直接買賣關係。他們在大規模的交易中收取可觀的手續費，積累了巨額的資本。十三行行商是由官府培植而成為封建政府對外貿易的代理人，實際上是享有對外貿易壟斷特權的官商。廣州外貿發展到巔峰時，十三行行商之富有也名揚海內外，從而促使了廣州城市的繁華富有，由此使廣州居於世界富裕城市行列。富裕的十三行行商普遍追求生活的高質量，住園林別墅，吃山珍海味，用高檔器具，喝高級茶葉，抽名牌香菸，由此掀起了一股追求高消費的飲食熱，帶動了當時廣州的奢靡之風，客觀上促進了廣州飲食文化向更高更精的方向發展。

東南地區以外國輸入的珍饈海味作為酒席中的名貴菜餚是從清代興起的。廣州人愛吃海味，國外的海味珍饈自然大批輸入。飲食市場需要有一個高消費的群體才能有高檔次的飲食。隨著對外貿易的興盛，十三行富商的崛起，他們對飲食的追求也「更上一層樓」。國內的海鮮珍奇已難以滿足他們的需求，於是國外的海味珍饈便被推上了酒樓筵席。其中日本干貝、南洋燕窩、墨西哥鮑魚、東南亞魚翅便成為高等粵菜的重要原料。據《廣州城坊志》所記，位於廣州城南的海味街特別繁榮，中外海味雲集。譚敬昭《聽雲樓集・燕窩》詩：「喧豗（huī）珠橋市，雜沓海味街，

索價相什佰，獻新殊菜鮭。」反映了高品位的海味深受歡迎。海味市場的鮑參翅肚本來就是珍貴的海味，而從國外轉輸的海產名珍，更是最昂貴的產品了。

海參，是棘皮動物門海參綱動物的通稱。我國沿海產有多個品種可供食用，是一種名貴海味。一般製作是去內臟，煮熟、拌草木灰、曬乾製成乾製品。製品有光參、刺參兩類。品種多樣，如豬婆參、白石參、烏石參等。產於東南亞的豬婆參為優，其肉質厚、肥大、口感好，是酒樓最常見的用料，日本的遼參更是酒席中的珍品。

魚翅，是一種名貴海味，用大型鯊魚的尾背鰭、胸鰭和尾鰭乾製成，以胸鰭和尾鰭為上品。我國沿海地區有出產，一般有明翅、烏翅和堆翅。進口的魚翅以澳洲、美洲、東南亞為多。品種有勾翅類：如金山勾、大群翅、勾尾翅等，其中「金山勾」有翅王之稱，其翅柔軟滑嫩，為翅中稀有珍品；有片翅類：如海虎、五羊片、青片、牙揀等品種，其中「海虎翅」針粗壯，入口滑爽，深受食家歡迎。

魚肚，又稱花膠，一般以大黃魚、鮸魚的魚鰾乾製成，有良好的營養價值。品種有鱉肚、葫蘆肚、黃花肚等，其中以「黃花肚」為名貴，特大的鱉魚肚被稱為極品。

燕窩，是一種特殊成因的燕之窩巢，係由雨燕科金絲燕屬的幾種燕屬的唾液、絨羽混唾液，或由纖細海藻及柔軟植物的纖維混合燕之唾液，凝結於崖洞口等處所形成。廣東的懷集燕岩、海南崖州玳瑁山均有出產。李調元《南越筆記》曰：「（燕窩）可以清痰開胃云，凡有烏白二色，紅者難得。」以進口的南洋群島的金絲燕窩為最名貴。燕窩品種主要有官燕、毛燕、血燕。燕窩為食用滋補品，藥用價值高，能提高人體的免疫力。中醫學認為燕窩補肺養陰，性平味甘，主治虛勞咳嗽，咳血等症。

鮑魚，進口的鮑魚多為乾鮑，以日本鮑魚和澳洲鮑魚為著名。日本鮑魚中吉濱、禾麻、網鮑是著名產品。其中「網鮑」較大，三隻一斤的稱為極品，特大的鮑魚有鮑魚王之稱。此外中東鮑、南非鮑、澳洲鮑入輸中國亦多。

馬士《東印度公司對華貿易編年史》記錄了一七七四年廣州進口貨物的價格，

其中海味有：「燕窩，特級，透明，每擔1200兩（白銀）；燕窩，二級，通稱一等，每擔700兩；燕窩三級每擔450兩。海參，一級，黑長條每擔24兩；海參二級，每擔16兩。鯊魚翅，最好，最大，每擔23兩，鯊魚翅二級每擔16兩」。可見其價格不菲。而在亨特所著的《廣州番鬼錄》中已記錄了廣州擁有第一流的廚師，他們能製作精美的燕窩羹、白鴿蛋以及精奇的海參、魚翅和紅燒鮑魚。

　　燕窩羹、海參、白鴿蛋、魚翅和紅燒鮑魚等，是清代的富商官員所食的高檔名菜，非一般老百姓所能享用，係因一個外國人的記載而享譽全球。道光年間，在羊城美國旗昌洋行供職的美國人亨特由於常和十三行商人打交道，因而多次被邀請參加他們的宴會，其中給他印象最深刻的是參加十三行商人潘其官的酒宴，使他大開眼界：宴席上擺著美味的燕窩羹、海參、白鴿蛋、魚翅和紅燒鮑魚，還有最後上席的那隻瓦鍋上盛著的一隻煮得香噴噴的小狗。他認為，廣州當時擁有世界一流的廚師，能品嚐到他們做出來的精湛菜餚，乃是三生有幸。之後他把這段經歷寫進《廣州番鬼錄》和《舊中國雜記》兩書。亨特所記下的這幾道菜餚經久不衰，至今仍是廣州的傳統招牌名菜，屬於中國名菜之列。

　　廣東的國外海味甚多還有其特殊的歷史原因，自明代澳門開埠以來，迅速發展成為一個重要的中外貿易港口城市，國外海味自此被引進廣東。一八四〇年鴉片戰爭後，香港被英國占領，來自世界各地的海鮮產品彙聚香江。如南洋群島的龍蝦、澳大利亞的鮮鮑、加拿大的象拔蚌……早已成為港人席上之珍。一八九五年中日《馬關條約》簽訂後，日本人占據了臺灣島及其附屬島嶼，這一時期日本海產品大量向中國的東南地區傾銷，日本的元貝、鮑魚、海參更多地進入到中國的東南地區。這一時期外國的海產品在東南地區再不是新奇之物，於是品嚐國外海味已不是巨富豪門的專利，中上等的人家也可以吃到一些廉價的產品。著名的酒樓幾乎都少不了以高級海鮮產品作為招牌菜以招徠顧客，如大三元酒家有名菜「紅燒大群翅」，陶陶居酒家有「紅燒雞絲翅」。而民間婚宴酒會，如果席面上沒有進口的鮑參翅肚的菜餚，總覺得上不了檔次。追求高消費和高利潤的飲食潮流帶來了飲食習俗的變化，以高級海味為特色的飲食風格被酒樓食肆紛紛傚傲，至民國時期這種飲食習慣

已成風尚。

第三節　市鎮興起追求美食美器美境

明清時期，東南地區經濟作物種植面積擴大，農產品和手工業品的商品化程度提高，城鄉之間的交流日趨頻繁，使小生產者對市場依賴程度不斷加強，集市貿易異常興旺，從而形成了繁榮的地方市場。在水路交通要道沿線，形成了一個個比較繁榮的商業市鎮，佛山鎮的崛起則是市鎮發展的頂峰。在這些繁榮的市鎮中，逐漸形成了一個高消費的社會階層，追求奢華的美食美器，以及豪華寬敞的就餐環境，由此催生了美食園林的興起。

一、市鎮興起和市鎮美食

❶·市鎮的興起與繁榮

明清時期隨商品經濟的發展、集市貿易的增加和定居人口的增多等，在水陸交通要津之地或手工製造業比較集中的地方成長為較繁榮的商業市鎮，有的市鎮甚至發展為縣城。如廣東四會的隆慶墟，地處四會、清遠、廣寧三縣交界，北通廣寧江屯市，西通廣寧潭步市，東通清遠三坑墟，就是一個後起的繁榮小市鎮。又如福建福安縣的石磯津市，「魚鹽之貨叢集，販運本縣，上通建寧」[1]。

市鎮是商人們進行交易的重要場所，街道兩旁店鋪林立。大批農村產品運此銷售，市鎮手工業者生產的商品也經此運往農村出售。坐賈住商的店鋪還經常將本地區的產品及原料運往其他地區銷售，同時將那些適合本地區銷路的商品和原料販

1　陸以載等：《萬曆福安縣志》卷一《輿地志》，中央文獻出版社，2003年。

回，建立地區間的經濟往來。市鎮的建築和布局雖然不如城市，但也都頗具規模，店鋪坊行，街道港巷，仿城而建，一些發達的市鎮還有明顯的作坊區、商業區之分。像福州西郊的洪塘市，「船舶北自西江者，南至海至者，咸聚於斯，蓋數千家云」，沿江而住的居民達數里。[1]距離泉州府五十里程的安海鎮是泉州的外港，明中葉已經有一定的規模，「數千人家，粟帛之聚」。明朝末年由於巨商鄭芝龍定居此地，安海鎮更加繁榮，「瀕於海上，人戶且十餘萬」，各種商品琳瑯滿目，「凡人間之所有者，無所不有，是以一入市，俄頃皆備矣」。實際上，此時的安海鎮繁榮程度已遠超一般的城市。[2]市鎮的人口數量和結構遠非農村可比，工商市井，傭工腳伕成為其主要的居民。市鎮的繁榮，隨之也促進了市鎮飲食業的發展。

❷·產供銷多功能的初級市場體系形成

市鎮的繁榮，加強了城市農村之間各類食品的交流，有的市鎮甚至成為專門的飲食資源市場。糧食加工、油料加工、副食品加工等多集中於市鎮，實際上每一個市鎮都是作為該地區的經濟中心而存在的。它們不僅製作、加工各種手工業品，是商品的生產基地，而且還是農村商品的集散地和運銷市場，它將封建社會農村家庭副業經濟和市鎮經濟連接起來。在定期集市和鎮一級的市場上，農民的農副產品和手工業產品，如糧食、布帛、藥材、牲畜、家禽、柴炭、農具、用具、水果蔬菜等，是最常見的商品。如乾隆《上杭縣志》載：「大率相距十里即有市場，以便居民之貿易。其赴圩皆有定期，沿用夏曆，以五日為期，居期人家需用物品以及土產皆畢集於市，互相買賣。」又如饒平縣大埔新市，「多魚蝦、瓜果、布匹、麻、鐵，逐日市」。將原料市場和成品市場進行統一協調交換，形成生產、銷售、貯藏、轉運的初級市場體系，加強了市鎮之間、市鎮與農村之間的聯繫，促進了商品流通，擴大了商品市場，成為連接城市與農村不可缺少的中間橋樑。

隨著經濟作物種植的繁盛，在一些地區出現了一些農產品的專業市場。例如南

1　林濂：《洪山橋記》，轉引自《福建通志》，民國刊本，1922年。
2　安海志修編小組：《安海志》卷三、卷十一，1983年。

海九江的魚花市和瓜菜市、西樵的茶市，東莞的香市等。又如饒平縣教場埔在乾隆年間「為牛市，通江右、閩汀，諸賈自秋及春，無日不聚」[1]。河源縣產茶，每年春夏之交，各縣商人雲集於此，「爭購外販」[2]。南雄州盛產梅，該州道光志稱：「子熟時，漬以鹽灰、甘草等汁，北售南贛十之三四，南貨佛山十之六七。」南雄還是嶺南著名的煙葉市場。

❸ · 商賈雲集酒肆密布

市鎮的繁榮，帶來了市鎮規模的擴大，促進了市鎮飲食行業的發展。乾隆年間，廣東新會縣江門鎮已經成為商船雲集的港口，「遠則高、廉、雷、瓊之海船，近則南、順、香、寧、恩、開之鄉船，往來雜沓，乾隆時號繁盛」[3]。街道很多，有京果街、豐寧街、席街、打鐵街、新華街、舊籮街、春魁街、竹幾街、魁尾街等四十餘條。還有茶樓酒肆，甚至通宵不停。在福建，連一向較為落後的閩西山區，此時已是「城社煙墟，酒食競為」[4]。

南海縣佛山鎮，從明中葉以後迅速發展，逐漸成為僅次於廣州的嶺南商業中心，明末清初成為天下四大鎮之一，清中葉又被譽為「天下四大聚之一」。佛山鎮內街道眾多，乾嘉年間，大小街巷共有六二二條。其中最繁華的商業區汾水鋪舊檳榔街，商賈雲集，「冲天招牌，較京師尤大，萬家燈火，百貨充盈」[5]，至於茶樓酒肆，可謂「五步一樓，十步一閣」，令初到此地的客人大為驚奇。

❹ · 鄉土美食湧現

市鎮的繁榮提高了當地人們的生活水平，產生了許多著名的鄉土美食。珠江三角洲在整個嶺南地區具有特殊的重要地位，不僅是整個經濟區商品經濟最發達的地

1　吳穎：《潮州府志》卷十四，中央文獻出版社，2003年。

2　彭君谷：《河源縣志》卷十一，刻本，1874年。

3　《新會縣志》卷三，刻本，1841年。

4　曾日瑛等：乾隆《汀州府志》卷六《風俗》，方志出版社，2004年。

5　徐珂：《清稗類鈔》，中華書局，1985年。

區，而且在龐大的多級市場網絡中，還起著中心作用。這些新興的市鎮，人民生活比較富裕，飲食講究，許多著名的鄉土美食的湧現乃為必然，如佛山的柱侯食品、盲公餅和米酒，順德的大良硼砂、仁信雙皮奶和倫教糕，東莞的荷包飯，新塘的魚包，新會的潮連燒鵝，清遠的白切雞，南雄的雄鴨等。

佛山的柱侯食品，是嘉慶年間佛山鎮三品樓一位名叫梁柱侯的廚師創製的，品種主要有柱侯雞、柱侯鴨、柱侯水魚和柱侯牛腩等。製作此食品的主要作料是柱侯醬，這是一種用麵豉、豬油、白糖等研磨精製而成的一種調味醬料，利用柱侯醬烹製出來的柱侯食品色味鮮美、骨軟肉滑，至今仍經久不衰。

倫教糕，出自順德倫教鎮，又稱白糖倫教糕。上好的倫教糕雪白晶瑩，表面油潤光潔；內層小眼橫豎相連，均勻有序。其用料為大米米漿、白糖、雞蛋等，製作工序非常複雜，明代即已揚名。清代《順德縣志》記載：「倫教糕，前明士大夫每不遠數百里，泊舟就之。其實，當時馳名者止一家，在華豐圩橋旁，河底有石，沁出清泉，其家適設其上，取以洗糖，澄清去濁，非他人所有」。之後，隨其製法的傳開，倫教糕得以久盛不衰，成為深受大眾喜愛的小吃。

順德大良鎮附近多土阜山丘，水草茂盛，所養本地水牛產奶雖少，但質量高，水分少，油脂大，特別香濃。清朝末期，董潔文與其父董孝華在順德大良白石村以養牛為生，並跟著父親做牛乳，後來為保存牛奶而製成著名的「仁信雙皮奶」。

大良硼砂，是大良鎮的又一特產，最初用麵粉拌和豬油、南乳、白糖等配料而成，形似金黃色蝴蝶，順德人俗稱蝴蝶為「硼砂」，故得此名。硼砂始於清乾隆年間縣城東門外的「成記」老鋪，初為脆硬薄片；清光緒八年（西元1882年），李禧進行改進，使其風味甘香酥化，鹹甜適度，繼而馳名港澳地區以及新加坡、馬來西亞，後已成為外地遊客到廣東必爭購買的休閒小食。

雄鴨，是「南雄臘鴨」的簡稱，又稱板鴨，以產於南雄府而得名，鴨嫩且肥，「醃，以麻油漬之，日久，肉紅味鮮，廣城甚貴之」。[1]南雄醃鴨，鴨皮白中透黃，油

1 　吳震方：《嶺南雜記》卷下，中華書局，1985年。

尾豐滿、皮薄肉嫩、肉紅味鮮、骨脆可嚼、風味獨特，從而暢銷廣州。

二、佛山崛起與鐵鍋製造業的勃興

❶·佛山冶鐵業崛起

　　佛山位於廣東省的中南部，珠江三角洲平原的中北部，地處西北江幹流通往廣州的要沖上，控扼西江、北江之航運通道，交通位置便利，「上溯滇水，可抵神京，通陝洛以及荊吳諸省」[1]；向西可達雲貴高原，通四川盆地；南達江門澳門、雷州半島；向東可達番禺、東莞，通石龍、惠州，其強大的經濟輻射能力，幾乎覆蓋了中國東南半壁河山。尤其在唐宋以後，北江航道南移汾江，佛山成為到達廣州的必經之地，交通地理位置更加重要，從而為佛山以後成為嶺南的中心市場提供了相當有利的條件。

　　佛山附近有著豐富的鐵礦資源和精良的冶鐵技術，明清時期，憑藉優越的交通位置，佛山冶鐵業迅速崛起，「春風走馬滿街紅，打鐵爐過接打銅」。發達的冶鐵業帶動了廣東採礦、陶瓷、紡織、造船和其他手工業的發展，吸引了各地商人和無產者來到佛山，加速了佛山人口的增長，推動了佛山城市的繁榮興旺。到清朝初期，佛山已是一個擁有幾十萬人口的典型的工商業城鎮，「四方商賈之至粵者，率以佛山為歸」，佛山城內「屋宇森覆，彌望莫及」，其街道是「闤闠（huánhuì，店鋪）群列，百貨山積」，街上人員「往來絡繹，駢蹱摩肩」，「喧鬧為廣郡最」[2]，其繁華程度一度超過了當時廣東的省會廣州，與朱仙鎮、景德鎮、漢口鎮同譽為天下「四大名鎮」。清中葉以後，全國工商業經濟進一步發展，新興的工商業城市不斷湧現，佛山，作為發達的工商業城市一直保持到清中期，被時人稱為：「天下有四聚，北

1　吳榮光：乾隆《佛山忠義鄉志》卷十《藝文志》，江蘇古籍出版社、上海書店、巴蜀書社，1990年。
2　郎廷樞：《修靈應祠記》，轉引自吳榮光：《佛山忠義鄉志》卷十二《金石下》，江蘇古籍出版社、上海書店、巴蜀書社，1990年。

則京師，南則佛山，東則蘇州，西則漢口」[1]。

❷·鐵鍋製造業發達

明清佛山冶鐵業發達，爐煙日夜不停，鑄聲不絕於耳，「佛山之冶遍天下」[2]。至清朝康雍乾時期更是達到頂峰，奠定了佛山在南部中國的冶鐵中心地位。佛山冶鐵業的發展促進了鐵製廚具的盛行。佛山的鐵製廚具中首當其衝的是鐵鍋，於是，鍋行也成為冶鐵行業之中的第一大行。「鑄犁煙雜鑄鍋煙，達旦煙光四望懸」[3]，正是當時鑄造鐵鍋的真實寫照。鐵鍋產品又有很多，據《廣東新語》記載：「大者曰糖圍、深七、深六、牛一、牛二；小者有牛三、牛四、牛五。以五為一連曰五口，三為一連曰三口。無耳者曰牛，魁曰清。」故時人稱「佛山商務以鍋業為最」。

佛山鐵鍋的興盛和當時對鐵鍋的極大需求有著密切關係。明清時期隨農業商品經濟的發展，珠江三角洲甘蔗種植面積迅速擴張，有些地區蔗田幾乎與禾田相等，隨之促進了蔗糖業的發展。製糖的利潤甚高，開糖房製糖的廣東人大多由此致富，由此帶動了粵東大部分農民自己榨蔗煮糖。煮糖之法一般需要大灶一個，灶上放置三口大鍋，這種大鍋俗稱「糖圍」，直徑大約四尺，深約一尺，容納糖汁約七百斤。此鍋又常常需要更換，故需求數量相當大。明清繅絲業發展很快，繅絲煮繭也大量需要鐵鍋。明代鹽業生產技術處於煎鹽階段，也需要大鍋，「凡煎燒之器，必有鍋盤。鍋盤之中，又各不同，大盤八九尺，小者四五尺。俱用鐵鑄」[4]。當時廣東鹽場很多，每年採鹽產量更是驚人，所需煎盆鑊數量極大。鐵鍋還是家庭廚房必備炊具，此時的廣東，由於經濟發展的迅速，而使人口大增，鐵鍋需求量很大。

佛山當時創造了獨特的鐵鍋冶鑄技術——「紅模鑄造法」。用這種工藝冶鑄出來的鐵鍋，金相組織（指金屬或合金的內部結構）十分細密均勻，鍋的表面光潔度

1　劉獻庭：《廣陽雜記》卷四，中華書局，1957年。

2　屈大均：《廣東新語》卷十五《貨語》，廣東人民出版社，1991年。

3　吳榮光：乾隆《佛山忠義鄉志》卷十一《佛山竹枝詞》，江蘇古籍出版社、上海書店、巴蜀書社，1990年。

4　陸容：《菽園雜記》卷十二，中華書局，2007年。

極高，「燒煉既精，乃堪久用」，故「凡佛山之鍋貴堅也」。[1]當時，廣東最好的鐵礦石在羅定，佛山鐵鍋所需鐵礦石原料全部來自羅定，憑藉優質的鐵礦石原料，佛山鐵鍋獨具一格，與別處生產的鐵鍋有著明顯的區別，「鬻於江楚之間，人能辨之」[2]。

明清兩代統治者均在佛山採置「廣鍋」，「廣鍋」由此名揚天下，暢銷全國。明朝鄭和下西洋，最遠到達非洲東海岸，每次都帶去不少佛山鐵鍋，而廣東民間嫁女常用佛山鐵鍋作為嫁妝。乾隆年間，在山東臨清有鍋市一條街，廣鍋成為其中的重要商品之一，此街亦因此成了臨清「最為繁盛」之區。[3]更令人驚奇的是，當時先進的煉鋼技術——灌鋼法也採用佛山鍋片，「熟鋼無出處，以生鐵合熟鐵鍊成；或以熟鐵片夾廣鐵鍋塗泥入火而團之」[4]。佛山鍋片薄而堅硬，正是「團鋼」的好原料。那時兩湖客商購買佛山鐵鍋，有很大一部分是放棄其使用價值，打成碎片煉鋼，因此裝運時隨便亂扔。至今南海縣仍有一句諺語：湖南佬買鍋——攞來扔。

佛山鐵鍋的暢銷也刺激了很多廣東人走私鐵鍋，他們不顧當時明朝政府實行的

---

1 范端昂：《粵中見聞》卷十七《物產·鐵》，廣東高等教育出版社，1988年。
2 吳榮光：乾隆《佛山忠義鄉志》卷八《人物志》，江蘇古籍出版社，上海書店、巴蜀書社，1990年。
3 徐檀：《明清時期的臨清商業》，《中國經濟史研究》，1986年第2期。
4 唐順之：《唐荊川先生纂輯武編·鐵》，徐象枟曼山館，明萬曆刻本。

中國飲食文化史　　東南地區卷·上冊

216

海禁政策，非法走私廣鍋至日本，因為日本「（鐵鍋）雖自有而不大，大者至為難得，每一鍋價銀一兩」[1]；或者通過澳門販運至東南亞等地，僅此一項即可獲得相當豐厚的利潤。康熙二十三年（西元1684年），清政府解除海禁，佛山鐵鍋才得以正式出口，如同久積的洪水滾滾銷往海外。據雍正年間廣東布政使楊永斌奏稱：「（夷船）所買鐵鍋，少者自一百連（口）自二三百連不等，多者買至五百連並有一千連者。其不買鐵鍋之船，十不過一二。查鐵鍋一連，大者二個，小者四、五、六個不等。每連約重二十斤。若帶至千連，則重二萬斤。」[2]之後，佛山鐵鍋成為了大宗出口商品，近銷東南亞各國，遠至美國舊金山等地，大大促進了中國對外貿易的發展。史載，光緒年間，佛山鐵鍋販往新加坡、舊金山等處，每年50餘萬口。[3]

三、精緻食具異彩紛呈

明清市鎮的興起、手工業的發展和生活水平的提高，使得人們對飲食器具的質與量有了新的需求，從而把飲食器具的製作水平推上了一個新台階。

❶‧茶具

東南人好茶，好茶自然需要好茶具。一套精製的茶具用來配合色、香、味三絕的名茶，確實可以收到相得益彰的效果。中國茶具歷史悠久，工藝精湛，品種繁多。茶具所用材料，唐宋時以金屬為多，並以「金銀為優」；到了明代時，茶具中的金屬器具開始逐漸減少，陶瓷製品已經超過金銀，特別是宜興紫砂壺的出現，在陶瓷茶具中獨樹一幟，取得了首屈一指的地位。清代以降，茶具基本上都為陶瓷為主，並有了「景瓷宜陶」（即景德鎮的瓷器、宜興的陶器）的說法。縱觀茶具的歷

1 　胡宗憲：《籌海圖編》卷二《倭國事略》，臺灣商務印書館，1986年。
2 　鄂爾泰等：《雍正九年十月二十五日廣東布政使司楊永斌奏摺》，《硃批諭旨》，北京圖書館出版社，2008年。
3 　張之洞：《張文襄公全集》卷十五《籌設鐵廠摺》，中國書店，1990年。

史，東南地區生產的茶具也占有一席之地。

宋元時期，福建茶具主要為青瓷、白瓷和黑瓷，其中又以黑瓷最為有名。至明朝，由於飲茶方式的變革，黑瓷已不再受人歡迎，隨之被白瓷茶具和青瓷茶具所取代。福建民間所用茶具多為青瓷茶具，雖然工藝較粗，但最為普及。興化府仙遊縣萬善裡潭邊「有青瓷窯，燒造器皿頗佳」，北洋澄村「有瓷窯，燒粗碗、碟」。[1]福建的白瓷窯分布很廣，有邵武青雲窯、泰寧際口窯、建寧蘭溪窯、德化白瓷窯等，生產的白瓷為福建瓷的上品，[2]歷來備受海內外的重視，這其中又以德化白瓷最為著名。

德化位於閩南山區，宋代以來即以生產瓷器盛名。明代德化白瓷做工精細，造型優美，質地堅硬，白如玉石，其上品在日光照耀下晶瑩如玉，光潔透明，在海外極受歡迎，歐洲的中國瓷器收藏家稱德化白瓷為「中國瓷器之上品」。德化白瓷瓷器有罍、瓶、罐、瓿等，潔白可愛，「博山之屬，多彫蟲為飾」。[3]德化白瓷茶甌，式樣精細美觀，如宣紙一樣潔白，但也存在一些缺陷，如「胎重」等，影響茶水的顏色，「瀉茗，黯然無色」。[4]

潮汕功夫茶的盛行帶動了潮汕陶瓷茶具的生產。潮汕先民很早就懂得製陶，在東晉時已能生產青釉瓷品。唐宋是潮州陶瓷發展的繁榮時期，當時潮州四郊有很多陶瓷作坊和窯瓷。據饒宗頤《潮州志》載：宋代筆架山有窯99座，有「百窯村」之稱，其生產的陶瓷品種和福建德化瓷器、江西景德鎮瓷器一同馳名中外。元代，潮州陶瓷業衰落，至明代才復甦，不過基地移至楓溪。繼承宋代的傳統工藝，此時的楓溪陶瓷技術有了明顯的提高，茶具製作工藝也得到了極大提高。清初與梁佩蘭、屈大均合稱「嶺南三大家」的布衣詩人陳恭尹，有一首詠潮州茶具的五律：「白灶青鎗子，潮州來者精。潔宜居近坐，小亦利隨行。就隙邀風勢，添泉戰水聲。尋常

1　周瑛、黃仲昭：《重刊興化府志》卷十二《貨殖》，福建人民出版社，2007年。
2　黃仲昭：《八閩通志》卷二六，福建人民出版社，2006年。
3　《德化縣志》編纂委員會：《德化縣志》卷二《物產》，新華出版社，1992年。
4　周亮工：《閩小記》下卷《器物》，中華書局1985年。

飢渴外，多事養浮生。」白灶，即截筒形茶爐；青鎗，即瓦檔（砂銚）。此兩件乃功夫茶「四寶」中之二寶，能博得羅浮詩家陳恭尹「潮州來者精」的讚譽，可知其精潔、小巧，便於攜帶、逗人喜愛的程度，而茶具的精良，也正反映了其時潮州茶事的興旺。

❷·彩瓷

清光緒年間，潮州楓溪人姚華開設瓷莊，吸收了彩瓷技術，首創「小窯彩」生產，彩繪顏料略厚於洋彩，紋樣也較簡單，但古色古香，俗稱「本彩」，自此「楓溪彩瓷」出現。光緒末年，受中國畫技影響，楓溪彩瓷工藝有了進一步發展。宣統二年（西元1910年），潮州廖集秋創作的「百鳥朝鳳四季盤」，許雲秋、謝梓庭創作的「釉上彩人物盤」，參加南京全國工藝賽，爾後又參展美國「太平洋萬國巴拿馬博覽會」。自此，潮州楓溪彩瓷名揚海內外。

「廣彩」是廣州彩繪或廣州織金彩瓷的簡稱，是我國陶瓷藝術上的一朵奇葩，亦是中外貿易發展的產物。清代中葉，由於歐美洋人對中國瓷器的喜愛，廣州商人乃「投其所好」，他們從江西景德鎮買回大批素白瓷胎，運到廣州河南（今海珠區）設立的陶瓷工場進行加工，僱請工匠仿照西洋圖畫加彩繪燒製，由此促使了「廣彩」的出現。劉子芬《竹園陶說》云，「廣彩」「始於乾隆，盛於嘉、道」。[1]剛開初，「廣彩」的匠師與彩繪顏料基本上來自景德鎮，廣東陶瓷商人根據洋人需要而加工，或模仿景德鎮風格加彩繪燒製，但缺乏自己的特色。嘉慶年間，廣彩一改以前基本照搬景德鎮的製法，顏料主要使用了廣州所製的西洋紅、鶴春色、茄色、粉綠等，畫技則多仿照西洋畫法，時間一長形成了自己「絢彩華麗」的風格，並得到了社會的承認。至道光時期，在吸收中西工藝精華的基礎上，廣彩已完全形成自己的風格，「絢彩華麗，金碧輝煌，熱烈清新，構圖豐滿，繁而不亂，猶如萬縷金絲織白玉的織金彩瓷」。清末民國時期，由於一些知識分子和嶺南畫家的參與，使得廣彩瓷器

1　劉子芬：《竹林陶說·廣窯附廣彩》，轉引自陳柏堅、黃啟臣著《廣州外貿史》，廣州出版社，1995年。

▲圖5-7　清代廣彩人物湯盅連托盤

▲圖5-8　清代廣彩人物龍頭把杯

得以繼續發展。在廣彩瓷器中，有相當多的是屬於茶具一類，既可泡茶實用，又可作藝術品欣賞，使人在品茗中享受視覺的愉悅。寂圓叟《陶雅》云：廣彩「其所設茗碗，皆白地彩繪，精細無倫，且多用界畫法，能分深淺也」。法國大作家雨果因酷愛廣彩瓷器，不僅收藏了許多，而且賦詩稱讚其為「來自茶國的處女」。

❸．錫器及各種酒具

明清的錫器很盛行，主要為食用器具，有碟、壺、盆、盒等。東南人善於製造錫製食具，其中又以廣州人製造的最為精良。民間諺語曰：「蘇州樣，廣州匠。」意思是蘇州錫器天下聞名，廣州工匠工藝滿天下。這也說明了廣州工匠善於仿製國內名產而製出了同樣聞名的食用器具。

廣東人喜好喝酒，又頗尚奇器，各式特色飲酒器具應運而生。用本地特產植物椰子製成的椰杯，盛行於海南一帶；椰杯以小為貴，像拇指一樣大小的尤其珍貴。用動物特色部位製成的有：鸏（méng）鵬杯，是用鸏鵬鳥的喙啄製成，長一尺左右，光瑩如漆；鶴頂杯，用海鶴頂部製成，堅潤如金玉；其他還有鸚母杯、紅蝦杯、鸕鶿杯、海膽杯、共命杯、火雞卵杯等。粵人平常喝酒多用沉香杯，系用大

▲圖5-9　清鑲玉蘭花紋扇形錫壺　　　　　　▲圖5-10　清黃洽款梅花紋六角錫壺

小、方圓合適的香木剞成，千姿百態。[1]

　　❹·西方食具的傳入

　　隨西方文化東漸，歐洲的飲食器皿紛紛傳入東南，其中玻璃器皿頗受關注。張渠《粵東見聞錄》載：「今來自番舶者，玻璃有酒色、白色、紫色諸種，與水晶相似，碾作眼鏡及器皿，表裡瑩徹。」也有用琥珀雕琢的器具，亦十分名貴，有密珀、金珀、水珀多種，色彩瑰麗而晶瑩。還有以水晶製作的食器，精瑩而光亮。來自日本的螺鈿器「物像百態，備極工巧，令粵人亦善製之」，是當時非常豪華高貴的飲食器用。這一時期象牙、犀牛角大量進口，用它們製作的飲食器皿大受富貴之家青睞，如象牙筷子、犀角酒杯等。據說，象牙筷子遇毒發黑，犀角酒杯注入沸酒甚香，遇毒則生白沫。由於有防毒的特殊功效，故銷售價值昂貴。[2]

四、美食園林的興起

　　明清嶺南經濟的崛起促使當地產生了很多富甲一方的商人，這些商人不僅追求建築的風格和居住的舒適，而且追求食物的奢華和環境的雅靜。為此，他們建造了

1　　屈大均：《廣東新語》卷十六《器語·酒器》，中華書局，1985年。
2　　張渠：《粵東見聞錄》卷下《洋皿》，廣東高等教育出版社，1990年。

各式各樣的私家園林，聘請了專門的名廚，和親朋好友或者重要客人在此品嚐精心烹製的美食，確實是人生的一大快事，而這也是當時嶺南富商和官紳之家普遍追求的生活方式。

廣州是美食園林的發源地之一，五代十國時期的南漢政權（西元917-971年）修築的皇家園林遺跡就有西湖、藥洲、荔枝灣、流花橋等名勝，王公貴族相約其中舉行宴飲。

明清以來私家園林層出不窮，尤其是清朝如東皋園、雲淙別墅、杏林莊、小畫舫齋、荔香園等都是當時著名的私園，留存至今的園林以廣東四大名園：順德清暉園、番禺餘蔭山房、佛山梁園、東莞可園最為著名。此時期嶺南園林的興起與嶺南經濟的崛起及城鎮手工業的發展有著密切關係。

園林的興建需要建築材料，一些上等材料此時就派上了用場，例如佛山建築行業著名的木雕、磚雕、灰批；石灣陶業生產的琉璃瓦、窗欞、鳥獸陶塑、大金魚缸；廣州生產的精美豪華的紅木家具……這些為園林建築奠定了重要的物質基礎。而清代十三行富商大修園林別墅，則把園林藝術推向了新的高峰。《廣州城坊志》引俞洵慶《荷廊筆記》說：「廣州城外濱臨珠江之西多隙地，富家大族及士大夫宦成而歸者，皆於是處治廣圃、營別墅，以為休息游宴之所。其著名者，舊有張氏聽松園、潘氏之海山仙館、鄧氏之杏林莊。」在廣州河南漱珠橋的南墅潘園，門外陂塘數頃，遍種藕花，風景秀美，收藏書畫鼎彝。萬松園的伍氏別墅，收藏法書名畫極富。

在眾多園林中，行商潘仕成以其雄厚的財力在廣州荔灣修建的「海山仙館」最令人矚目。這座園林建築廣達數百畝，巨湖環繞，直通珠江，蔚為壯觀，門前有「海上神山，仙人舊館」的對聯，園內樓台交錯，樹木成蔭，譽之為「荷花世界，荔子光陰」。海山仙館是名流宴會、送客迎賓之館，又是文物匯聚、文人雅集之地，館內珍藏了大量的古董、金石、字畫、圖書，被譽為「南粵之冠」。

富貴之家對美食及其環境的講究帶動了嶺南酒樓營銷觀念的變革，酒店老闆不僅注重美食的數量和質量，而且開始追求飲食環境的典雅別緻，紛紛改善店內外的

裝飾，力求園林式風格，以贏得更多客人的青睞，從而興起了一股美食園林的熱潮。

　　嶺南的美食園林是在摹仿私家園林中探索出來的一條飲食文化新路。在繼承和發揚中國園林傳統技藝的同時，又融進了嶺南獨特的飲食文化。其建築小巧玲瓏，以青磚綠瓦為建築特色，注重明亮淡雅的格調，布以小橋流泉，曲徑通幽，池塘水榭。園內設疊石景觀，池畔浮有畫舫，環植花木，配以嶺南盆景、書畫、古董作點綴，桌椅俱用紅木家具，營造出清幽奇特的勝景以吸引食客。當時不少酒樓則利用江流山景，營造園林美景，讓食客邊品嚐美食邊飽覽自然風光。「寄園」即為典型的美食園林。寄園地處小北門外天官裡，又名「評香小榭」。黃佛頤《廣州城坊志》卷一《寄園巷》記：「主人以魚苗為羹，曰秀魚羹，極美。主人荷榭落成，邀同南山司馬過飲，因司馬題詠，始盛觴宴。」從中可知，寄園有自己獨特的菜餚「秀魚羹」，又有池塘水榭為特色的園林，還特邀名家作題詠，從而成為興旺的飲食樂園。

　　廣州的濠畔街南臨濠水，這裡朱樓畫榭，飛橋相接，連屬不斷，飲食之盛，歌舞之多，勝過秦淮數倍。《廣州城坊志》引張維屏《藝談錄》說：他的外祖父湘門先生於濠畔街建素舫齋，池館清幽，飲饌精潔，一時名流雲集。嶺南的名樓食肆多親近水，《白雲越秀二山合志》記：「漱珠橋在河南橋畔。酒樓臨江，紅窗四照，花船近泊，珍錯雜陳，鮮薨（hōng）並進，攜酒以往，無日無之。初夏則三鱘、比目、馬鮫、鱘龍；當秋則石榴、米蚶、禾花、海鯉。泛瓜皮小艇，與二三情好，薄醉而歸，即秦淮水榭未為專美矣」。

　　以花舫形式巡迴於珠江河岸，集遊樂宴飲於一體的紫洞艇，是清末民初廣州很流行的一種新潮游宴，也可以說是嶺南人追求美食園林的另一種表現。《廣州城坊志》引晚清時人周壽昌《思益堂日札》記：「置船作行廚，小者名紫蛔艇，大者名橫樓船，極華縟，地衣俱鏤金彩。他稱是，珍錯畢備，一宴百金，笙歌徹夜，風沸濤湧。」本來花舫遊艇賞宴是很有珠江特色的遊藝，但滲進了色情或藝伎活動，品位便低俗了。但這種宴飲方式，在清末民初仍然流行。「珠江總宜、乘蓮、鳳窠諸舫，皆花船之最巨麗者，每一夕宴費動百金，諸妓坌集，數十輩圍坐左右，笙歌嘈

雜，燈火燻蒸⋯⋯」[1]特別在清末，花舫樓船雲集珠江河岸，成為廣州的一道亮麗夜景。

美食園林的興起不僅意味著人們對飲食環境的重視和追求，而且它標誌著飲食行業的發展已向近代社會邁進。傳統的、單一性的飲食經營已經不能滿足市鎮生活的需求，新的經營機制應運而生，飲食與園林建築、娛樂開始緊密地結合，一個飲食高消費的時代已經到來。

第四節　東南菜系的成熟定型和壯族飲食文化的發展

明清是東南經濟的高速發展時期，亦是東南漢族各大民系與廣西壯族的發展壯大時期。在這發展過程中，東南各大菜系成熟定型，自成一體。廣府菜、閩菜名揚全國，在全國八大菜系中占據其二；潮汕菜融匯閩菜、廣府菜之精華，在創新中又有了自己的特色；山居的客家人依託山區特色，形成有山區風格的客家飲食文化；在保持本民族特色基礎上，受漢族先進飲食文化的影響，壯族飲食文化有了極大發展。

一、廣府菜——粵菜精華的薈萃

以廣府菜（又稱廣州菜）為代表的粵菜集中體現了嶺南飲食文化的重要內容。秦漢時期，北方移民南下，中原飲食文化和當地少數民族飲食的融合，產生了廣府菜的雛形；唐代廣州菜開始多樣化，並形成自己獨有的風味；明清時期，廣州菜繼續吸收中外菜餚文化的精華，使自身得以迅速發展和提高，從而進入了全盛時期。廣府菜的主要特色如下：

1　黃佛頤著，仇江、鄭力民、遲以武註：《廣州城坊志》，廣東省出版集團、廣東人民出版社，2012年。

❶‧食源廣泛，選料講究

以廣州為中心的珠江三角洲，河網密佈，物產豐富；同時廣州又是華南重要的政治經濟中心和商品集散地，中外各種食料薈萃於此，為廣府菜的發展提供了豐富的原料，也造就了廣府菜用料廣泛的一大特色。繼承古越人的遺風，在唐宋廣府菜的基礎上，明清廣府菜的用料更加廣博，只要能食用，就都可用來作為烹調的原料，像路旁的野菜、美麗的鮮花、可怕的蛤蚧、令人生畏的蛇、鼠、貓、蟲等皆可入饌，如廣州名菜「龍虎鳳大會」，即以蛇、貓和雞為主料烹飪而成。不過，廣府菜還是以海鮮和野味為上等佳餚。海鮮推崇石斑、鯧魚、明蝦、海龜、鰻魚等，野味則推崇山瑞、甲魚、果子狸、穿山甲、山斑魚、龜、蛇等。廣府菜用料廣泛的特點一方面極大豐富了廣府菜的菜品，但另一方面也造成了某些稀有動植物資源的減少，一些食俗值得反思。

廣府菜選料很講究，務求鮮嫩質優，講究原料品種。海鮮河鮮要求新鮮，家禽野味要求即宰即烹，蔬菜瓜果要求新鮮嫩綠。如白切雞要求選用清遠雞和文昌雞，烹製鯧魚要以白鯧為佳，吃蝦則以近海明蝦和基圍蝦為上乘。

❷‧製作精細，技法多樣

廣府菜的製作精細體現在刀工和火候上。刀工就是按照烹調的需要，運用各種刀法把原料切成各種適合烹調的形狀。粵菜刀法多樣，變化繁多，有斬、劈、切、片、敲、刮、拍、剁、批、削、撬、雕十二種刀法，通過這些刀法，可將原材料按需要加工成丁、絲、球、脯、茸、塊、片、粒、松、花、件、條、段等形狀，既可適應烹調，也使做出的菜餚極富美感，以便達到色香味的統一。廣府菜的烹製還特別講究火候，行內有「烹」重於「調」的說法。烹製時根據食料性質和作法而運用不同的火候。炒青菜用旺火，熬雞湯則用微火，同一種菜有時需要旺火、有時需要中火或微火。對燒製各類菜餚、各種菜品火力的精準把握，正是高超烹飪技巧的體現。

早在唐代，廣府菜即已有十多種烹調方法，至民國，這套烹調方法已發展至

煎、炸、炒、炆、蒸、燉、燴、熬、煲、扣、扒、灼、滾、燒、鹵、泡、燜、浸、煨等二十多種，形成自己獨特而完善的烹調方法。廣府菜的烹調技法巧於百般變化，往往雖然使用同一技法製作同一種菜，但也會因火候的強弱、用油的多寡、投料的先後、操作的快慢不同，使菜餚質量有較大的差異。但是，這都是在一整套廣府菜烹飪技藝基礎上的靈活運用。廣府菜多樣的烹調方法使其菜餚特別豐富多樣，是嶺南飲食文化中的一朵奇葩。

❸·順應四時，清淡新鮮

珠江三角洲氣候炎熱，高溫期時間長，令人無法接受油膩的食物，自然追求清淡的口味，這也是廣府菜長期以來所形成的風格。如廣州名菜「八寶鮮蓮冬瓜盅」「清蒸大龍蝦」等，均以清鮮可口見長。然廣府菜的清淡並非淡而無味，而是清中求鮮，淡中取味，嫩而不生，滑而不俗，而且注重隨季節而有所變化。廣州夏秋漫長，冬春短暫，在炎熱的夏秋時節尤其追求清淡的菜餚口味；在天氣稍冷的冬天，廣府菜稍可濃郁，並講究滋補，如生煲羊肉、花彫肥雞等。

❹·善煲湯粥，點心出色

由於嶺南氣候炎熱時間長，人體流汗多，消耗大，且易「上火」，故廣州人非常注重煲湯和粥，認為湯粥可補充人體缺乏的水分，並對身體有滋養作用，故有「寧可食無菜，不可食無湯」之說。湯，成為廣州宴席必須的菜餚，且分量很重，在上正菜前，廣府人一般喜歡先喝上一碗鮮湯。廣府菜湯種類眾多，用不同的湯料和不同的烹調方法，可以烹飪出不同口味的湯。湯的烹調方法一般是滾、煲、燴、燉四種，冬春多用煲燉，夏秋多用滾燴。在廣州，據說看一個家庭主婦是否能幹，就是看她能煲出多少種湯。「煲」是以湯為主的烹製方法，一般用瓦罐煲製。傳統的廣州「靚湯」有三蛇羹、椰子雞湯、三絲魚翅羹、老鴨薏米湯、西洋菜豬骨湯、蟲草竹絲雞湯等。

廣府菜的粥品亦是非常有名，不僅種類多，而且製法獨特，茶樓酒店的早餐晚茶都有各式各樣的粥品供應，街上也遍布各種粥店。廚師一般用上好白米熬好一大

鍋白粥，然後按食客要求把白粥倒進小鍋裡，用雞、鴨、魚、蝦、蟹、豬肝、肉丸、牛肉、皮蛋等預先備好的粥料，配以薑、蔥、蒜等，製作出不同的粥品。

作為中外交通的重地，廣州貿易發達，商業繁榮，商人雲集，長期以來就彙集了各地的美點小食。廣州人又善於倣傚創新，吸取了中外各種點心的做法，形成了自己的特色，故粵式點心特別豐富，各大飯店茶樓都有上百款的點心菜單，使廣州人民百吃不厭。

廣式點心品種繁多，主要可分為三大類：一為從古代流傳下來並有所發展的嶺南民間小吃，如米花、紗壅、炒米餅、膏環、薄脆、端午粽、重陽糕、荷葉飯、粉果以及椰子、芝麻、豆糖做的餐等；二是從海外傳入廣東而被吸收改進的西方糕點，如麵包、蛋糕、奶油曲奇、馬拉糕等，它們最終發展成為具有嶺南風格的點心；三是從北方傳入廣東而相繼被改善創新的麵食點心，像薩其馬、灌湯包、千層餅、燒賣、餛飩、麵條、包子、饅頭等。像「蟹黃灌湯餃」，即是從北方的「灌湯包」發展而來，用熱麵皮包肉餡蒸製而成，至今已有幾百年的歷史。其色如蛋黃，皮薄如紙，軟韌爽滑，餡嫩湯旺。二十世紀三〇年代，廣州點心師傅把它作了進一步改進：用雞蛋液、鹼和麵作皮，而皮爽滑稍韌，擀薄至不穿破時為最好，以使餡中之汁不易漏失；同時在豬皮凍中酌情加些瓊脂，使湯汁盈滿而不膩口，吃起來更加可口。「叉燒包」亦從北方「包子」發展而成。用摻糖的發酵麵糰作皮，叉燒肉為餡，蒸熟後的包子色白鬆軟，富有彈性，鹹甜相成，美味可口。廣式點心以用料廣泛、品種繁多、製作精巧而著稱，近百年來享譽海內外，成為粵菜飲食文化的重要部分。

二、閩菜——特色獨具的濱海飲食風格

隨福建社會經濟文化的不斷發展，福佬民系的發展壯大，至明清時期，閩菜體系已基本成熟，成為我國八大菜系之一。閩菜在堅持中國烹飪文化的優良傳統基礎上，突出了濃郁的地方特色，創造了鮮嫩、淡雅、雋永、醇和、色香味形俱佳的飲

食菜譜。具有鮮明地方風味的福建菜系的形成，與福建獨有的地理、物產、氣候有著密切的關係。閩菜的飲食風格主要有以下幾個特徵：

❶‧精緻細膩，菜品千種

閩菜非常注重刀工，不僅嚴謹，而且巧妙，入於菜中，富於美感。像「淡糟香螺片」「雞首金絲芋」等菜，用「剞花如荔、切絲如髮、片薄如紙」的精湛細膩刀法來表現其造型，既美觀又易入味。如「龍身鳳尾蝦」一菜，以鮮對蝦為主料，配以水發香菇、火腿、冬筍炒製而成，其刀工獨特，成菜後蝦肉玲瓏剔透，宛如白玉，身似龍，尾似鳳，故名「龍身鳳尾蝦」。又如「荔枝肉」，成菜色澤紅豔，形似荔枝，脆嫩酥香，乃福州傳統名菜。

閩菜選料精細，泡發恰當，火候適宜，烹調細膩，以擅長炒、溜、煨、燉、蒸、燜、爆諸法而著稱。例如閩菜中最著名的「佛跳牆」，相傳為光緒年間福州聚春園菜館老闆鄭春發所創，即把魚翅、海參、干貝、鮑魚、香菇、雞、鴨、肉等二十多種山珍海味放在紹興酒罈中用文火煨製而成。由於此菜選料精良，火候精到，發製獨特，香鮮異常，並注重煨製的器皿，色、香、味、形無可挑剔，被譽為「壇啟葷香飄四鄰，佛聞棄禪跳牆來」，是閩菜的代表作。閩菜有2000種以上的花色品種，其中「佛跳牆」「淡糟炒鮮竹蟶」「一品抱蠣」等都是名揚海內外的名菜。

❷‧海味山珍，相得益彰

福建海岸線長，島嶼眾多，海產豐富，明代周亮工撰寫的筆記小說《閩小記》所記福建特產有江瑤柱、燕窩、土筍、西施舌（蛤、蚌之類）、墨魚、鱘魚等幾百種。清代《福建通志》載：「蚶蟶蚌蛤西施舌，入饌甘鮮海味多。」生長在閩南海邊的西施舌（俗稱海蚌），肉嫩味美，色香形俱佳，自古為貢品，名揚海內外。浙江錢塘陸姓秀才嘗西施舌後贊曰：「此是佳人玉雪肌，羹材第一願傾貲（zī）。」[1]閩菜中以海產為主料的菜品特多，如著名的「雞湯川海蚌」「白炒鮮干貝」「酥魷魚絲」

1　徐珂：《清稗類鈔》第十三冊，中華書局，1986年。

等享譽國內，以海產製作的風味小吃也很多，如「深滬水丸」「海蠣煎」「炒蟹羹」等風味誘人。

福建全境多山，盛產山貨，一些福建名菜多以山貨為原料，如武夷山以蛇肉和雞肉烹調的「龍鳳湯」，閩北山區的「清水冬筍」和「釀香菇」、福鼎的「太極竽泥」等山區特色菜餚，為閩菜增色不少。

❸·口味酸甜，糟香濃郁

閩菜偏於酸甜，與福州擁有豐富多樣的作料以及烹飪原料多取自山珍海味有關。與川菜、湘菜多用辣椒之不同，閩菜喜用糖調味，口味偏於甜、酸、淡。用糖可以去腥羶，用醋使菜品爽口，淡則是為了保存本味和突出鮮味，是適合福州炎熱氣候的口味。由於用得恰到好處，所以閩菜甜而不膩，酸而不烇，淡而不薄。如「淡糟炒竹蟶」即是，該菜選用福州沿海一帶的特產竹蟶為原料，配以冬筍、香菇、蔥蒜、淡糟等烹製而成。又如「香露全雞」，以肥嫩母雞為主料，配香菇、火腿肉、丁香子等，是福州傳統名菜。

調味品還常使用紅糟。紅糟是福建特產，用紅麴、糯米釀造而成，具有酒香濃郁、顏色鮮豔的特點。用紅糟可給雞、鴨、魚、肉等葷菜調味，螺、蚌、蛤、竹筍、蔬菜也可使用紅糟。用紅糟調味技法諸多，有熗糟、淡糟、煎糟、醉糟、醃糟汁等十餘種用糟法。如「淡糟香螺片」，雪白的螺片上淡妝著豔紅的糟汁，成菜色澤呈紅，香螺肉質脆嫩，糟香味美，食之清鮮爽口。此外，在調味品中也多用蝦油，並且吸收了不少的「舶來品」，如咖喱，沙茶，芥末等香辣型的調料，進一步豐富了閩菜的口味。

❹·「無湯不行」，百湯百味

閩菜素有「無湯不行」之說。湯是閩菜的精髓，多運用燉、煮、煨、蒸、汆等烹飪技法，在湯中加上適當的輔料，可使原湯變幻出無數益臻佳美的味道來，而不失其本味。如福建名湯之一「七星魚丸湯」，成菜湯清如鏡，魚丸潔白，漂浮在湯碗麵上形似滿天星斗。正因為湯菜的原料及調湯非常講究，烹調上善於變化，從而

出現「一湯多變」的效果。福州菜善於以湯保味，湯菜品種達2000種以上，且味型豐富，有「百湯百味」之說。

❺·佳果眾多，果品入肴

福建水果種類繁多，以柑橘、龍眼、荔枝、香蕉、菠蘿、枇杷、橄欖、甘蔗等聞名，各類水果的食用也較為講究。如漳州有著名的「柚子宴」，宴席上點「柚燈」，喝「柚茶」，吃柚果和柚皮蜜餞。泉州的「東壁龍珠」即是果品入肴之佳品：先將龍眼去核，再將餡心填入龍眼，經炒製而成。還有些用水果加工的小食品，如永春的「金桔糖」、廈門的「青津果」、福州的「五香橄欖」等果肴，也都有盛名。

三、潮菜——閩粵融匯有創新

潮州地區自古就和福建有著密切的聯繫，飲食習俗和福建較為相似。明清時期，潮州地區商品經濟有了較大的發展，樟林港海船出入，商旅雲集，潮州城巷陌貫通街道軒豁，「殷富三吳井，繁華百粵強」[1]，潮州地區呈現出前所未有的繁榮。同時，受東南沿海社會風氣的影響，潮州地區也日趨奢靡，「第宅錯繡，鮮衣麗裳，相望於道」，從而促使了潮州飲食文化向講究高檔次美食的方向發展。潮菜是潮汕地區長期形成的、富含潮汕食俗民風的中國地方菜系之一，具有如下特點：

❶·擅長烹製海味，自成一體

潮州在食海鮮上有悠久的歷史傳統和豐富的烹製經驗，素有「無海鮮不成席」的說法。乾隆《潮州府治·風俗》記載：「所食大半取於海族，故蠔生、魚生、蝦生之類，輒為至味。」潮州菜的優點在於選料、烹製方面，有一套自己的經驗與做法，自成體系，可以充分體現出海鮮甘美可口的風味。同一種海鮮原料可以烹製出色、香、味、形多種變化的菜式。如潮州菜中的肉蟹、膏蟹，其烹製方法有「生炊

---

1 黃釗：《潮居雜詩》，轉引自雍正《海陽縣志》卷一二，刻本，1734年。

肉蟹」「生炊膏蟹」「乾焗蟹塔」「生炒蟹」「炒芙蓉蟹」「乾炸蟹棗」「清湯蟹丸」「鴛鴦膏蟹」與「瓤金釵蟹」等幾十種，其中「生炊肉蟹」和「生炊膏蟹」是潮州特有的海鮮名菜。蝦的烹製有白灼、油泡、滑炒、乾炸、鹽焗、蝦丸、蝦棗、蝦筒、蝦烙等多種方法。因此，海鮮成為潮菜的一大標誌。

❷·兼收廣閩之長，注重湯菜

與廣府菜偏重清、鮮、滑、爽相比，潮州菜口味更注重清淡鮮美。潮州菜的清鮮，主要靠原料的鮮活和烹調的清淡。在烹飪方法上，潮州菜更多採用了廣府菜的炒、蒸、燉、焯等方法。潮州菜的清鮮還體現在湯的廣泛使用上。與粵菜相比，兩者有著十分明顯的區別。粵菜宴席一般只有一道湯，用於餐前。湯以文火熬成，久熬者稱「老火靚湯」。潮汕人無論日常生活的飯菜，抑或是筵席的酒菜，都以湯菜為重。這種湯菜種類很多，湯水講究，料子豐富。邊吃邊喝，與其他地區筵席的清淡菜湯作為飯前酒前潤喉用的習慣不同。這點可能是受閩菜的深刻影響。

在日常生活中，潮州人的午餐晚餐都要煮一盆湯菜。有以蔬菜為主，肉類作為配料的，也有以肉、魚、貝類為主，以少許蔬菜、醃菜作為配料的。如：大白菜煮鱅魚頭或海蠣或排骨赤肉；白蘿蔔煮魷魚或排骨；春菜煮排骨；黃豆或花生煮排骨；菱角煮赤肉；大芥菜煮肥豬肉加薑片；空心菜煮螃蟹；冬瓜煮肉脞；苦瓜煮肥肉；豆粉煮豬肉排骨沙蝦；竹筍煮豬肉、排骨等。

粗菜精做也是潮州菜的特點之一，例如有名的潮菜「護國菜」即是一例，該菜主要原料是蕃薯葉子。關於此菜的來歷，還有一段典故。據說南宋末年，宋帝被元兵所追，南逃到潮州的一座小寺廟中。寺廟和尚見宋帝飢渴疲憊，卻又實在拿不出什麼可吃食物來招待皇上，只好用薯葉作了一道素菜，不料飢渴交加的皇帝卻吃得津津有味，並賜名「護國菜」。實際上此菜由潮州家常菜演變而來。把地瓜葉燙熟切碎，加上草菇、雞油、精肉上湯，蒸二十分鐘取出，撿去渣滓，然後加入油、上湯熬煮，最後加芡至熟即成，宜盛在白瓷小碗中，白綠相間入口滑嫩，清香可人。

❸.注重作料,講求五味調和

潮州菜以清淡鮮美為主,然一味清淡則很難適應眾人的胃口。為此,須通過餐桌上的各式佐食調料來調和。潮州菜的佐餐調料品種繁多,常用的有豆醬、魚露、醬油、沙茶醬、橘油、紅豉油、香豉、小麻香油、浙醋、陳醋、梅羔醬、三摻醬、沙茶、芫荽、芹菜等,還常用薑、蔥、蒜再加調配,從而使潮菜酸、甜、辣、鹹、香五味俱全。[1]善於調味是閩菜的一大特色,這也是潮州菜在形成過程中受到了閩菜的深刻影響。

在飲食文化中,「和」從技術層面來說是指烹飪中的五味調和。《論衡》說「狄牙(著名廚師易牙)和膳,肴無淡味」;《淮南子》曰「桓公甘易牙之和」,即指齊桓公愛吃幸臣易牙做的菜餚。中國自古就講究調和之術,例如在煮肉羹時加入鹽、梅,就是最早的調和手段。肉類有腥、膻之氣,鹹酸可消除腥、膻,還能增加食物的美味,這就是調和的作用。後來在中國烹飪文化中逐漸形成了「和」的概念,講求食物調和。精通西方文化的林語堂先生進一步認為:「中國人在將各種調味品調和起來這方面,遠比西方人做得多」。

在長期的飲食實踐中,潮菜形成了一套作料配味、食物調和的規範。如牛肉丸配沙茶醬、生蒸鯧魚配豆醬、滷鵝配蒜泥醋、清蒸螃蟹配薑末陳醋、生炊魚配豆醬、生蒸龍蝦配橘油、燒乳豬配甜醬等,幾乎每道菜或湯上席時都有相應的味碟隨之上桌,對號入座。飯店上菜不按規矩配搭作料,則會被視為外行。潮菜作料之多及配法之講究,充分反映了潮州人精緻細膩的作風和極盡講究的民風,體現了中國烹飪文化中「和」的思想。

❹.小吃品種眾多,主食副食合一

潮州點心品種繁多,源遠流長。它吸納了廣式點心的風格,又創造了眾多別具特色的點心。過去,潮州府城經濟蕭條,百姓謀生艱難,有的人不得不做起小本的

1　黃挺:《潮汕文化源流》,廣東高等教育出版社,1997年。

小食品生意。為了使產品能在市場上立於不敗之地，經營小食的商販，紛紛發揮自身的聰明才智，製作出「人無我有、人有我好」的名優點心。發展至民國時期，潮州城有口皆碑的點心有胡榮泉鴨母鯰、狀元亭頭阿輝粿桃、劉察巷頭喜盛筍粿、雞鵝鴨巷口無米粿、義井腳順合粿汁、圖訓巷口阿開油炸芋、瀛洲樓下曾伯油炸粿、南門古薯粉糕、維新煎餃、人龜蠔烙、宏陽豆捧、厚刀春餅等。潮汕點心以其品種繁多、美味可口而揚名天下。

不像西方飲食那樣無主副食概念，中國飲食講求主食副食之分，飯是飯，菜是菜，飯是主食，菜是副食，吃飯需要配菜，體現中國飲食文化中「甘受和」的思想。廣府菜中的點心指正餐之前用來充飢的小食，也指糕餅之類的食品，是米飯麵粉類主食的延伸，體現了主食和副食的合一，一般不在宴席上出現，然而潮菜宴席必須有點心配搭，這和廣府菜有別。廣式點心聞名中外，但多見於茶樓的早晚茶之中，酒樓飯店的筵席上較少採用。而潮菜筵席，一般在十二道菜中要必配一鹹一甜兩道點心，既豐富了菜式，起到了調和眾人口味的作用，又體現了中國飲食文化中的主食副食統一的風格。

四、客家飲食——山區特色重樸實

閩粵客家民系在明清時期得到進一步發展壯大，隨之帶來了客家飲食文化的成熟，也形成具有民間特色的客家菜，客家人南遷後多居於閩粵贛三角地帶，此處多為山區，山區生活賦予了客家飲食樸實無華、簡約實在的特點。具體表現如下：

❶·簡約粗放，習尚「熟米」粉食

客家人生活十分簡樸，平日一日三餐都是以清茶淡飯為主，即使是有錢人家也較少大魚大肉。客家人雖以大米為主食，但蕃薯、芋頭、馬鈴薯、豌豆、蠶豆等雜糧幾乎占了一半。客家人日常米飯以粳稻米為主，糯稻主要用於釀酒和小食品

製作。蕃薯是客家人的副主糧，在客家地區種植非常廣泛。客家人多處山區，在糧食短缺或青黃不接的時刻，蕃薯使許多客家人擺脫了飢餓的困境。芋頭也是客家人重要的蔬食，既可做糧，補五穀之不足，又可以作蔬菜，烹成美味佳餚，對於貧苦人家是一寶。在災荒之年，芋頭更成了與蕃薯起同樣作用的救命糧。因糧食不足，客家地區養成了喝粥的習俗，有時是兩餐粥一餐飯，缺糧時甚至是三餐粥，輔以雜糧。形成省食、粗食、雜食的傳統。

客家人進食方式也是較為粗放的，農家飯菜更為簡單，一蒸一煮，蒸的是鹹菜，煮的是蔬菜，節時省柴火。至於冬令有食狗肉的習俗，一家人團團圍在鍋旁，邊煮邊吃，豪飲猜拳，儘興吃喝。深圳南頭一帶也有不少客家人盛行吃盆菜的習俗，稱「新安盆菜」。宴客是用一大銅盆盛上五花八門的什錦菜，把各種菜式混放一盆，故稱「盆菜」。

聚居於閩西的客家人還有吃「熟米」的奇特習尚。熟米，即是將稻穀放在鍋裡煮熟，使穀殼裂開，再撈起曬乾，然後再碾成米。熟米的製作，可以說是客家人糧食加工的創新。為什麼要多設這些麻煩的工序呢？原因有四：一是經過熟煮的穀物再曬乾，起到了除蟲殺菌的功效，使大米易於保存；二是穀粒煮至裂開，碾米時穀殼自然脫落，糠秕得以保留，出米量大；三是熟米保存了米糠，含維生素高，起到驅濕、消腫、防腳氣的食療功效；四是當熟米再經過蒸熟，飯粒粗大，增大了出飯量，也容易消化吸收，對於糧食短缺的山區，等於增加了糧食。上杭縣舊志載：「昔時山多水寒，居民多犯腳腫病，改食熟米乃除」。有人因製作熟米費柴薪、費力，遂變更之，則病又復發，唯食熟米得愈，所以這種風尚能傳承下來。以後隨著時代的進步，山區衛生條件的改進，吃熟米的風俗也漸趨式微。

客家人善於製粉，米粉、糯粉是農家必備的，許多食品都使用米粉製成，其他還有麵粉、薯粉、豆粉、葛粉、蕨粉、菱粉等。這些粉類全靠自給生產，主要用於節日製作煎堆、油角、甜飯、發飯、湯圓等食品，平日較少食用。

❷・素食為主，製乾菜醃菜

由於山區交通不便，自然環境閉塞，經濟貧困落後，自然形成了客家人以素食為主的飲食結構特點。山區客家人平時很少吃肉，肉食只用於節日或待客，所以有「想食三牲望過年」的俗語。

客家人蔬菜栽培非常廣泛，有芥菜、芹菜、筍、香菇、萵筍、甕菜、香菱、萵苣、苦瓜、絲瓜、冬瓜、王瓜、壺盧、芥藍、菠菜、白菜、茄、莧、藤菜、蕢菜、茼蒿、蘿蔔、蔥、蒜、薯、芋、蕨、瓠瓜等，其中芥菜、蘿蔔、筍、蕢菜（俗寫為脈菜）為山區客家人常吃的菜，這對解決山區客家人糧食不足食物短缺起著重要作用。客家人還善於移植外地的蔬菜，例如香菇即是從畬族人學得，繼而進一步改造，使香菇更具美味。

豆腐是客家最常見的菜，也是客家菜最常用的料，能把平常菜點烹調成名菜是客家菜的一大特色。豆腐是客家菜裡的重要角色。客家人以善於烹飪豆腐名菜聞名於世。其烹飪方法及菜品可謂繁花似錦，蒸、煎、燒、炆、炸、焗樣樣齊全，而且各地的客家豆腐製法還都不盡相同，即使同一地區、不同的師傅也有不同的處理技巧。有紅燒豆腐、釀豆腐、五香豆腐乾、鮮蝦仁豆腐、辣椒豆腐、豆腐餃、杏仁豆腐⋯⋯

客家菜中少不了釀豆腐。關於釀豆腐的起源各地有不同的傳說。廣東五華民間傳說是，南宋末年，逃難到嘉應州的客家人想念家鄉，想吃家鄉的餃子，由於缺少麵粉，因而想出了用餃子餡釀入豆腐塊的食法。這一方法傳遍客家地區，變成名菜。這個傳說顯示了客家移民的飲食特色。在閩西，豆腐餃子很流行。在各種豆腐菜中廣東的「五華釀豆腐」最負盛名。其做法是選取鮮嫩豆腐切成所需塊形，餡心的原料是瘦豬肉、鹹魚、雞蛋等。先將鹹魚去骨、炸香，再和豬肉、香菇、蔥白、魷魚一起剁爛，再加蛋拌漿，釀進豆腐塊中，然後下鍋煎炸至金黃，再加味湯，文火燜煮五分鐘後，加入芡料、味精、香料即可起鍋。釀豆腐易入口，味鮮美，被稱為「老少平安」菜。釀豆腐很早就從尋常百姓家進入到各地大酒樓，深受各地群眾喜愛。

客家山區竹筍特別多，不必耕鋤而自生自長，長年不斷。客家人利用大自然的厚賜，創就了以筍為特色的客家飲食。他們把冬筍曬乾或烘乾，以便久藏，隨時食用。客家人做筍菜強調鮮嫩、脆爽、甘甜。煮時先出水去澀，並要保持其原味，同時注重以葷配素，以肉配筍，以肥濃調和素雅。客家人做筍注重刀工，根據菜品的不同，而把筍切成絲、片、條、粒等不同形狀。素食易於消化，富於營養，同時調節人體肝臟功能，降低膽固醇，淨化血液，有利健康。客家以蔬菜、菇類、豆製品為主的素食風格符合健康飲食之道。

客家人喜食乾菜，肉類也多曝乾而少臘。客家人非常節儉，食物有剩餘或處於作物盛產季節時，多將其曬成乾品，以備不時之需。客家乾菜品種很多，有蕃薯乾、芋乾、菜乾、芋荷乾、蕨乾、筍乾、魚乾、肉乾等。有的乾菜為當地僅有，如用芋莖製成的芋干，「曬乾以鹽酒漬之，當小菜，或配肉作湯，味甚甜，似金針」[1]，極富客家風味。客家筍乾在清代就是很受歡迎的食品，「延平屬一線，切片暴乾，為明筍，歲千萬斤，販行天下」[2]。本省貿易之大，「無過茶葉、杉木、筍乾三項」[3]。

醃菜是客家人的又一拿手菜，在客家人飯桌上幾乎少不了醃菜。光緒《嘉應州志・方言》載：「漬菜曰醃，漬肉亦曰醃。」平常的醃菜在客家婦女手中變成了一道道誘人的菜式。水醃菜最吊味，可以做湯，味道中帶酸，用以炒肥肉、豬腸特別可口，使人食慾大增。梅菜本很平凡，用它來製作扣肉便成了一道膾炙人口的名菜。蘿蔔乾可以用來煎蛋、煮湯、炒肉，在許多風味小吃中，都能派上用場。客家人醃菜形式多花樣，芥菜、白菜、蘿蔔、豆角、竹筍樣樣都能醃，有乾醃，有濕醃，有鹹有酸，可謂極盡其味，甚至於可以說，離開了醃菜就沒有了客家風味。

1　黃香鐵：《石窟一征》卷五《日用》，刻本，1882年。
2　楊瀾：《臨汀匯考》卷四《物產考》，刻本，1878年。
3　德福等：《閩政領要》卷中，清光緒年間刻本。

❸．口味濃烈，喜熱食，重畜禽

　　客家人所處環境大多自然條件差，勞動強度必然大。出門即要登山爬嶺，出汗多，所以需要補充鹽分，食物自然偏鹹。簡樸的習慣使客家人平時少食魚肉，脂肪補充不夠，故在酒席上就追求甘脆肥濃的食品。炒菜時用油頗重，豬肉類喜歡用半肥瘦，很少用純瘦肉，從而形成了客家菜濃烈厚重、原汁原味的飲食風格。雖然客家各地的口味不同，贛南客家喜辣，廣西客家味多酸甜，閩西濃烈，臺灣客家偏鹹，粵東客家人的口味受廣府影響，但追求重味是一致的。尤其是許多客家人愛吃辣椒，贛南、閩西南一帶的客家人最喜吃辣。寧化辣椒乾久負盛名，譽稱為「閩西八乾」之一，該縣農民都把辣椒曬乾，以備長年食用。

　　客家人居住在山高水寒的地區，夏季山嵐瘴氣重，冬季寒風凜冽，故食物宜熱忌寒。因此，採用煎、炸、炒、燒、炆、焗是客家人常見的烹調方式，而少用廣府傳統的「清蒸」方法。例如客家的砂鍋菜，即是一道很有特色的菜，以砂鍋盛菜而不用盆碟，既保持溫度又原汁原味，同時沙鍋煮燒的菜餚要比鐵鍋煮出的菜餚香，所以砂鍋菜深受客家人青睞，後被廣府菜吸收採用。

　　客家山區離海偏遠，用以入饌的多為陸地上的禽畜和野味，故不重海鮮而重畜禽，也形成了客家人以畜禽為主調的宴席風格。客家人婚葬喜慶的酒席上必有三牲（豬，雞，魚），東江的廚師認為「無雞不清，無肉不鮮，無鴨不香，無鵝不濃」，只有具備了雞、鵝、鴨、豬的菜式才算得上完備的酒席。在雞肉菜譜中，「東江鹽焗雞」一直是歷久不衰的中國名菜。據說三百年前起源於東江惠陽鹽場。初始是用鹽堆醃熟雞，原本是為了方便食用而這樣做的。傳到市肆才改為以炒熱的鹽將雞焗熟。興寧人的製法為正宗，它以玉扣紙包雞，煨於炒熟的生鹽中，以文火煨至皮爽肉脆，然後撕肉拆骨，吃時蘸上沙薑粉、麻油、豬油等配料。客家酒席上豬肉是主角，紅燒豬肉、扣肉、梅州豬肉丸幾乎成了客家的席上之珍。傳統客家菜注重香和味的製作，不偏重色和形的追求，進一步顯示了客家民風淳樸的特點。

❹ · 紅麴盛名，喜喝酒善釀酒

把大米加工成紅麴是客家人在飲食文化上的輝煌創造，客家紅麴的生產以福建古田、廣東興寧最負盛名。客家人製作紅麴多用紅米（也有用白米，但紅米色素更佳），要求米粒品質優良，粒粒完整。先用大鍋將米蒸熟，然後倒入竹簞中吹涼，再撒上客家人自己配製的草藥麴種，放存在室內發酵，溫度的控制全憑經驗，十天左右紅麴黴素繁殖，飯粒透紅，再經曬乾變成紅麴。紅麴的製作推動了發酵食品業的發展，紅酒、紅糟、南乳、豆腐鹵、海鮮醬、番茄醬等食品的製作，都離不開紅麴的製作。同時紅麴又是理想的食物染料，它色澤鮮紅，又沒有其他化學染料的副作用。此外，它在醫學上有活血化瘀、消食化滯之功，專治婦女產後惡露不盡、紅痢下血等症。

客家人愛喝酒，善釀酒。客家人釀酒以甜酒為主，最普遍的是用糯米釀製的黃酒，幾乎每個家庭都會釀酒，客家婦女都有一手過硬的釀酒技術。客家釀酒技術既受嶺南土著影響，又從畬民的釀酒技術中吸取過經驗，學會了以草藥作麴製成酒藥；同時又結合中原傳統技術，促進了東南釀酒技術的進步。

廣東梅州、興寧客家人釀酒多以紅麴摻入米飯中，加入紅麴助長發酵，增加了酒的濃度，帶來了特別的芬芳，酒色也更加誘人。同時紅麴又具有藥效，有暖胃驅濕之功。而閩西客家人卻多以白麴釀酒。初釀的糯米酒叫「酒娘」，這是未兌水的酒，味道最濃。把酒娘升入陶甕，用稻草或木屑煨燒，至煮沸，叫「老酒」。經過炙燒的老酒耐貯藏，味更香醇。把酒糟加水再榨出的酒叫「黃酒」，也稱「水酒」，味稍淡。黃酒也要經過炙燒才更香濃耐久。

客家名酒不少，如梅州娘酒、純米酒、人參米酒，五華岐嶺的長光燒，興寧的珍珠紅老酒，平遠的米製南台酒等。閩西的山泉甘美，釀酒特醇，有老冬、中冬、時冬的名酒，其中以武平「象洞酒」最著名。「薑雞酒」是客家的一種傳統名藥酒，是客家婦女坐月子期間必不可少的營養補品。其製法特別，選用兩斤重的雞（產後第一次吃雞酒，必須服用大雄雞，以後用子雞）和老生薑數斤。先把雞切成塊，老生薑搗成碎末，以生油下鍋，把雞、薑炒至焦黃，再加入定量的糯米酒，把雞、薑

煮熟，然後盛入沙煲，以文火煮透。薑雞酒有祛瘀活血之功，是客家婦女產育期間的至佳補酒，也成為生兒育女的喜慶物品。

客家人也會釀製白酒。白酒又稱「燒酒」，燒酒之法，從元人開始，亦曰火酒，故稱為「大火燒」，廣東人均稱「逼酒」。《石窟一徵》卷五記載：「黃酒之外，有白酒，蓋燒酒也，又謂之大火燒」。

❺ · 喜喝擂茶，粗獷簡樸實在

客家愛喝茶，客家人所喝的茶非常能體現其生活儉樸實在的特點。粵東以蘿蔔苗作茶是當地農村最經濟實惠的飲料，它同樣起了解暑清熱、止渴生津的作用。這是無茶葉的「茶」。粵北南雄一帶有以布荊嫩葉或布荊子作茶，故有客家山歌唱道：「茶油煮出豬油菜，布荊泡出細嫩茶。」閩西寧化還有將有梨葉、大青葉、淮山葉製作茶葉長年飲用。然最能體現客家特色的傳統茶還是擂茶，其中又以東江擂茶最為有名。

擂茶風格和功夫茶迥然不同。其製作工具為粗糙的擂缽和擂棍，而非功夫茶所要求的典雅細緻的小壺小盞；基本原料是茶葉，且並不要求是上等茶葉；製作時，將茶葉放入擂缽，再用擂棍把茶葉搗碎，於鍋中沖入開水煮沸，再放入油、鹽、蔥、蒜等香料調味而成。各地擂茶的下料不一，福建長汀一帶加入大米，稱為米擂茶；寧化則配以中草藥，用川芎、肉桂、小茴香、白芷、陳皮、甘草等，以求解暑消滯、健脾開胃之功；江西興國客家則「加芝麻、油鹽及薑，瀹而羹之」[1]，喝時，大碗朝天，盡顯古樸粗獷。擂茶，很可能是我國最初的茶飲方法的延續，或者是受到土著居民飲食習慣的影響。飲茶最初稱為吃茶，即是將茶和其他一些食物雜煮而為羹飲，在魏晉南北朝時相當流行。三國魏張揖《廣雅》曰：「荊巴間，採茶作餅，葉老者餅成，以米膏出之，若煮茗飲，先炙令色赤，搗末置瓷器中，以湯澆覆之，用蔥、薑、橘子芼之。」《太平御覽》引西晉郭義恭《廣志》云：「茶，叢生。直煮

1　蔣敍倫：同治《興國縣志》卷七《風俗》，江西人民出版社，1988年。

飲為茗茶；茱萸、橄子之屬，膏煎之，或以茱萸煮脯，冒汁為之曰茶；有赤色者，亦米和膏煎，曰無酒茶。」可見西晉之時，所謂茗茶，是單一的煮茶飲；所謂茶，是摻和其他食料膏煎而成。[1]唐樊綽《蠻書》卷七在介紹雲南特產時說：「茶出銀生城界諸山，散收無採造法。蒙舍蠻以椒、薑、桂和烹而飲之。」茶葉中雜以其他食物煮飲的習俗，在唐宋時期的北方仍較流行。單煮茶葉的方法在唐代已經開始得到人們的重視，陸羽《茶經》曰：「或用蔥、薑、棗、橘皮、茱萸、薄荷之等，煮之百沸，或揚令滑，或煮去沫，斯溝渠間棄水耳。而習俗不已。」將間雜蔥、薑、棗、橘皮、茱萸等物煮飲的茶水貶為「溝渠間棄水」，對一般人仍喜歡吃這種茶極為感慨。客家人大多是兩晉、唐宋時期從北方輾轉遷移到閩粵地區的，可能就是那時把中原的這種吃茶方法帶到了客家地區，並延續流傳下來。

五、壯族飲食——民族風情多姿彩

明清時期，壯族的飲食結構發生了較大變化，形成了以大米為主，伴以蕃薯、玉米、麥類、豆菽之類雜糧為輔的飲食組合。不過在不同的地區、不同的家庭又有很大區別。桂東、桂西一些自然條件和經濟條件較好的壯族，一日三餐可吃米飯，稍差者兩飯一粥，或以蕃薯、玉米、麥子等雜糧輔之；自然條件、經濟條件較差的壯族，「朝夕充飢，不離薯芋及大粟、小粟諸種」，最窮者「每日只吃稀，清可照人」。[2]

❶·稻米輔以雜糧

壯族地區稻米品種眾多，可分為糯米和粳米兩大類。根據其特性不同，壯族人民有著不同的利用方法：粳米是日常用米，多做成飯、粥和米粉，糯米多做成節日食用的五色飯、粽子、糍粑、米糕、湯圓和其他小吃。這和漢族沒有多大區別。把

1　李昉：《太平御覽》卷八六七，中華書局，1960年。
2　光緒《新寧州志》卷八《民俗》，刻本，1878年。

米做成飯，除常用的蒸、煮、燜、炒之外，在長期的實踐中，壯族人民還創造出帶有鮮明民族特色的南瓜飯、竹筒飯、包生飯、黃花飯、豆飯、八寶飯等。「南瓜飯」的製作方法如下：將一個老南瓜切開頂部作蓋，挖掉中間的瓜子、瓜瓢，將泡漲洗淨的糯米、臘肉等放入瓜中，適量加水拌勻，蓋上瓜蓋。將南瓜放於灶上，用文火將瓜皮燒到金黃，再用炭爐火灰圍住南瓜四周，使之熟透，便可將瓜剖開而食，風味別具一格。[1]「竹筒飯」的製作更是充滿原生態氣息，「以竹節充滿水米，熾於炭火中，竹爆而飯熟；佐以蟲蛇鳥獸肉，以為鮮味」。[2]

由於受經濟條件的限制，以及炎熱的氣候所致，壯族人有食粥的習慣。粥的種類頗多，有大米熬成的白粥，有和玉米、蕃薯一起混煮的混合粥，還有肉粥、菜粥、瓜粥等。近代以來，「交通稍便地區，此俗漸漸改變，但早粥夜飯者，所見仍復甚多」。[3]受漢族人的影響，壯族人懂得將米磨成漿後，蒸熟加工製成米粉。

壯族人種植薯芋歷史悠久，東漢楊孚《異物志》記載了古越人愛食薯芋，此後壯族人繼承了這一飲食習俗。光緒《鬱林州志》曰：「薯不一種，均名蕃薯，四時可種，味甜，貧家常用充飢。」薯芋食用方法有蒸、煮、烤，或磨成漿、粉煮成磨芋豆腐。在田間勞作時，壯族人時常攜帶幾個薯芋以解飢。玉米雖然在明中晚期才傳入中國，但在十八世紀中期，壯族人已用玉米充當口糧，有些貧困地區甚至長年都以此為主食。壯族人一般把玉米做成飯、粥或餈粑，也會把其放入火中燒烤，製成香噴噴的烤玉米。

壯族節日食品眾多，風味獨特，體現了壯族人飲食文化的特點。粽子、餈粑、米糕、湯圓、五色飯、油團等各具特色，尤其是「五色飯」和「五色蛋」。每年農曆三月三，壯族人家家戶戶要吃。五色飯，又叫烏米飯，色彩斑斕，香氣襲人，是把五彩絢麗的楓葉、黃花、紅蘭草、紫番藤的根莖或花葉搗爛，提取其彩色汁浸泡糯米，然後蒸熟，即成五彩繽紛的飯。五色蛋有雞蛋、鴨蛋、鵝蛋等，分別染成五

1　金鉷等：《廣西通志‧民俗志》，廣西人民出版社，1992年。
2　劉錫蕃：《嶺表紀蠻》第一章，南天書局，1987年。
3　劉錫蕃：《嶺表紀蠻》第一章，南天書局，1987年。

色，每人吃一個有色蛋，小孩每人還要胸前掛一個五色蛋，作碰蛋遊戲之用。

❷·嗜食酸味

壯族人嗜酸味，尤其是醃製的酸味食物，像酸肉、酸魚、酸菜、酸黃瓜、酸豆角、酸筍等，在民間往往有「三天不吃酸，走路打孬躚」「食不離酸」之類的民諺。南宋人范成大《桂海虞衡志》記載了壯族人對水果加工製作的一種帶酸味的芭蕉乾：把芭蕉用梅汁沾漬，再曬乾壓扁，味道甘酸，有微霜。民國劉錫蕃《嶺表紀蠻》第四章中曰：「醃菜一物，為各蠻族最普通之食品。所醃兼有園菜和野菜兩種，陰曆五六七月間，蠻人外出耕作，三餐所食，惟有此品，故除炊飯外，幾無舉火者」。壯族人常用作醃菜的原料非常廣泛，不僅有白菜、芥菜、蘿蔔、紅豆、刀豆、黃瓜、豆角、辣椒、薑、筍等蔬菜，還有魚、肉、蝦等葷料。民國《同正縣志》載：「西部山麓諸村遠隔市，每合數村共宰一豬，將分得肉和糯米粉生貯壇中，閱十餘日可食，不須火化，經久更佳，名曰『酸肉』」。

❸·嗜野味，喜生食

作為從古越人演變而來的少數民族，壯族人保持了古越人嗜吃蛇、鼠、黃鱔、蛤蚧等眾多野生動物的習俗，「鸚鵡，近海郡尤多。民或以鸚鵡為鮓，又以孔雀為臘，皆以其易得故也」。[1]同時，壯族人還繼承了古越人喜吃生的習俗，尤其喜吃生魚、生肉，以及禽畜的鮮血。據說，吃生具有清熱解暑去痧之功效，起到藥膳的作用。

生魚片又叫魚生，用醃山薑拌食即可，壯族人嗜吃魚生古已有之，光緒《橫州志》記載：「剖活魚細切，備辛香、蔬、醋，下箸拌食，曰『魚生』，勝於烹者。」吃生肉，即把豬、牛、魚肉等切成絲或薄片，用米醋浸泡一小時左右，拌以冬菇、木耳、薑、蔥、熟茶油等，做菜或當飯吃。吃生血，即在殺雞、鴨、羊等動物時，將其血注入米醋內，混以薑、蔥、油、鹽、辣椒等，待血凝成塊後，可以作為吃

1　范成大：《桂海虞衡志》，中華書局，1985年。

雞、鴨、羊肉等的調味品；壯族人尤其認可羊血，認為大補，清人陸祚蕃《粵西偶記》云：「山羊出左江，大者百餘斤，小者六七十斤。……生得剖者，新血為上，餘血亦佳。」

❹‧善釀好飲

壯族人好酒，尤其是男子。宋代壯族人就以釀製特色酒而出名，發展至民國，已基本上以米酒為主，「凡屬圩市所沽者都屬米酒，每當圩日，羅列於熟食攤兩旁。」[1]米酒原料大多是糯米，在甘蔗種植較多的地區，則有用糖漿釀製，還有的地方用包粟釀酒，也別有風味。壯族人還創造出一種特別的梨葉糟酒。「梨葉糟，為壯人所獨嗜。」[2]立春時節，摘取嫩綠的野梨葉（俗名烏梨），去除粗蒂，用手搓軟，浸入甜酒中，到四月份秧時，用井水調和而食，清甜可口，據說能消暑解毒。

第五節　臺灣、海南的開發與飲食文化的變遷

臺灣、海南因與大陸隔海相望，又遠離中原，明清以前經濟文化極其落後，居住其中的高山族、黎族等少數民族的飲食文化比較原始。明清以來，隨閩粵漢人紛紛入遷，臺灣開發加快，經濟文化發生了巨大變化，隨之引起了臺灣飲食文化的變遷，形成了以閩粵飲食為主導的飲食文化特色。粵人的大量進入和海南島的開發加大，加快了海南黎族地區的經濟文化發展，黎族人民的飲食文化獲得一定發展。

一、臺灣開發與飲食流變

臺灣位於我國大陸的東南海面上，隔臺灣海峽與福建相望。很早以前臺灣即同

1　梁明倫：《雷平縣志》卷四《民俗》，成文出版社，**1946**年。
2　魏任重修，姜玉笙纂：《三江縣志》卷十二《生活民俗》，鉛印本，**1946**年。

祖國大陸有來往，三國時期稱之為「夷洲」，隋朝稱為「流求」。宋代對澎湖的開發，加強了臺灣與大陸的聯繫，同時亦有不少泉州、漳州邊民移居澎湖，並從事種植業。周必大《汪大猷神道碑》記載：「乾道七年（西元1171年）……四月起知泉州，海中大洲號平湖，邦人就植粟、麥、麻，有吡舍野蠻，揚颭奄至，肌體漆黑，語言不通，種植皆為所獲，調兵逐捕，則入水持舟而已。」元統治者曾一度設澎湖巡檢司，轄管琉球，泉漳之民移居澎湖增多，從單純的種植業發展到畜牧業和手工業並舉。據《島夷志略・澎湖》描述，澎湖「島分三十有六，鉅細相間，坡隴相望，乃有七澳居其間，各得其名。自泉州順風二晝夜可至，有草無木，土瘠不宜禾稻。泉人結茅為屋居之。氣候常暖，風俗樸野，人多眉壽。男女穿長布衫，繫以土布。煮海為鹽，釀秫為酒，採魚蝦螺蛤以佐食，爇（ruò）牛糞以爨（cuàn），魚膏為油。地產胡麻、綠豆。山羊之孳生數萬為群，家以烙毛刻角為記，晝夜不收，各逐其生育。工商興販，以樂其利。」

　　明代，臺灣分為中山、山南和山北三國。此時期，福建漢族人開始不斷遷移入台墾殖，從事漁業、農業、畜牧業和商業。一六二四年，荷蘭殖民者侵占臺灣。一六六一年，鄭成功率部隊趕走荷蘭侵略者，臺灣重新回到祖國懷抱。康熙二十二年（西元1683年），清政府統一了臺灣，置臺灣府，隸屬福建省。之後，大陸沿海人民不顧清政府限制向臺移民的政策，紛紛偷渡入臺。乾隆時期，清政府對臺灣的封禁逐漸緩解，出現了漢民遷臺的高潮。荷蘭殖民時期，大陸漢族移民就開始在臺南附近開墾；鄭氏執政時期，進一步擴大了對臺南的開發；清統一臺灣後，漢民相繼對臺北大佳臘平原、淡水、葛瑪蘭等地，進而對全島進行了開發，臺灣經濟由此獲得巨大發展。其標誌之一是人口的迅速增加。清統一臺灣時，臺灣人口估計在20萬左右，至嘉慶十六年（西元1811年），據當地政府統計，口戶得241217戶，人口2003861口，較之清初增加9倍多。[1]至清末，人口已超過300萬。在這增加的人口中，大陸漢民占主要部分。其二是耕地面積迅速增加。據連橫《臺灣通史》載，

1　連橫：《臺灣通史》卷七《戶役志》，商務印書館，1983年。

康熙二十一年（西元1684年），臺灣在冊賦地共計：田7534甲（一甲地相當於11.31畝），園10919甲，共計賦地208703.43畝。道光年間，全臺共有在冊賦地734491畝，增長2.5倍。其三，糧食產量迅速提高，臺灣成為福建不可缺少的糧食供應地。有學者估計，在十八世紀末，商人每年從臺灣運進的米穀都在100萬石左右，臺灣米穀在福建糧食市場上占有極為重要的地位。隨著臺灣的開發，其飲食文化也發生了重大變化。

❶ · 閩粵人入台帶來了稻麥薯類種植技術及加工技術

臺灣土著人種稻，但土地貧瘠的狀況使其只能種植旱稻，「無水田，治畬種禾」；耕作技術落後，用石器開山墾田，禾苗成熟則多用手摘取，「不知鈎鐮割獲之便，一甲（十三畝）稻要采拔數十天」[1]，故粟米很少，因此日常飲食多以薯芋為主，吃米飯的人家僅為十分之三四，而且「飯皆團而食之」，外出也攜帶飯糰；或者將糯米蒸熟，「舂為粉餈」，名曰「都都」，視為上品。十七世紀，「閩粵兩省同胞移居臺灣增多，同時將大陸稻引進，並以土法栽培」[2]至道光時期，水稻種植已達鼎盛。臺灣水稻種植基本是沿用閩粵的習俗與技術。一年兩季，春種夏收，收後複種，晚秋再熟。稻種有白色赤色之分，主要有粳稻和糯稻兩種。日常飲食以粳米飯為主，但貧寒之家多為一粥二飯。以前吃的大米是自己種的「在來米」，在來米煮成的飯較粗硬不易消化。日據時期，日本稻與在來稻雜交後育出新種「蓬萊稻」，這種稻米煮成的飯軟而香，已逐漸代替了在來米，成為了臺灣人的主食米。臺灣產的糯米「味甘性潤」，可以用來磨粉、釀酒和蒸糕。和大陸一樣，每逢歲時節慶，臺灣必定要吃用糯米做成的米丸，「以取團圓之意」。至於端午之粽、重陽之粢、冬至之包、度歲之糕，都是用糯米製作。

甘藷，又有蕃薯、紅薯、朱薯、金薯、地瓜等別名。蕃薯於萬曆年間從呂宋引進中國福建，在閩廣一帶山區普遍種植。鄭成功統治臺灣前已有甘藷引種臺灣，其

1　楊英：《從征實錄》，臺灣文獻叢刊第32種。
2　蔣毓英：《臺灣府志》卷十，刻本，1685年。

後隨閩廣漢人進入臺灣山區而得以推廣。甘藷耐旱性強，可適應各種不良環境，土田沙田皆可種植，且無時間限制，臺灣的氣候又非常適宜蕃薯的成長，故產量相當大。甘藷因栽培容易、產量高，同時食之又易飽，故臺灣蕃薯的種植「長年不絕，夏秋最盛」。客家人在大陸時已把蕃薯作為重要副糧，並已形成好食蕃薯的習俗，深深影響臺灣地區。每年春夏之間是蕃薯收穫的季節，當地人「掇為細絲，長約寸餘，曝日乾之，謂之薯纖，以為不時之需」。[1]澎湖人則長年吃蕃薯，「夏用黃黍煮粥，或以膏（高）粱舂碎雜薯片煮食。……秋後皆食生地瓜，冬春食乾地瓜，即薯片、薯絲也」。[2]蕃薯一部分作為食糧，一部分作為澱粉、酒精、糕餅的原料，剩下還可作為家禽家畜的飼料。第二次世界大戰期間，由於臺灣缺糧，蕃薯一度成為臺灣人民的救命糧。

小麥為溫帶的糧食作物，臺灣較少，當地土著人也不會栽培，一般從大陸運進。明清「始於漢民移往臺灣時將華南小麥引入」，初在中南部之旱田地帶栽培，因當時栽培方法極其粗放，故單位面積產量較低。日本人占據臺灣後，臺灣人民致力於農作物改良，小麥栽培方法亦見改善，且因麵粉需要而逐年增加，是以栽培面積日漸擴充。[3]小麥的引種和輸入，極大豐富了臺灣的點心、糕餅等飲食行業。

清代，稻穀、蕃薯、小麥成為臺灣的主要糧食作物，這些糧食作物的栽培，主要歸功於閩廣漢民的功勞和貢獻。閩粵漢民東渡臺灣時，隨之把自己的食品加工技術帶到了臺灣，對臺灣食品工業的發展起了一定的作用。

製粉是漢人較擅長的，在臺灣地區也不例外。米粉、薯粉、麵粉、豆粉等都由自家加工，米粉、薯粉成為很多臺灣人家的必備之物。利用米粉，可做成各類粄（bǎn。客家人的傳統小吃，泛指用米漿所製食品，如盆粄，粄圓等）食、沙河粉、湯圓、年糕等。

豆類加工是漢人的特長，從豆豉、麵豉、醬油，到豆腐、腐乳、腐竹都有獨到

1　連橫：《臺灣通史》卷二七《農業志》，商務印書館，1983年。
2　林豪：《澎湖廳志》卷九《風俗》，臺灣文獻叢刊本。
3　黃純青、林熊祥：《臺灣通志稿》卷四《經濟志・農業篇》，臺灣文獻委員會，1969年。

之處。隨著漢人東渡臺灣，豆類加工技術也得到了普及，豆腐、豆乾等豆製品在臺灣市場終年可見。臺灣客家地區製作豆腐通常是把黃豆去皮，洗淨，泡浸很久，然後磨成漿，隔出豆渣，取出豆漿。用石膏或鹽滷凝固便成豆腐，豆腐去水加工可成豆乾，其中客家豆腐以嫩滑而著稱於世。

在臺灣客家人所居住的苗栗、新竹等縣，至今仍保留著客家人傳統的碓磨等加工技術，碾除穀殼，再用風櫃或簸箕分離穀糠。臺灣水力資源豐富，客家人又多處丘陵山區，水流落差較大，故用水碓代人力來加工糧食也較普遍。客家鄉村還保留有傳統的礱（lóng）穀業，道光《苗栗縣志》有記：「用土礱磨去穀殼，再以風鼓分離粗糠，便成糙米。」加工後的米糠是客家人飼養禽畜的重要飼料。

❷·閩粵人入台改變了臺灣土著人的原始習俗

臺灣原土著少數民族飲食極為落後，他們在茫茫原野中追捕野鹿、野豬、野羊等野獸，在海邊撈魚、蚌，用石片切割獸肉，刮削獸皮，挖掘塊根，砍砸野果，過著較原始的飲食生活。隨著後來農業生產的發展，飲食結構大為進步。種植水稻和粟類，搗穀為米充作糧食，種植塊根植物以為副糧，懂得煮海水為鹽，釀蔗漿為酒。儘管如此，卻仍保留食人肉的原始野蠻之風。據元代汪大淵《島夷志略》記載：「番人知番主酋長之尊，有父子骨肉之義，他國之人倘有所犯，則生割其肉啖之，取其頭懸木竿」。

臺灣四面鄰海，富產魚蝦，中部多山，麋鹿眾多，所以臺灣土著人都喜吃魚、蝦、鹿等。不過當地土著喜吃生，魚、蝦、鹿之屬，放於火上稍微烤炙，即帶血而食；土著人也嗜鹿，常獵殺，至於鹿血，則生啖之，認為有大補元氣作用。當然土著亦有醃魚為鮭，醃鹿為脯的飲食之風，不過大部分保留了深厚的原始之風。澎湖土著居民長年「煮海為鹽，釀秫為酒，採魚蝦螺蛤以佐食」[1]，由於生產落後，飲食生活甚為艱苦，女子尤其如此，每日等海潮退後，「赴海濱拾取蝦蛤蟹螺以供饔

1　顧祖禹：《讀史方輿紀要》卷九九《泉州府》，上海書店，1998年。

餐」[1]。

臺灣土著懂得圈養牲畜，但種類甚少，只有貓、狗、豬和雞，但「食豕不食雞，畜雞任其生長，唯拔其尾」，「見華人食雞雉輒嘔」[2]，故雞特別多。臺灣土著沒有水牛、馬等家畜，渡台漢人把牛、羊、馬、鵝、鴨等家禽家畜品種引進臺灣，並逐漸使土著人接受食雞。但是，臺灣吃牛肉較少，也禁止宰殺耕牛，原因之一是緣自閩粵漢人吃牛肉較少的習俗，二乃牛具有耕田之功，深受保護。

臺灣土著人不善於種菜，除蔥和薑外，可以說沒有其他蔬菜。漢人來台後，把大陸優良的蔬菜種子引進臺灣，如蘿蔔、白菜、芋頭、薑、蒜、韭菜、芥菜、菜瓜、金瓜、王瓜、冬瓜、紫菜、豆類等，極大豐富了臺灣飲食原料。漢人移植冬瓜入台後，臺灣土著視冬瓜為珍貴之物，他們晉見政府官員時常用冬瓜進獻。

臺灣土著居民嗜酒，「有佳者，豪飲能一斗」，但釀酒技術極簡單原始，酒味不濃。所喝之酒有兩種：一為「姑待酒」，色白味酸，由「番女嚼米置地，越宿以為麴，調粉以釀，沃以水，色白，曰姑待酒」，喝時加水即可，「客至，出以相敬，必先嘗而後進」。[3]嚼米為麴的工作常由未婚少女擔任，齊體物《臺灣雜詠》中曾經為之詠歎：「紀叟山中浪得名，何如蠻酒撥醅清，寧知一醉牢愁解，幾費香腮釀得成？」一為「老勿釀」，將黍米、青草花放在一起進行舂爛，然後用草葉包裹，水煮數日，再用清水漉淨，藏於甕中，過以時日即可。土著人喝酒時，喜歡群坐於地，或用木瓢，或用椰碗，「互汲遞酌，以味酸為醇」。[4]當地還有類似啤酒的飲料，是用某種苦草夾雜黍米一起釀成。陳第《東番記》記載：「東番夷……採苦草，雜米釀，間有佳者，豪飲能一斗。」隨著遷臺閩粵漢人釀酒技術的出現與普及，這種原始技術在後來已基本消失了，但喝酒的風氣卻並沒有減少，反而更加濃厚，由此促使臺灣酒的種類增多。村莊之人則有地瓜酒等，市場上則多賣老酒。老酒在臺灣

1　丁紹儀：《東瀛識略‧習尚》，臺北大通書局，1987年。
2　陳第：《東番記》，中華書局，1985年。
3　高拱乾：《臺灣府志》卷七《風土志》，刻本，1695年。
4　丁紹儀：《東瀛識略‧番俗》，臺北大通書局印行。

中部和南部一帶相當盛行，臺南市人「祀神宴客多用老酒，此酒以糯米酒釀之，味甘而醇，陳者尤佳。老酒之紅字，取其吉也」[1]。

臺灣飲食離不開酒，喝酒是臺灣土著和遷臺漢人的一大飲食習慣。這種飲食風氣至少由兩種因素所致：一是當地雨水多，濕氣重，酒可以起到祛濕的作用；二是酒是走親訪友的禮物和祀神宴客的必備物。當然，酒還有其他的妙用，像「薑雞酒」，是客家婦女坐月子期間必不可少的營養品，也流行於臺灣，尤其是苗栗和新竹一帶，稱其有驅風養血之功，間接推動了臺灣飲酒風氣的盛行。

臺灣土著居民原不植茶，但有野生茶。據康熙周鐘瑄《諸羅縣志》記載，臺灣沒有人種茶，只有水沙連山中有一種野生茶，據說能夠消暑避寒。鄭成功統治臺灣時期，福建茶葉傳入臺灣，當時武夷茶開始成為臺灣茶文化的主流。康雍乾時期，來自閩粵等地的移民攜帶茶樹栽植於臺灣北部地區，以後茶樹種植逐漸南移，臺灣飲茶之風也開始流行，不過好茶葉仍以從福建引進為主。當時士人所飲之茶几乎都是武夷茶。嘉慶年間，來自福建的武夷茗茶在臺灣培植成功。據連橫《臺灣通史》所記載，「嘉慶時，有柯朝者歸自福建，始以武彝（夷）之茶，植於嶕（jié）魚坑，發育甚佳。既以茶子二斗播之，收成亦豐，遂互相傳植」。相對對臺灣影響較大的福建茶來說，粵茶影響遜色很多，但亦有記載。光緒《苗栗縣志》記載：「道光七年，有魏阿義者，由廣東傳植（茶葉）到苗栗，當時栽培甚佳而逐漸擴及」。

「臺灣之饌與閩、粵同。」[2]隨閩粵漢人的大規模遷臺和臺灣經濟的快速發展，當地落後的飲食習俗逐漸消失，臺灣也逐漸刻上了閩粵飲食文化的烙印，乃至最終形成以閩菜、粵菜為主的飲食風格。另一方面，當地豐富的飲食資源也促進閩粵漢人飲食文化的發展，例如臺灣盛產魚翅、鴿蛋，後來就成為閩粵漢民烹調的珍品，由此也擴展了閩菜和粵菜的飲食資源。臺灣客家菜的發展即是一個很好的例子。

客家菜講究「鹹」「香」「肥」，尤其是臺灣的客家菜偏重鹹。臺灣客家菜鹹的

1　黃典權、游醒民：光緒《臺南市志》卷七《人物志》，臺南市政府，1978年。
2　連橫：《臺灣通史・風俗志・飲食》，商務印書館，1983年。

原因，一方面是因為當時臺灣交通不便，鄉村人要逢年過節才買食物，一買就是好幾天的，自然要買較鹹而不易壞的食物；另一方面是由於在台客家人做體力活多，流汗量大，自然需吃鹹的食物以補充體力。

醃菜也是臺灣客家人較擅長的。因長期遷徙住所不穩，加上多處山區，故需要一些經久耐藏的菜蔬，以備不時之需。客家製作的醃菜品種較多，其中較有名氣的是梅菜、鹹菜、酸菜等。梅菜多半是和肉製品一起做成各種菜餚，後來在臺灣客家地區與客家飯館頗為盛行。

遷臺移民不僅把故鄉風味的菜餚、小吃帶到臺灣，也帶來了福建一帶「食補」的習俗。每年春夏之交、秋冬之際，移民總要用中藥和「四神」（蓮子、芡實、山藥、茯苓）燉雞鴨或豬肚等，叫作「半年補」或「養冬」。此外，移民亦把大陸眾多歲時節日盛行的飲食習俗傳入臺灣，像春節吃米圓、肉圓、魚圓，立春前一天吃春餅，清明掃墓做薄餅，八月中秋吃大麵餅等。

❸·閩粵及海外果品引進臺灣

臺灣是有名的水果之鄉，水果種類豐富，但現在的水果多是隨明清時期閩粵地區的漢人遷入而帶來的，其中常見的有柑橘、荔枝、龍眼、李、柿、枇杷、西瓜等。閩粵漢族人擅長水果栽培，當他們移居臺灣後，積極發展果木業，為臺灣的飲食文化作出了極大貢獻。據載「柑橘原產廣東，嘉慶十七年（西元1812年）新竹縣新埔鎮鹿鳴人楊意春祖父楊林福，從其老家廣東省陸豐縣葫蘆峰遷臺時帶入柑苗數株，經試適應栽培。」[1]以後逐漸推廣，至日據時已遠颺海外，現主要分布於新竹及臺北。

荔枝、龍眼是閩粵傳統水果，康熙年間隨閩粵人入臺輸入栽培，最先種於新竹、臺中兩縣，後逐漸普及。臺灣荔枝品種有「狀元紅」「鳳葉荔」等，其中「鳳葉荔」更佳，肉多汁濃，風味良好。

1　鄭鵬雲：同治《新竹縣志》卷九，臺灣文獻叢刊第61種。

「李是從華南輸入，初植於園林，後傳於今天名產地新埔及南投等地。」[1]主要分布在臺中，品種有「中心李」「鳳李」等。

「柿，原產於中國與日本，臺灣柿係從華南輸入」[2]，分布在新竹最多，次為臺南、臺中、臺北等地，品種有「牛心柿」等。

「桃，嘉慶年間，新竹新埔人劉阿金從廣東帶來。」[3]現主要分布在臺灣北部。原產於華南的枇杷，苗栗縣最多，由客家人傳入。

西瓜，同樣從內地引種，夏秋季節特多，皮薄瓤紅，可與常州西瓜並駕齊驅。

同時，臺灣還引種了來自海外的水果，像波蘿蜜，種出南洋，在盛夏時節成熟，其液黏而味甜，與蜜相似，故稱波蘿蜜。《赤嵌筆談》記載，臺灣人用波蘿蜜煨肉，風味特佳，有奇特的保健效果，享譽海外。番柑，來自荷蘭，比橘子略大，肉酸皮苦。檬果，種出南洋，荷蘭移植進入，有肉檬果、柴檬果、香檬果三種。柴檬果產量最多，把青色的柴檬果切成片拌醬，即可代替蔬菜吃，或者用鹽醃製拿來煮魚，味道特別酸美，有醒酒之功效。還有黃色的柴檬果，曬乾之後再用糖拌蒸，出售閩粵。

臺灣氣候濕熱，非常適合甘蔗的生長。臺灣土著人種蔗，也懂得簡單的製糖技術，但工藝極為簡陋。隨閩粵漢人遷臺和蔗糖技術的傳入，甘蔗得以迅速普及，也促進了臺灣製糖業的發達，食糖成為臺灣最大宗的出口商品。經加工製成的糖，品種有白糖、青糖之分。雍乾之際，臺灣年產糖約在六十萬簍左右，以每簍重一七〇斤或一八〇斤計，年產糖應該不低於一億斤。臺灣製糖業的興旺帶動了臺灣蜜餞製作的發展，如新竹的蒝薑、嘉義的梅李、鳳山的鳳梨糕等都馳名海內外。

早在宋元時期，檳榔已經成為泉、漳等閩南人日常生活的重要組成部分，及餽贈親友的佳品。明清時期，隨大量閩南人遷臺而帶入這種習俗，加上檳榔有棄積消濕、祛除瘴氣之功，因此在臺灣得以迅速傳播。臺灣土著居民更是嗜好檳榔，整日

1　鄭鵬雲：同治《新竹縣志》卷十，臺灣文獻叢刊第61種。
2　覺羅四明、余文儀：乾隆《續修臺灣府志》卷十八，臺灣文獻叢刊第121種。
3　覺羅四明、余文儀：乾隆《續修臺灣府志》卷十八，臺灣文獻叢刊第121種。

口含檳榔咀嚼，也捨得用金錢購買檳榔，「日茹百餘文不惜」。客人來了，不設茶酒，而用檳榔招待。臺灣人親友來往，紛紛以檳榔相贈。檳榔乾，末端如筍，切成絲片炒肉，味道甘美，是臺灣的一道特色菜。

總之，明清以來，尤其在清代，大批閩粵的漢族人遷臺，帶來了漢族豐富的食物資源與先進的飲食文化。改變了原來土著居民落後的生產方式及原始簡單的飲食結構，使臺灣的飲食文化發生了巨大的變化。遷臺的漢族居民，主要來自於福建的漳州、泉州等地，部分來自於廣東的潮汕人和客家人，故臺灣的飲食文化受閩廣飲食生活習俗影響相當深遠，可以說基本與閩粵同出一轍。

但在清中後期，鴉片的非法輸入和盛行給臺灣飲食文化留下了不光彩的一筆。十八世紀初，鴉片開始通過走私流入臺灣，吸食鴉片最初只在無賴惡少之中流行，到十八世紀中期，已在富人階層擴散，「臺地富室及無賴人多食之以為房藥，可以精神陡健，竟夕不寐。凡食必邀集多人，更番作會，鋪席於地，眾偃坐席上，中燃一燈以食，百餘口至數百口為率」[1]。至十八世紀末期，鴉片館已堂而皇之出現於臺灣，鴉片煙「索值數倍於常煙，專治此者，名開鴉片館。吸一二次後，便刻不能離」[2]。此時，吸食鴉片之風已蔓延於整個臺灣。

二、海南開發與黎族飲食文化的發展

海南島隔瓊州海峽與大陸相望，自古居住著百越人，開發很晚。唐代，海南島設置瓊、崖、儋、振、萬安五州，從此加強了與中原的經濟文化交往，海南島及其島上的居民也日益受到中原人的關注。唐末，廣州司馬劉恂所著《嶺表錄異》首次用「夷黎」稱呼島上的少數民族，以後官修史書及私家著述一直沿用「黎」這一專稱，至今依然。宋元時期，閩、浙、廣州人口大量遷入海南，元軍進兵海南並留戍

1　朱士玠：《小琉球漫志》卷六，中華書局，**1985**年。
2　黃叔敬：《台海使槎錄》卷二，中華書局，**1985**年。

於此。大陸遷來的人們在此興修水利、開墾荒地，組織屯田。這種長時間的開發，促進了海南的經濟發展，加速了生活在沿海平原和州縣附近黎族社會的封建化進程。

明初，封建政府對黎族實行以撫為主的一系列籠絡羈縻（mí）政策。在瓊州府黎族地區實行「峒首」統治，組織黎族上層人物進京朝貢，對接受招撫的黎族人實行減免賦稅的政策，這一切，進一步密切了漢黎兩族人民的聯繫，加快了海南黎族地區的經濟文化發展，使兩族之間的差別逐漸縮小。

清代，海南黎族地區正式納入政府州縣統治，封建統治進一步加強，黎族封建化程度加深，黎族人口增長迅速。據道光《瓊州府志》估計，當時黎族人約有二十萬。這時海南不少黎族地區農業普遍實行一年兩熟制，「耕種之法，力農之具，均與內地無異」，陵水、崖州一帶黎米還售往內地，社會經濟取得了很大的進展。不過，在海南島的腹地，以五指山脈為主的山區，其經濟生產和社會風貌仍保持著較原始狀態。隨海南島的開發加大，黎族的飲食文化有了一定發展。

❶·飲食結構單一，飲食方式簡陋

明清時期，黎族分為經濟較發達的熟黎和比較落後的生黎，熟黎種植的稻穀品種不少，屈大均《廣東新語》：「蘇子瞻言：海南秔稻，率三五歲一變。頃歲儋人最重鐵腳糯，今歲乃變為馬眼糯。草木性理，有不可知者。嶺南以黏為飯。以糯為酒。糯貴而黏賤。其價倍之。」儋州、崖州黎人還多出薏苡米。生黎地區由於地高田少，且和漢族接觸不多，故經濟比較落後，主要種植旱稻和雜糧，「以薯蕷、桄榔麵、南椰粉鴨腳、狗尾粟等充飢」，也有把海南椰粉做成飯，叫作椰霜飯。[1]對於蔬菜「生黎不知種植，無外間菜蔬，各種唯取山中野菜用之」。由於種蔬菜較少，黎族人常以野菜代替。黎族人飼養豬、牛、狗等，這些家禽是他們的主要肉食。由於天氣炎熱的緣故，黎族人習慣冷食和喜歡食粥。黎族人煮粥的方法與漢族人基本

1　屈大均：《廣東新語》卷十四《食語》，中華書局，1985年。

相同，喝粥時常拌以豆角、竹筍、山蕨之類的鹹菜。

在烹飪方式上，黎族人則較簡單，常常是用南瓜、野菜、菜葉和鹽煮食，肉類則大塊煮爛，加鹽後切開而食，不知道採用炒、煎、煲等其他烹飪方法。海南島五指山地區的黎族人還使用較原始的肉食製作方法。將豬殺死後，不去毛，用一根木棍由豬肛門直穿，通過豬口伸出，兩人扛起放在火上輾轉燒烤，烤熟後，便用刀破肚割肉而吃。對此，《黎岐紀聞》記載，黎族人「遇有事則用牛犬豕等畜，亦不知烹宰法，取牲用箭射死，不去毛，不剖腹，燎以山柴，就佩刀割食，頗有太古風」。然而黎族人的家庭畜牧業並不發達，野生動物成為他們的重要肉食來源，包括獸類，以及蛇、蟹、蚱蜢、蜂蛹、蟻卵、螺、蟬等。

黎族人飲食器具也非常簡陋，無碗筷，以葉包飯，以手掇食，或「以椰殼或刳木為之，炊煮熟以木勺就釜取食，或以手捻成團而食之，無外間碗箸」[1]。不過隨著漢族先進文化的浸潤，至民國時期，很多黎族人已經常使用從漢族人那裡輸入的鐵鍋、瓷碗、竹筷、瓦缸等飲食器具。[2]此外，黎族人還保留了原始的烹飪方式——使用竹筒做飯。先把大米和水盛入一段段竹筒裡，用樹葉或芭蕉葉包緊竹筒口，然後放在火上燒烤，熟後破筒而食。此種方法是在陶鍋出現之前，人們解決粒食熟吃的一種方法。

❷·擅長食物貯藏，嗜食檳榔椰子

海南炎熱潮濕，穀物、肉類、蔬果等食物容易變質，為應對這一特點，黎族人將食物進行加工貯藏，製作出很多具有地方特色的風味食品。穀物類，如蕃薯，「土人每片切乾，名曰薯糧，或磨為麵粉，白如雪，食之最滑」[3]；蔬果類，如檳榔，「生海南黎峒，亦產交趾，木如棕櫚，結子葉間如柳條，顆顆叢綴其上。春取之為軟檳

1　張慶長：《黎岐紀聞》，上海書店，1994年。
2　陳銘樞：《海南島志·禮儀民俗》，上海神州國光社，1933年。
3　張嶲等：《崖州志》卷三《輿地志》，廣東人民出版社，1983年。

榔，極可口，夏秋採而乾之為米檳榔，漬之以鹽為鹽檳榔」[1]；肉食類，黎族人喜歡將生豬肉摻以米粉和野菜製成酸肉，或將生魚和嫩玉米一起切碎，用鹽醃漬在陶罐裡，以為待客的上好食品。蘇東坡被貶官海南時，當地土著即用「蛙掾（yuàn）與牴醢」（即酸肉和陵魚）兩道當地特色菜餚招待這位大詞人。蘇東坡對此大為感慨，詩詠「敬我如族姻」。

海南氣候適宜果樹的生長，水果品種眾多，檳榔與椰子是海南島具有代表性的果類，也是黎族人喜好的水果，在黎人日常生活中占有重要地位，有「以檳榔代茶，椰代酒，以款賓客」的習俗，而且還是親朋來往、婚約之間的重要禮物。黎族婦女嗜嚼檳榔，嚼得嘴唇發紅，牙齒變黑，並以此為美。黎族人還善於利用椰殼和椰葉。椰殼，黎族人擅長把它做成喝酒用的椰器，這種酒器不僅實用，還起著防毒作用，因為「椰殼有兩眼謂之蕁，有斑繽點文甚堅。橫破成碗，縱破成杯。以盛酒，遇毒輒沸起，或至爆裂」[2]，故深受黎族人的喜愛。椰葉，則做成椰席和椰笠，黎族人不分男女，都愛戴椰葉做的斗笠。黎族人對椰子的熱愛，在蘇東坡的《椰子冠》一詩中作了很傳神的描繪：

天教日飲欲全絲，美酒生林不待儀。自瀘疏巾邀客醉，更將空殼付冠師。

規摹簡古人爭看，簪導輕安髮不知。更著短簷高屋帽，東坡何事不違時。

❸ · 善釀酒好飲酒，製粗茶飲苦茶

古代海南地區早晚潮濕，瘴氣瀰漫，黎族人多從事繁重的體力勞動，飲用適量的酒能驅趕瘴氣、消除疲勞、強身健體，因此黎族人普遍好酒，也善於釀酒。黎族釀酒有著悠久的歷史。

宋代黎族人釀酒技術就較發達，酒的品種也特別多，帶有濃郁的地方民族特色。「安石榴酒」，用形似安石榴的酒樹的花放置甕中而成，味美且頗能醉人。[3]「椰

1　周去非：《嶺外代答》卷八，中華書局，1985年。
2　李調元：《南越筆記》卷六《椰器》，中華書局，1985年。
3　趙汝適：《諸蕃志·海南》，中華書局，1985年。

酒」和「銀皮酒」兩種名酒，深受蘇軾父子的喜愛，蘇過有詩云：「椰酒醍醐白，銀皮琥珀紅。」[1]蘇軾則贊曰：「小酒生黎法，乾糟瓦盎中。芳辛知有毒，滴瀝取無窮」[2]。

至明清時，黎族人的釀酒業有了更進一步的發展，「以稻米作酒，謂之黎酒，味甚淡」[3]；酒的品種也越來越多：「七香酒」以沉香等浸燒而成，「荔枝酒」以鮮荔枝釀成，「捻酒」以都捻子釀成，「黃桐酒」以桐子釀成，「椰酒」以椰子釀成，「檳榔酒」以檳榔釀成，其他還有金銀花酒、蔗酒、甜酒、山柑酒、桑奇生酒、龍眼花酒、菊花酒、蕃薯酒、黃酒、老酒、燒酒、三白酒、鹿蹄酒。[4]在釀製的酒中加上當地的特產配製成各種美酒，充分顯示了黎族人民的智慧，也說明釀酒業在當地的興盛。

茶葉在黎族人的生活中不占重要地位，其生產和消費水平較低，相比於釀酒業較為遜色，然其種茶產茶卻是事實，且帶有鮮明的海南特色。其一，茶葉來源較雜。海南朱崖地產苦薺，「民或取葉以代茗，州郡征之，歲五百縑」。[5]其二，茶葉質量較差，但有一定的醫療作用。「黎茶粗而苦澀，飲之可以消積食、去脹滿，陳者尤佳，大抵味道近普洱茶，而功用亦用之。」[6]

1　蘇過：《斜川集》卷三《己卯冬至儋人攜具見飲既罷有懷惠許兄弟》，四庫全書本。
2　蘇軾：《東坡全集》卷二四《用過韻冬至與諸生飲》，四庫全書本。
3　張慶長：《黎歧紀聞》，轉引自王錫祺：《小方壺齋輿地叢鈔第九帙》，西泠印社，2004年。
4　明誼：《瓊州府志》卷五《物產》，刻本，1841年。
5　脫脫等：《宋史》卷一六七《崔與之傳》，中華書局，1985年。
6　張慶長：《黎歧紀聞》，轉引自王錫祺：《小方壺齋輿地叢鈔第九帙》，西泠印社，2004年。

亮點書系．中國文化通史 A1002005

中國飲食文化史・東南地區卷　上冊

主　　編　趙榮光

版權策畫　李　鋒

責任編輯　楊婉慈

發 行 人　林慶彰

總 經 理　梁錦興

總 編 輯　張晏瑞

編 輯 所　萬卷樓圖書股份有限公司

排　　版　菩薩蠻數位文化有限公司

印　　刷　百通科技股份有限公司

封面設計　菩薩蠻數位文化有限公司

出　　版　昌明文化有限公司

桃園市龜山區中原街 32 號

電話　(02)23216565

發　　行　萬卷樓圖書股份有限公司

臺北市羅斯福路二段 41 號 6 樓之 3

電話　(02)23216565

傳真　(02)23218698

電郵　SERVICE@WANJUAN.COM.TW

大陸經銷

廈門外圖臺灣書店有限公司

　電郵　JKB188@188.COM

ISBN 978-986-496-140-5

2018 年 1 月初版

2020 年 6 月初版二刷

定價：新臺幣 380 元

如何購買本書：

1. 劃撥購書，請透過以下郵政劃撥帳號：

　帳號：15624015

　戶名：萬卷樓圖書股份有限公司

2. 轉帳購書，請透過以下帳戶

　合作金庫銀行 古亭分行

　戶名：萬卷樓圖書股份有限公司

　帳號：0877717092596

3. 網路購書，請透過萬卷樓網站

　網址 WWW.WANJUAN.COM.TW

大量購書，請直接聯繫我們，將有專人為您
服務。客服：(02)23216565 分機 610

如有缺頁、破損或裝訂錯誤，請寄回更換

國家圖書館出版品預行編目資料

中國飲食文化史. 東南地區卷 / 趙榮光著. --
初版. -- 桃園市：昌明文化出版；臺北市：
萬卷樓發行, 2018.01
　冊；　公分
ISBN 978-986-496-140-5(上冊：平裝). --
1.飲食風俗 2.中國
538.782　　　　　　　　　　　107001748

本著作物經廈門墨客知識產權代理有限公司代理，由中國輕工業出版社授權萬卷樓圖
書股份有限公司出版、發行中文繁體字版版權。